D1666425

Justiz im Nationalsozialismus
im Landgerichtsbezirk Stade

*Wenn wir in diesen 12 Jahren über manche Dinge
geschwiegen haben, so dürfen wir jetzt nicht mehr schweigen,
sondern müssen zur Sache reden.*

Der Stader Pastor Hermann Ubbelohde am 28.11. 1945
vor der Hannoverschen Landessynode

Justiz im Nationalsozialismus im Landgerichtsbezirk Stade

Vorträge und Materialien

Herausgegeben
von

Volker Friedrich Drecktrah
und
Jürgen Bohmbach

Stade 2004

Veröffentlichungen aus dem Stadtarchiv Stade
Band 24

Herausgeber: Stadt Stade – Der Stadtdirektor
Redaktion: Dr. Jürgen Bohmbach
Herstellung: Hesse Druck, Stade
Stade 2004
© Herausgeber und Autoren

ISBN 3-938528-00-1

Inhalt

Vorwort

Die Wanderausstellung des Niedersächsischen Justizministeriums „Justiz im Nationalsozialismus. Verbrechen im Namen des Deutschen Volkes" wurde am 8. November 2003 im Landgericht Stade eröffnet. Es war bereits die zehnte Station der Ausstellung, für die in einem regionalen Teil eine große Zahl von illustrativen und informativen Materialien erarbeitet worden war. Darüber hinaus wurde die Ausstellung, die 2 ½ Monate bis Ende Januar 2004 zu sehen war, von sechs Vorträgen begleitet, die wiederum sowohl allgemeine Aspekte als auch Geschehnisse und Entwicklungen im Bezirk des Landgerichts Stade berührten.

Schnell war man sich einig, daß die Ausstellung mit dem Abbau in Stade nicht vergangen sein sollte, daß die Vorträge und Materialien soweit möglich in einer Veröffentlichung dokumentiert werden sollten. Dazu bot die Stadt Stade ihre Veröffentlichungsreihe aus dem Stadtarchiv an. Die Mitherausgabe übernahm dabei Dr. Volker Friedrich Drecktrah, der nicht nur selbst schrieb, sondern vor allem auch die Autoren ansprach und für den jeweils nötigen Druck auf sie sorgte. Ihm ist es weitgehend zu danken, daß die Publikation zustande kam.

Leider gelang es nicht, alle Vorträge – Dr. Peter Schulze stellte aber von ihm gesammeltes Material zur Verfügung – für die Publikation zu gewinnen, dennoch geben die hier zugänglich gemachten eine gute Übersicht. Die zur Ausstellung erarbeiteten Materialien wurden von den Autoren noch einmal überarbeitet und aufbereitet. Jeder Vortrag und jeder Beitrag war ursprünglich eigenständig konzipiert, und es ergaben sich daher auch in der Publikation noch gewisse Überschneidungen, die aber bewußt in Kauf genommen worden sind.

Es entsteht so ein breites Spektrum der Einbindung und bewußten Teilnahme der Justiz an der nationalsozialistischen Umgestaltung des Lebens im Bezirk Stade. Ebenso sichtbar werden auch die Schwierigkeiten nach 1945, sich dieser Verantwortung zu stellen. Damit gehört dieser Band in die Bemühungen zur Vergewisserung unserer Vergangenheit, die man nicht „aufarbeiten" kann, der man sich vielmehr bewußt werden muß.

Stade, Anfang Dezember 2004 **Jürgen Bohmbach**

Bei der Eröffnung: die Celler OLG-Präsidentin Oltrogge, der Stader LG-Präsident Fitting und die Niedersächsische Justizministerin Heister-Neumann

A. Vorträge

Eröffnung der Wanderausstellung „Justiz im Nationalsozialismus – Über Verbrechen im Namen des Deutschen Volkes"

Niedersächsische Justizministerin Elisabeth Heister-Neumann

Einleitung

Als vor genau drei Jahren im Niedersächsischen Justizministerium die Entscheidung getroffen wurde, die Ausstellung „Justiz im Nationalsozialismus – Über Verbrechen im Namen des Deutschen Volkes" durch die niedersächsischen Gerichte wandern zu lassen, entstand ein Novum in der deutschen Ausstellungsgeschichte.

Heute, anläßlich der zehnten Ausstellungsstation, scheint es mir sinnvoll zu sein, noch einmal kurz an die Entstehung und die Ziele dieses bemerkenswerten Projektes zu erinnern.

Zum Ausgangspunkt der Wanderausstellung

Es war anfangs nur eine Idee, nämlich der Versuch, einer breiteren Öffentlichkeit an leicht zugänglichen Orten eine Ausstellung zu zeigen, die in einer niedersächsischen Kleinstadt hinter den Mauern eines Gefängnisses eher „versteckt" war.

Basis und zugleich Ausgangspunkt war die neue Dauerausstellung der Gedenkstätte in der Justizvollzugsanstalt Wolfenbüttel, die als zentraler Gedenk- und Dokumentationsort der niedersächsischen Justiz für die Aufarbeitung der NS-Justizverbrechen tätig ist.

In den Räumen der ehemaligen Hinrichtungsstätte der nationalsozialistischen Justiz hatte einer meiner Vorgänger, nämlich Dr. Walter Remmers, im April 1990 eine Gedenkstätte für die über 600 dort hingerichteten Männer und Frauen - alle Opfer der NS-Justiz - der Öffentlichkeit übergeben können.

Mit einer ersten Dauerausstellung wurden zahlreiche Todesurteile deutscher Gerichte in den Jahren 1933 bis 1945 untersucht und die Vollstreckung am Beispiel der Wolfenbütteler Richtstätte dargestellt.

Schon seinerzeit war die inhaltliche Beschränkung auf Todesurteile als eine Aufforderung zur Fortsetzung der Forschungen verstanden worden. Es sollten die Schicksale der Opfer ebenso wie das Wirken der Täter weiter aufgeklärt und für kommende Generationen festgehalten werden.

Nach der Übergabe der Gedenkstätte vom Justizministerium an das Kultusministerium, konkret: an die Niedersächsische Landeszentrale für politische Bildung am 1. Oktober 1993 wurde eine neue Dauerausstellung in ehemaligen Hafträumen der JVA Wolfenbüttel erarbeitet.

Die neue Ausstellung „Justiz im Nationalsozialismus – Verbrechen im Namen des deutschen Volkes" wurde am 22. November 1999 eröffnet und dokumentiert nun die Entwicklung der deutschen Justiz in den Jahren 1933 bis 1945. Sie nennt die Namen von Tätern und Opfern, sie präsentiert Biografien des aktiven Mitwirkens an staatlichen Verbrechen ebenso wie Schicksale von Frauen und Männern als Objekte staatlicher Gewalt.

Der überwiegende Teil der deutschen Richter und Staatsanwälte hatte die Übernahme der Regierungsgewalt durch die Nationalsozialisten begrüßt. Diese Juristen akzeptierten auch die mit der berüchtigten „Reichstagsbrandverordnung" einsetzende Zerstörung der „Freiheitsrechte des Individuums gegenüber der Staatsgewalt", da diese „mit dem Prinzip des völkischen Reiches nicht vereinbar" seien, so der bekannte Kieler Staatsrechtler Prof. Dr. Ernst Rudolf Huber im Jahre 1936.

In der unmittelbar 1933 einsetzenden Verfolgung der politischen Opposition zeigte sich die deutsche Justiz als wirksame Waffe des neuen Systems, dessen Herrschaftsanspruch zunehmend mehr Gruppen der deutschen Bevölkerung aus rassistischen und ideologischen Gründen ausgrenzte, verfolgte und schließlich vernichtete. Ob Juden, Zeugen Jehovas oder Homosexuelle, ob ausländische Zwangsarbeiter und Widerstandskämpfer oder nicht angepaßte deutsche „Volksgenossen", zu viele Staatsanwälte und Richter kannten keine Gnade.

Mit Elan und Scharfsinn entwickelten sie die Anwendung des Recht zu einer juristischen Machttechnik, um nicht nur jeden Widerstand sondern jedwedes abweichende Verhalten mit schärfsten Strafen zu bekämpfen. „Wer außerhalb der Volksgemeinschaft steht, steht auch nicht im Recht ...", mit dieser furchtbaren Begründung grenzte der Kieler Rechtswissenschaftler Prof. Dr. Karl Larenz diejenigen aus, die der gesetzlich abgesicherten Vernichtung preisgegeben werden sollten.

Hohe Freiheitsstrafen und Tausende von vollstreckten Todesurteilen verdeutlichen den ausschließlichen Herrschaftsanspruch eines verbrecherischen Systems, dem Richter und Staatsanwälte mit juristischer Kompetenz und persönlichem Engagement dienten.

In einem abschließenden Teil belegt die Ausstellung exemplarisch den Umgang der Nachkriegsjustiz mit den Verbrechen deutscher Richter und Staatsanwälte. Es spricht für sich, daß der Bundesgerichtshof erst 1995 – also ein halbes Jahrhundert später - die NS-Justiz als „Blutjustiz" charakterisierte und selbstkritisch die eigenen Versäumnisse in der nichterfolgten Aufarbeitung von Verbrechen deutscher Richter und Staatsanwälte im Nationalsozialismus offen bekannte.

Die Idee einer Wanderausstellung
Schon bei der Vorbereitung der neuen Dauerausstellung in der Gedenkstätte wurde von der Leitung der JVA Wolfenbüttel angeregt, die neue Ausstellung nicht „nur hinter den Mauern" des Gefängnisses zu präsentieren, sondern damit auch an den Ort der Täter, das heißt in die Gerichte zu gehen. Dieser Vorschlag war insofern von grundsätzlicher Bedeutung, als die neue Ausstellung thematisch vor allem das Wirken der Justiz, genauer der Strafjustiz dokumentierte und weniger die Entwicklung des Strafvollzuges in der NS-Zeit berücksichtigte.

Und nicht zuletzt blieb auch die Tatsache von Bedeutung, daß der Besuch eines Gerichts-gebäudes, welches für Jedermann und damit öffentlich zugänglich ist, wesentlich einfacher sein würde als der Einlaß in ein Gefängnis. Man hätte also mit einer Ausstellung in den Gerichten ein Vielfaches an Interessenten und damit an Besuchern erreichen können als mit der Ausstellung in der JVA Wolfenbüttel. Und schließlich könnte man dann auch mit dieser Wanderausstellung im Lauf der Jahre in die verschiedenen Gerichte des Landes Niedersachsen gehen, um sie dort zu zeigen.

Eine zusätzliche Idee kam auch noch aus dem Justizministerium: Die Präsentation der Wanderausstellung in den jeweiligen Gerichten sollte mit einem auf den Ort bezogenen Lokal- oder Regionalteil verbunden werden, in dem die jeweils besondere Geschichte der ansässigen Gerichte und Staatsanwaltschaften in den Jahren 1933 bis 1945 dargestellt werden sollte. Dieser Regionalteil sollte - was die Forschung anbetraf - vor Ort durch interessierte Richter und Staatsanwälte, aber auch durch Mitarbeiter von Geschichtswerk-stätten oder professionellen Historikern von Archiven, Museen und Universitäten erarbei-tet werden.

Damit würde im Laufe der Monate und Jahre die Wanderausstellung immer weiter „wachsen", und zwar sowohl was den Umfang als auch das Spektrum der behandelten Themen anbetraf.

Das Ergebnis dieses „Wachstums" sollte nach der Vorstellung des Justizministeriums in einer große abschließenden Präsentation an einem zentralen Ort gezeigt werden. Dort wollte sich das Land Niedersachsen darstellen mit dem Versuch, die eigene NS-Justizgeschichte aufzuarbeiten und zu dokumentieren. Dieser Versuch war damals und ist bis heute einzigartig in der Bundesrepublik Deutschland. Kein anderes Bundesland hat sich so intensiv und insbesondere unter aktiver Beteiligung der Gerichte und Staatsan-waltschaften mit der eigenen dunklen Geschichte der Jahre 33 bis 45 auseinandergesetzt.

Wenn nun am heutigen Abend die zehnte Station dieser Wanderausstellung im Landge-richt Stade eröffnet wird, so ist dies eine willkommene Gelegenheit, das bisher Geleistete wenigstens kurz zu würdigen.

Die einzelnen Ausstellungsstationen
Als am 27. Januar 2001 - dem Holocaust-Gedenktag - die erste Station im Amtsgericht Hannover vorgestellt wurde, stand thematisch die Tätigkeit der Kammern des Sonderge-richtes Hannover im Mittelpunkt des Regionalteiles. Ursprünglich als eine Art Spezial-kammer für politische Delikte in jedem OLG-Bezirk eingerichtet – allerdings mit erhebli-chen verfahrensrechtlichen Nachteilen für die Angeklagten und mit einziginstanzlicher Entscheidung – entwickelten sich die Sondergerichte im Verlauf des Krieges zu einer regulären und gefürchteten Strafinstanz der deutschen Justiz mit Tausenden von Todesurteilen.

Die folgende Ausstellungsstation im Landgericht Oldenburg präsentierte unter anderem die bemerkenswerte Karriere des hochrangigen Militärjuristen und späteren OLG-Präsidenten von Oldenburg Dr. Werner Hülle. Hülle war verantwortlich für zahlreiche, in den Nürnberger Prozessen als verbrecherisch bezeichnete militärstrafrechtliche Erlasse und Befehle für eine besonders brutale und rücksichtslose Kriegsführung. Hülle blieb als sogenannter Schreibtischtäter unbehelligt und konnte avancieren.

Im OLG Celle als der dritten Station konnten die Kolleginnen und Kollegen die umfangreichen Vorarbeiten im Zusammenhang mit der Festschrift zum 250-jährigen Jubiläum des Gerichtes nutzen und zahlreiche neue Aspekte beibringen.

So wurde die Rolle des damaligen OLG-Präsidenten von Garßen eindringlich dargestellt. In vorauseilendem Gehorsam hatte er jüdische Juristen wie den Senatspräsidenten Dr. Richard Katzenstein und politisch mißliebige Richter wie den republikanischen Landgerichtspräsidenten von Lüneburg, Heinrich Wilhelm Puttfarken, aus dem Dienst entfernt.

Auch vor Eingriffen in die Unabhängigkeit der Rechtspflege schreckte er nicht zurück. So versuchte er den Vorsitzenden des Sondergerichts Hannover, den konservativen Landgerichtsdirektor Wilhelm Fahlbusch, wegen seines freisprechenden Urteils im Fall des Stader Amtsgerichtrates Jacobi unter Druck zu setzen. Herr Dr. Drecktrah wird anschließend diesen Fall aus Stade noch ausführlich darstellen.

Zum ersten Mal wurde in Celle das Wirken der Erbgesundheitsgerichte ausführlicher dargestellt. Nach angeblich wissenschaftlichen Kriterien hatten hier Richter in enger Zusammenarbeit mit staatlich beauftragten und mit niedergelassenen Ärzten Zehntausende von Menschen sterilisieren lassen. Das Ziel eines „gesunden, rassereinen Volkskörpers" hatten Juristen und Ärzte unter Anwendung so fragwürdiger Kategorien wie „sozialem Schwachsinn" zu erreichen versucht.

Für die Ausstellungsstandorte im Landgericht Göttingen und dann im Landgericht Verden standen die Tätigkeit der Sondergerichte im Vordergrund. War es in Göttingen die zuständige III. Kammer des Sondergerichts Hannover, die kritische Äußerungen nach dem Heimtücke-Gesetz verfolgte, so verurteilte das für Verden zuständige Plünderungs-Sondergericht mehrere Menschen wegen kleinerer Diebstählen zum Tode. Diese Urteile waren dann übrigens auch im Gefängnis Wolfenbüttel mit der Guillotine vollstreckt worden.

Während in Göttingen einer der wenigen demokratisch engagierten Juristen, der Landgerichtsdirektor Eduard Polchau zu würdigen war – Polchau, kurz vor der Pensionierung stehend, ist allerdings ebenso wie Puttfarken auf der Grundlage des berüchtigten „Gesetzes zur Wiederherstellung des Berufsbeamtentums" 1933 entlassen worden – konnten in Verden „ganz normale" berufliche Laufbahnen bei Landgerichtspräsidenten oder Leitenden Oberstaatsanwälten dokumentiert werden. „Normal" hieß natürlich Parteimitgliedschaft und „politische Zuverlässigkeit".

Aufgrund intensiver universitärer Forschungen zum Sondergericht Braunschweig konnte die sechste Station mit einem breiten Themen-Spektrum zur strafrechtlichen Verfolgung unterschiedlichster Delikte aufwarten. So wurde die Heimtücke-Rechtssprechung in ihrer ganzen Bandbreite von regimekritischen Äußerungen bis hin zu banalen und ganz alltäglichen Denunziationen dargestellt.

Verständlich war auch, daß in diesem ländlich geprägten Gebiet das Delikt des „Schwarzschlachtens" während des Krieges eine große Rolle spielte. Das Sondergericht Braunschweig wurde hier allerdings vom Reichsjustizministerium in Berlin wegen seiner Milde gerügt – und bei einer neuen Geschäftsverteilung umbesetzt.

Von besondere Bedeutung jedoch war die Dokumentation von angeblichen Plünderungs-delikten. Was im Fall der 19-jährigen Rüstungsarbeiterin Erna Wazinski zu einem Todes-urteil führte, wurde bei identischen Sachverhalt vom Sondergericht – allerdings in ande-rer Besetzung – für die 35 jährige Marie D. zu einer einfachen „Unterschlagung" mit 5 Jahren Zuchthaus bedacht. Die Ausstellungsstation „Landgericht Braunschweig" doku-mentierte damit erstmals den großen Ermessensspielraum der Kammern, auch und gera-de zugunsten der Angeklagten.

Als neuen Aspekt der bisherigen Thematik wurde schließlich in Braunschweig anhand einiger Nachkriegsprozesse die strafrechtliche Bewältigung von NS-Verbrechen doku-mentiert. Diese waren unter der Mitwirkung des damaligen Braunschweiger General-staatsanwaltes Dr. Fritz Bauer zum Teil beispielhaft für eine konsequente und engagierte Auseinandersetzung mit der NS-Zeit.

Eher kurzfristig geplant, aber deshalb um so intensiver vorbereitet wurde eine kurze Zwischenstation in der Niedersächsischen Landesvertretung in Berlin im September 2002. Politischer Hintergrund dieser nicht eingeplanten Ausstellungsstation war die Strafanzei-ge von vier „jüdischen Rechtsanwälten", so Zeitungen im Sommer 2001, gegen die bun-desdeutsche Justiz wegen der Nichtverfolgung von NS-Justizverbrechen durch deutsche Gerichte in der Nachkriegszeit.

Juristisch gesehen galt die Strafanzeige der „Strafvereitelung im Amt" durch „Nichtver-folgung von Straftaten". Dieser Aspekt bundesdeutscher Geschichte betrifft das, was ein deutscher Schriftsteller und Publizist, nämlich Ralph Giordano, als „zweite Schuld" be-zeichnet hat, nämlich das Versagen der deutschen Gesellschaft und ihrer staatlichen Insti-tutionen bei der Aufarbeitung und Verfolgung von Verbrechen der Nationalsozialisten.

Da auch ein prominenter Rechtsanwalt aus Hannover, der lange Jahre Vorsitzender des Landesverbandes der jüdischen Gemeinden in Niedersachsen war, diese Anzeige mitun-terzeichnet und dem Justizministerium zugeleitet hatte, prüfte das Ministerium rechtliche Schritte. Leider war wegen der abgelaufenen Verjährungsfristen strafrechtlich nichts mehr gegen diejenigen Richter und Staatsanwälte zu unternehmen, die mit den Ermittlungen gegen belastete Nazijuristen in den 50er und 60er Jahren befaßt waren.

Um dennoch diese Initiative nicht ins Leere laufen zu lassen, wurde im Ministerium vor-geschlagen, für unsere Wanderausstellung ein vollständig neues Kapitel zu erarbeiten, in welchem diese Problematik schließlich in 15 neuen Tafeln aufgearbeitet werden sollte. Alternative Positionen in der Rechtssprechung der 50er Jahre wurden dabei ebenso deut-lich wie das schließliche Versagen der bundesdeutschen Justiz in der Aufarbeitung der eigenen Geschichte.

Wie teilweise in anderen Stationen zuvor wurde auch in Osnabrück das Schicksal jüdi-scher Anwälte dokumentiert, die Tätigkeit des Sondergerichtes nachgezeichnet, das einen jugendlichen "Zigeunermischling" wegen des Diebstahls einer Handvoll getrockneter Pflaumen zum Tode verurteilt, und schließlich auch die Nachkriegskarriere eines belaste-ten Staatsanwaltes präsentiert, der Anfang der 60er Jahre wegen seiner NS-Vergangenheit vorzeitig in den Ruhestand geht – mit vollen Bezügen natürlich.

Osnabrück sollte schließlich die Station werden, in welcher durch eine enge Zusammenarbeit von Gericht, Universität und Volkshochschule das umfangreichste Begleitprogramm mit einer großen öffentlichen Resonanz umgesetzt werden konnte.

Im Landgericht Lüneburg schließlich wurde einmal der Prozeß der gewaltsamen Gleichschaltung 1933 am Beispiel des schon erwähnten Landgerichts-Präsidenten Puttfarken dargestellt, der von seinem Kontrahenten, dem nationalsozialistischen Rechtsanwalt Bohlmann mit Unterstützung des Gauleiters Telschow aus dem Amt vertrieben wurde. Die ambivalente Haltung von Staatsanwälten wurde durch zwei Einzelschicksale präsentiert und damit auch die widersprüchliche Rolle der Justiz deutlich.

Diese Begleitprogramme waren es auch, die wie in der neunten Station im Landgericht Lüneburg der interessierten Öffentlichkeit die Möglichkeit bot, verschiedene thematische Aspekte der Wanderausstellung durch Vorträge, Filmveranstaltungen, Symposien und Podiumsdiskussionen zu vertiefen. Ohnehin hatten pro Station zwischen fünf- und achttausend Besucher die Gelegenheit eines Ausstellungsbesuches genutzt. Hunderte von Besuchergruppen wurden von Mitarbeitern der Vorbereitungsteams aus den einzelnen Gerichten aber auch von besonders vorbereiteten Studenten fachkundig durch die Ausstellung geführt.

Das Interesse für diese doch schwierige, zum Teil trockene und sperrige Thematik „NS-Justiz" war überwältigend. Und damit hatte eigentlich keiner gerechnet.

Daß diese Ausstellung ein Erfolg wurde, verdanken wir in erster Linie auch den zahlreichen Kolleginnen und Kollegen aus den Gerichten und Staatsanwaltschaften, die mit großem Engagement die Vorbereitungen geleistet und die Durchführung begleitet haben.

Mein ganz herzlichen Dank gilt ihnen.

Das juristische Erbe des „Dritten Reiches". Beschädigungen der demokratischen Rechtsordnung.[1]

Joachim Perels

Ich möchte einige, mir aber sehr wichtige Vorbemerkungen machen. Daß diese Ausstellung hier zu sehen ist, verdanken wir jemandem, der davon kein Aufhebens gemacht hat. Das ist der Justizminister Wolf Weber, der bis vor kurzem noch im Amte war. Er hat diese Ausstellung, die ja als Dauerausstellung existiert, in Wolfenbüttel besucht und sie für so gut befunden, daß er gedacht hat, die darf nicht in Wolfenbüttel bleiben. Es ist wichtig, daß sie in Wolfenbüttel ist, und daß man jederzeit dahin fahren kann - doch sie muß unter die Leute kommen! Er hat die Initiative ergriffen, daß das Justizministerium und viele andere die Arbeit übernommen haben, die Ausstellung zu vervielfältigen und durch das ganze Land zu schicken. Ich möchte mich an dieser Stelle bei Herrn Weber besonders dafür bedanken, daß er diese Initiative ergriffen hat. Das haben wir uns nicht träumen lassen, als mehrere - zu denen gehörte ich auch - diese Ausstellung über ein paar Jahre hinweg konzipiert haben.

Einstellung des Verfahrens gegen die Vernehmungsbeamten Bonhoeffers und Dohnanys

Was mit dem Thema eines juristischen Erbes des „Dritten Reiches" als Problem angesprochen ist, will ich mit einem Beispiel veranschaulichen. 1951 stellt der Oberstaatsanwalt am Landgericht Lüneburg nach einer Vorlage seines Staatsanwaltes ein Verfahren ein, und zwar das Verfahren gegen den Reichskriegsgerichtsrat Dr. Roeder, der Untersuchungsführer im Verfahren gegen Dietrich Bonhoeffer und Hans von Dohnanyi war.

Dohnanyi und Bonhoeffer waren 1943 verhaftet worden, sie saßen im Gefängnis in Berlin-Tegel. Roeder wurde in den Vorermittlungen der Staatsanwaltschaft unter anderem beschuldigt, Aussagenerpressung begangen zu haben, als er die beiden vernahm. Das Verfahren gegen Dr. Roeder ist auf Antrag des Oberstaatsanwalts in Lüneburg 1951 eingestellt worden. Die Begründung für die Einstellung des Verfahrens bezeichnet exemplarisch das juristische Erbe des „Dritten Reiches".

Ich zitiere aus der Einstellungsbegründung, die von einem Staatsanwalt verfasst worden ist, der 1938 in sein Amt gekommen ist. Da heißt es in der Einstellungsverfügung, und ich kann sie nicht ohne innere Bewegung zitieren: „Die Mehrzahl der vernommenen Zeugen bestand aus Menschen, die sich in einen maßlosen Haß gegen den nationalsozialistischen Staat hineingesteigert haben, und die aus diesem übersteigerten Haß auch heute noch nicht herausgefunden haben zu einer objektiven Würdigung des Geschehens."

Für den Lüneburger Staatsanwalt hat „die Gruppe des 20. Juli in umfassendem Maße Landesverrat und Spionage betrieben. Sie hat", heißt es weiter in dem Einstellungsbe-

---

[1] Überarbeiteter Mitschnitt eines Vortrags am 5. April 2001 im Amtsgericht Hannover

schluss, „ein ungeheures Maß an Schuld auf sich genommen." Schließlich heißt es - es geht ja unter anderem um Aussagenerpressung -, daß die Gestapo, die Geheime Staatspolizei, „eine absolut normale Polizeiorganisation war, die Spezialgebiete behandelte." Das ist das juristische Erbe des „Dritten Reiches" in Gestalt der erneuten Ingangsetzung der Geltung der Repressions-, Diskriminierungs- und Ausrottungsnormen des nationalsozialistischen Systems, die zum positiven Bezugspunkt der Nachkriegsjustiz werden.

Ich will Ihnen noch ein paar Hinweise geben auf die Personen, die mit dieser Einstellungsverfügung erneut ins Unrecht gesetzt wurden. Hans von Dohnanyi war Reichsgerichtsrat, später persönlicher Referent des Reichsjustizministers Gürtner. Er legte ab 1933 eine genaue Liste der Verbrechen, vor allem der in rechtliche Form gekleideten Verbrechen des Nationalsozialismus an. Er war, wie die Gestapo schrieb, in gewisser Weise das strategische Haupt der Verschwörung, die dann später, am 20. Juli 1944, zum Ziele kommen wollte. Sein Schwager war Dietrich Bonhoeffer. Und Dietrich Bonhoeffer hat aus einer theologischen Perspektive die gleiche Position des Eintretens für das Recht der Erniedrigten und Beleidigten eingenommen. Deswegen ist er zum Widerstand übergegangen. Er hat diese Position bezogen in Auseinandersetzung mit der Institution, aus der er kam, und mit der er in gewisser Weise auch verbunden war, seiner eigenen evangelischen Kirche. 1940, also drei Jahre vor seiner Verhaftung, hat er eine Schulderklärung im Hinblick auf seine Kirche verfasst, die noch sehr viel schärfer ist, als später die berühmte „Stuttgarter Schulderklärung" von 1945. Ich zitiere sie, um Ihnen zu zeigen, wie das Eintreten für das Recht der Verfolgten sein Handeln im Widerstand motiviert hat.

Bonhoeffer sagt: „Die Kirche hat den Ausgestoßenen und Verachteten die schuldige Barmherzigkeit oftmals verweigert. Sie war stumm, wo sie hätte schreien müssen, weil das Blut der Unschuldigen zum Himmel schrie. Sie hat das rechte Wort in rechter Weise zur rechten Zeit nicht gefunden." Und man kann sagen, daß Dietrich Bonhoeffer dieses „rechte Wort" gefunden hat.

Ein wichtiges Beispiel: 1941, als in Berlin im Oktober die Deportation der Juden begann - vor aller Augen, es konnte jeder sehen -, verfasst Dietrich Bonhoeffer zusammen mit meinem Vater Friedrich Justus Perels eine kleine Denkschrift, die das Geschehen der Deportationen beschreibt. Diese Denkschrift sollte Bonhoeffers Schwager, Hans von Dohnanyi, an Generaloberst Beck weitergeben, eine wichtige Figur der oppositionellen Militärs. In dieser Denkschrift - von einem Juristen und einem Theologen verfasst – wurde die Rechtlosigkeit der staatlichen Verfügung über das Schicksal der Juden angeprangert. Verwiesen wird darauf, dass es keine offizielle Mitteilung gibt, was das Ziel der Zusammenfassung der Juden in Judenhäusern, in Synagogen ist. Es geschieht einfach mit ihnen, ohne daß sie irgendeine Möglichkeit haben, dagegen Widerspruch einzulegen.

Diese Denkschrift ist nicht so bekannt, wie sie es verdient. Es ist vielleicht auch zu hoch angesiedelt, sie eine Denkschrift zu nennen; es sind sechs, sieben Seiten. Ihre Zielsetzung aber war eindeutig. Sie trat für das Recht der Rechtlosen ein. Sie hat in Deutschland keine große Wirkung erzielt, allerdings zum Teil im Ausland. Für den Ökumenischen Rat der Kirchen bildete diese Denkschrift eine Grundlage, um über die Verfolgung im Nazideutschland zu berichten. Entproblematisierung der nationalsozialistischen Hypothek in der Bundesrepublik Die Frage nach dem juristischen Erbe des „Dritten Reiches" wird merkwürdigerweise in der Zunft der Zeithistoriker, die eigentlich für diese Fragen zuständig ist, kaum behandelt. Eine Ausnahme ist das wichtige Buch von Norbert Frei über „Vergangenheitspolitik".

Den Ausgangspunkt für die mehrheitliche Sicht der Zeithistoriker hat der Philosoph Hermann Lübbe in einem Vortrag von 1983 entwickelt. Er trägt die These vor, daß es wichtig war, daß in der Frühphase der Bundesrepublik, wie er es ausdrückt, eine Zeit des Schweigens, des Beschweigens der NS-Zeit herrschte. Er kommt zu dem Schluß, daß die Erblast nationalsozialistischer Vergangenheit, die diese Republik zu tragen hatte, „ihr nicht hinderlich gewesen ist".

Also: es war letztendlich gar kein Problem, daß wir ein Nachfolgesystem des Nationalsozialismus waren, meint Lübbe. Diese Auffassung wird nun von Autoren – Zeithistorikern, auch Politologen - von Konservativen bis zu linken Sozialdemokraten in merkwürdiger Einmütigkeit vertreten. Kurt Sontheimer sagt zum Beispiel: „Es gibt gewisse Gründe dafür, die nur zaghaft beginnende Auseinandersetzung mit der nationalsozialistischen Vergangenheit als eine mögliche Brücke zur Integration des ganzen Volkes in die neue Demokratie zu betrachten." Das Volk ist eine homogene Größe, es besteht nicht mehr aus verschiedenen politischen Richtungen, es wird sozusagen insgesamt integriert.

Dann geht es weiter. Ein bedeutender sozialdemokratischer Historiker, Klaus-Dieter Henke, meint: „Die Integration der personellen Hinterlassenschaft des Nationalsozialismus gelang, ohne den Übergang von der Diktatur in die Demokratie zu gefährden." Es gibt kein juristisches Erbe, wie ich es eben angedeutet habe. Und weiter geht es - ein anderer Autor, ein Konservativer dieses Mal, Helmut Quaritsch, ein Staatsrechtslehrer, erklärt: „Es rechnet schließlich zu den fundamentalen Jedermann-Erfahrungen, daß Schweigen über alten Streit und Anklagestoff die Voraussetzung friedlichen Miteinanders in Beruf und Ehe, Verein und Staatenwelt ist. Mitläufer aber, auch die ehemaligen Nationalsozialisten, wurden mit Ausnahmen geräuschlos integriert und in eine positive Entwicklung gebracht."

Und den I-Punkt in all diesen Feststellungen, besser gesagt: Behauptungen, setzt wiederum ein unzweifelhaft bedeutender Historiker: Eberhard Jäckel. In seinem Buch „Das deutsche Jahrhundert" steht ein einziger Satz über die Frage der Fortwirkung des NS-Systems. Dieser lautet: „Die ehemaligen Nationalsozialisten wurden aufgesogen." Sie waren weg!

Wenn man sich diese Betrachtungsweise ein bißchen kritisch anschaut, so scheint mir das Hauptproblem dies zu sein: Hier wird eine durchaus berechtigte Fragestellung, nämlich die Integration derer, die den Nationalsozialismus getragen haben, so allgemein gefasst, dass die andere Fragestellung des Umgangs mit denjenigen, die an den kriminellen Handlungen des Regimes beteiligt waren, systematisch unterbelichtet wird. Die Unterscheidung von Integrationsfähigen und Nicht-Integrationsfähigen wird in dem herrschenden Interpretationsansatz nicht getroffen. Dabei hätten diese Autoren, wenn sie die zeitgeschichtliche Literatur der Nachkriegszeit studiert hätten, bereits eine Wegweisung finden können bei einem bedeutenden Autor der Nachkriegszeit, dem Überlebenden des Konzentrationslagers Buchenwald, Eugen Kogon.

Eugen Kogon hat 1947 einen wichtigen Aufsatz geschrieben, der oft falsch verstanden worden ist. Der Aufsatz trägt den Titel „Das Recht auf politischen Irrtum". Er bezog sich darauf, daß diejenigen, die in geistigen Dingen dem Nationalsozialismus gefolgt waren, ein Recht auf politischen Irrtum hätten. Aber Kogon hat in dem gleichen Aufsatz entschieden davon gesprochen, daß ein derartiges Recht in keiner Weise für diejenigen gelten kann, die an kriminellen, unterdrückenden und grausamen Handlungen des Regimes beteiligt waren. Diese scharfe Differenzierung ist bei den meisten neueren Zeitgeschichtlern - Norbert Frei ist eine große Ausnahme – weitgehend verschwunden.

Kategorien für die rechtstaatliche Aufarbeitung der NS-Diktatur

Wie kann nun das juristische Erbe des „Dritten Reiches" überwunden werden? Auf diese Frage ist bereits während der Zeit des Nationalsozialismus in mehrfacher Hinsicht eine Antwort gegeben worden, und zwar von denjenigen Kräften, die den Nationalsozialismus bekämpften: im Inland, in der politischen Opposition und im Ausland. In der Emigration sind Rechtspositionen entwickelt worden, die mit der Gedankenwelt des späteren Grundgesetzes zusammengebracht werden können. Der Kreisauer Kreis, eine Gruppe von Widerstandskämpfern mit dem Grafen Moltke an der Spitze, hat sich 1943 mit der Frage nach dem Umgang mit den Untaten des Regimes auseinandergesetzt. Zu der Zeit waren die Massenmorde an den Juden in der Sowjetunion voll im Gange, und auch die anderen schrecklichen Untaten gegenüber den sowjetischen Kriegsgefangenen wurden bekannt. Der Kreisauer Kreis, in diesem Falle nicht Moltke selbst, sondern einer seiner Mitstreiter, formuliert folgende Leitlinien, die für die Überwindung des juristischen Erbes der NS-Despotie außerordentlich bedeutsam sind: „Im Zusammenhang mit dem Kriege sind zahlreiche Verletzungen des Rechts begangen worden. Sie sind nach Art, Ausmaß und Willensrichtung schwerwiegend und verabscheuenswert. Ihre Bestrafung ist nur zur Wiederaufrichtung der Herrschaft des Rechts und damit des Friedens in Deutschland und in der Völkergemeinschaft ein dringendes Gebot."

Der zweite Punkt in dieser Ausarbeitung des Kreisauer Kreises wird uns immer wieder begegnen: „Es ist die Schaffung einer rückwirkenden deutschen Strafbestimmung nötig." Gefordert wurde eine Suspendierung des Rückwirkungsverbotes im Blick auf das nationalsozialistische Terrorregime, auf die gesamten Schreckensregelungen – wie etwa die Polenstrafrechtsverordnung. Diese rückwirkende Strafbestimmung ist nötig, um „den Rechtsschänder mit Freiheitsstrafe" zu belegen. Bei einer auf Befehl begangenen Rechtsschändung" – man beachte das Wort Rechtsschändung - „ist der Befehl kein Strafausschließungsgrund, es sei denn, daß es sich um eine unmittelbare Bedrohung für Leib und Leben des Täters handelt oder ein sonstiger Zwang vorliegt. Insbesondere ist der Befehl kein Strafausschließungsgrund, wenn der Täter durch sein Verhalten vor, bei oder nach der Tat erwiesen hat, daß er den Befehl billigt."

Die gleiche Position finden Sie in Analysen entwickelt, die eine kleine Gruppe von Emigranten um den sozialdemokratischen Juristen Franz Neumann im amerikanischen Regierungsapparat vorgelegt hat. Franz Neumann hat mit seinen Mitstreitern Herbert Marcuse, Otto Kirchheimer, John H. Herz und anderen genau die gleiche Auffassung entwickelt: Dass das nationalsozialistische Unterdrückungs-, Diskriminierungs- und Ausrottungsrecht kein Recht im Rechtssinne ist und daß daher diese juristischen Formen des Terrors der Ahndung unter rechtsstaatlichen Gesichtspunkten zugänglich gemacht werden müssen.

Was dies konkret heißt, hat Neumann mit seiner Gruppe folgendermaßen formuliert: „Interpretiert man die Nazigesetze entsprechend der Naziideologie, so kann kein Mord in einem Konzentrationslager als Verbrechen gelten, denn es ist der Kern der Politik und Verfassungstheorie der Nazis, daß das Recht keine Schranken kennt." Neumann hat dann im amerikanischen Regierungsapparat die Grundlegung für die spätere Gesetzgebung der Alliierten für das berühmte Kontrollratsgesetz Nr. 10 entwickelt.

Diese Position wichtiger Gruppen des Widerstands und der Emigration findet sich mit der Niederlage Nazideutschlands wiederum in Deutschland selber, wesentlich formuliert von einem bedeutenden sozialdemokratischen Rechtslehrer, der 1933 aus dem Dienst entfernt worden war, von Gustav Radbruch. Radbruch hat bereits am 12. September 1945 - das ist zwei Monate vor der Normierung des Kontrollratsgesetzes Nr. 10 vom 20. Dezember 1945 - die Einsicht zum Ausdruck gebracht, daß das NS-Recht in seinen Kernbeständen kein Recht ist. Das ist ganz wichtig festzuhalten.

Ich zitiere aus der berühmten „Rechtsphilosophischen Besinnung", die Radbruch nicht einer juristischen Zeitschrift veröffentlicht hat (die gab es in diesem Falle noch nicht), sondern in einer Zeitung, damit es möglichst viele lesen und verstehen können, nämlich in der Rhein-Neckar-Zeitung in Heidelberg: „Was dem Inhaber der Staatsgewalt gemeinnützig dünkt, jeder Einfall und jede Laune des Despoten, Strafe ohne Gesetz und Urteil, gesetzloser Mord an Kranken, sind aus dieser Perspektive Recht. Das kann heißen: der Eigennutz des Herrschenden wird als Gemeinnutz angesehen, und so hat die Gleichsetzung von Recht und vermeintlichem oder angeblichem Volksnutzen einen Rechtsstaat in einen Unrechtsstaat verwandelt."

An dieser Stelle wird zuerst das Wort Unrechtsstaat auf den Nationalsozialismus bezogen. Radbruch kommt zu einer eindeutigen Schlussfolgerung: "Wenn die Gesetze den Willen zur Gerechtigkeit bewußt verleugnen, zum Beispiel Menschenrechte Menschen nach Willkür gewähren oder versagen, dann fehlt diesen Gesetzen die Geltung," - also nicht die faktische, sondern die normative Geltung -, „dann schuldet ihm das Volk keinen Gehorsam, dann müssen auch die Juristen den Mut finden, ihnen den Rechtscharakter abzusprechen."

Diese Position entsprach der der Alliierten. Der wichtigste Punkt im Konrollratsgesetz Nr. 10 bezieht sich auf die Entlegitimierung des nationalsozialistischen Rechts. In Artikel II Ziffer 1c werden Verbrechen gegen die Menschlichkeit folgendermaßen definiert. Das sind „Gewalttaten und Vergehen, Mord, Ausrottung, Versklavung, Zwangsverschleppung, Freiheitsberaubung, Folterung, Vergewaltigung oder andere an der Zivilbevölkerung begangene unmenschliche Handlungen, Verfolgung aus politischen, rassischen oder religiösen Gründen ohne Rücksicht darauf, ob sie das nationale Recht des Landes, in welchem die Handlung begangen worden ist, verletzen." Dieser Nachsatz ist äußerst wichtig, weil er erforderlich ist, um formelles NS-Recht außer Kraft zu setzen.

Die Kontrollratsgesetzgebung der vier Alliierten, einschließlich der Sowjetunion, wird dann in der Einzelgesetzgebung in den Besatzungszonen konkretisiert in Bezug auf bestimmte Opfer des Nationalsozialismus, vor allem im Blick auf die Widerstandskämpfer. Im amerikanischen „Gesetz zur Wiedergutmachung nationalsozialistischen Unrechts in der Strafrechtspflege" von 1946 ist festgehalten worden: „Politische Taten, durch die dem Nationalsozialismus oder Militarismus Widerstand geleistet wurde, sind nicht strafbar." Mit anderen Worten: Sie sind rechtmäßig.

Was dies im einzelnen hieß, wird genau konkretisiert: „Straffrei ist insbesondere, wer es unternahm, die nationalsozialistische Gewaltherrschaft zu stürzen oder zu schwächen, wer aus Überzeugung Vorschriften unbeachtet ließ, die überwiegend der Aufrechterhaltung der nationalsozialistischen Gewaltherrschaft oder der totalen Kriegsführung dienten, wer für sein Verhalten allein nach nationalsozialistischer Auffassung zu bestrafen war, wer einen anderen der politischen Bestrafung entziehen wollte."

Neu-Legitimierung des NS-Rechts

Die Entlegitimierung des nationalsozialistischen Diskriminierungs- und Ausrottungsrechts wurde allerdings schrittweise rückgängig gemacht. Es entwickelt sich bereits parallel zu diesen ersten rechtsphilosophischen und normativen Festlegungen eine noch nicht durchsetzungsfähige Gegenposition. Diese Minderheitenposition wird etwa ab 1950 zur absoluten Mehrheitsposition in der Interpretation des NS-Rechts in der Justiz der Bundesrepublik. Im ersten Hauptkriegsverbrecherprozeß hat ein bedeutender Rechtslehrer, der Völkerrechtler Hermann Jahrreiß die These entwickelt, daß das NS-Recht im Prinzip nicht hinterfragt werden kann, sondern gilt: Diejenigen, die dort angeklagt wurden, könnten nur verurteilt werden, wenn man ihnen nachweisen könne, dass sie gegen das NS-Recht, aber nicht, daß sie gegen rechtsstaatliche Prinzipien verstossen haben.

In dem Plädoyer von Hermann Jahrreiß von 1946 heißt es: „Hitler wurde der oberste Setzer der Normen wie auch der Einzelbefehle. Wer sich als Funktionär der Hierarchie auf den Befehl des Führers beruft, will nicht für eine rechtswidrige Handlung einen Strafausschließungsgrund angeben, sondern er bestreitet die Behauptung, sein Verhalten sei rechtswidrig. Denn der Befehl sei unangreifbar, den er befolgt habe. Müssen nicht diejenigen Menschen, die nach dieser Ordnung gern oder ungern in der Hierarchie ihre Pflichten erfüllen, die Verurteilungen wegen einer Handlung oder Unterlassung, die der Führer befohlen hatte, als ein ihnen angetanes Unrecht empfinden?"

Und jetzt kommt die Schlußfolgerung: „Ein Befehl des Führers war für den Angesprochenen verbindlich und zwar rechtsverbindlich, auch wenn die Weisung dem Völkerrecht oder anderen überkommenen Weisungen zuwiderlief."

So weit die Position von Jahrreiß, die insbesondere die systematische völkerrechtswidrige Behandlung von Millionen sowjetischer Kriegsgefangener jeglicher Sanktion zu entziehen suchte. In der Entscheidung des Militärgerichts spielte diese anti-rechtsstaatliche Argumentation keine Rolle, hatte aber später eine große Wirkung.

In der Zeit von 1950/51 veränderte sich die bisherige, herrschende Sicht der rechtsstaatlichen Illegitimität der Kernstrukturen des nationalsozialistischen Systems fast dramatisch. Gegen das Hauptkriegsverbrecherfahren und die Nachfolgeprozesse gegen hohe SS-Führer, hohe Wirtschaftsleute, Spitzen der Justiz und der Wehrmacht bildet sich eine breite und starke Gegentendenz zur Infragestellung der Nürnberger Urteile, vor allem der Nachfolgeprozesse gegen die Funktionseliten des Regimes heraus.

Vorreiter dieser Entwicklung sind auf der einen Seite die beiden großen Kirchen, auf der anderen Seite die Verteidiger aus den Nürnberger Prozessen, die 1949 mit Hilfe der Bundesregierung eine eigene Rechtsschutzstelle gründen. Die Bundesregierung selber, die vom politischen Gewicht am bedeutendsten war, stellte die Legitimität der Nürnberger Verfahren bis auf wenige Ausnahmen in Frage. Die Bundesregierung vertrat in Gestalt ihres Staatssekretärs Strauß vom Bundesjustizministerium die Auffassung, daß nur zehn Prozent derer, die in den Nürnberger Prozessen, insbesondere den Nachfolgeprozesse, vor Gericht standen, zurecht verurteilt worden sind. Neunzig Prozent seien also zu Unrecht verurteilt worden.

Dies war eine groteske Verzerrung der Realität, wenn man sich die Verbrechen der Einsatzgruppen, der Wehrmacht, der Justiz vergegenwärtigt, die Gegenstand der Verhandlungen der amerikanischen Gerichte waren. Nicht nur in den Spitzen der Gesellschaft, sondern auch in der Bevölkerung nahm die Akzeptanz der Nürnberger Verfahren ab. Während die Nürnberger Verfahren kurz nach Kriegsende in weitem Maße, zu 70 Prozent, von der Bevölkerung akzeptiert wurden, nahmen 1950/51 nur noch zehn Prozent der Bevölkerung diese Haltung ein. Der Prozess der Negation der Nürnberger Verfahren und der Neulegitimierung des NS-Rechts ist nun in der Gesellschaft stark verankert.

Im Jahre 1950 versucht die sozialdemokratische Bundestagsfraktion die Position der Alliierten, daß der politische Widerstand gegen das NS-Regime rechtmäßig war, in Gesetzesform zu gießen. Der Gesetzentwurf trägt den Titel „Zur Wiedergutmachung nationalsozialistischen Unrechts in der Strafrechtspflege". Widerstand gegen die NS-Gewaltherrschaft wird ausdrücklich als rechtmäßiges Handeln qualifiziert, und alle Strafurteile, die auf politisch oder rassisch diskriminierenden Gesetzen beruhen, werden für nichtig erklärt. Dieser Gesetzentwurf wird von den Regierungsfraktionen – CDU, FDP, Deutsche Partei – abgelehnt.

Die Begründung von Justizminister Thomas Dehler lautete: wenn man dies beschließe, wird das ganze Gefüge der Rechtsordnung durcheinander geraten. Es hätte bedeutet, daß die rechtliche Legitimität des Widerstandes festgeschrieben worden wäre und daß Richter, die Widerstandskämpfer verurteilt haben, selber aufgrund dieses Gesetzes leichter – ich will mich mal vorsichtig ausdrücken – zur Rechenschaft hätten gezogen werden können.

Der Justizapparat, wie er unter dem Nationalsozialismus existiert hatte, war aber schon wieder weitestgehend personell rekonstruiert. Die Zeiten waren nicht mehr die, daß ein solches Gesetz ohne weiteres hätte verabschiedet werden können. Auch das geltende europäische Recht mit Blick auf den Umgang mit Diktaturen wurde ausdrücklich nicht in die Rechtsordnung der Bundesrepublik integriert.

Der Artikel 7 Absatz 2 der Europäischen Menschenrechtskonvention, in dem die normativen Regelungen der Alliierten zur Aufhebung von NS-Unrecht weiter Sanktionswirkung entfalten sollten, wurde 1952 durch eine Entscheidung der Bundesregierung ausdrücklich nicht ins Rechtssystem Nachkriegsdeutschlands inkorporiert. Die Intention der Menschenrechtskonvention, die Berufung auf Terrornormen einer despotischen Staatsgewalt abzuschneiden, wurde durchkreuzt.

Rechtfertigung des SS-Urteils gegen Bonhoeffer durch den Bundesgerichtshof

Entsprechend wählte die Rechtsprechung die Rechtsordnung des Nationalsozialismus erneut zum positiven Bezugspunkt. 1951 fand ein Verfahren vor dem Landgericht München gegen den Juristen Huppenkothen statt, der der Ankläger in dem Verfahren gegen Dietrich Bonhoeffer, Admiral Canaris, Ludwig Gehre und vielen anderen im Konzentrationslager Flossenbürg am 8. April 1945 gewesen war. Dieses war ein Verfahren, in dem das Gericht nicht zuständig war: es war ein SS-Gericht, und die Angeklagten, um die es ging, gehörten zur Wehrmacht. Schon insofern war es ein Nicht-Gericht. Die Angeklagten hatten keinen Verteidiger, es wurde kein Protokoll geführt. Und schließlich, was das Außerordentlichste und Furchtbarste war: Als Beisitzer in diesem Verfahren wurde der KZ-Kommandant von Flossenbürg bestimmt!

Das Urteil führte dazu, daß innerhalb eines halben Tages die Widerstandskämpfer Canaris, Bonhoeffer und andere zum Tode verurteilt und entwürdigend hingerichtet, besser gesagt ermordet wurden. Dieses Verfahren von 1945, kurz vor Kriegsende, im Konzentrationslager Flossenbürg als Gerichtsort, ist vom Landgericht München I für rechtmäßig erklärt worden, denn die den sechs Verurteilten zur Last gelegten Handlungen hätten nach dem damaligen Rechtszustand die Tatbestände des Hoch- und Landesverrats und des Feindverrats erfüllt. Man müsse deshalb die gegen sie ergangenen sechs Todesurteile für rechtens halten.

Damit war die Wegmarkierung für den Umgang mit den Widerstandskämpfern schon 1951 festgelegt. Am Ende urteilt der Bundesgerichtshof, das höchste deutsche Strafgericht, in einer Entscheidung von 1956 im Kern in gleicher Weise wie das Landgericht München. Der Vorsitzende Richter, der SS-Richter Dr. Thorbeck, der in einem KZ die Widerstandskämpfer in den Tod schickte, habe nur das damalige Recht angewandt.

Der Ankläger Huppenkothen wurde verurteilt. Aber man muß sehen, mit welcher Begründung: Ihm wurde zum Vorwurf gemacht, daß er nicht die Urteilsbestätigung von Kaltenbrunner oder gar Hitler eingeholt hatte. Hätte er sie eingeholt, wäre auch er freigesprochen worden. Die Verurteilung Huppenkothens beruhte darauf, daß das NS-Recht falsch angewandt worden war, nicht aber darauf, daß das NS-Recht ein mörderisches Recht war, das von Mördern in Roben praktiziert wurde.

In dem Urteil steht dieser Satz: „Für die Frage, ob sich Dr. Thorbeck durch die Teilnahme als Vorsitzender an der Standgerichtsverhandlung der Beihilfe zum Mord oder sonstiger strafbarer Handlungen schuldig gemacht hat, ist nicht entscheidend, wie sich die Ereignisse vom April 1945 nach heutiger Erkenntnis darstellt" - als ob es lediglich die heutige Erkenntnis sei, daß der Nationalsozialismus ein Unrechtssystem war. Die Widerstandskämpfer hatten dies bereits im Dritten Reich erkannt und sich dafür eingesetzt, dass das Recht wieder hergestellt wird.

Das war die Leitformel der Regierungserklärung des 20. Juli, die nach dem gelungenen Attentat verlesen werden sollte: Wiederherstellung der Majestät des Rechts. Das war die Position des Widerstands und nicht etwa die einer späteren Zeit. Im Urteil von 1956 heißt es schließlich: „Eine solche rückschauende Betrachtung würde dem Angeklagten nicht gerecht werden. Bei der Beurteilung der strafrechtlichen Schuld ist vielmehr ins Auge zu fassen, wie sich die Aufgabe nach der Gesetzeslage und den sonstigen Gegebenheiten der Tatzeit darstellte."

Das heißt: Positiver Bezugspunkt für die Beurteilung des SS-Terrorgerichtes ist die nationalsozialistische Herrschaftsordnung, die nicht einen Millimeter breit in Frage gestellt wird. All das, was nach 1945 an Rechtspositionen zur Sanktionierung „gesetzlichen Unrechts" (Radbruch) erarbeitet wurde, ist vollständig verloren gegangen. Dies hängt mit vielen Dingen zusammen, unter anderem auch damit, daß 80 Prozent der Richter des Bundesgerichtshofes vorher im Dienste des „Dritten Reiches" tätig waren. Übrigens war der Richter Mantel, der die Huppenkothen-Entscheidung mitgefällt hat, an einem Sondergericht tätig. Er hat offenbar seine eigene lebensgeschichtliche Prägung als Justizjurist der Diktatur zum Inhalt dieses Urteils zulasten der Widerstandskämpfer gemacht.

Von dieser Entscheidung ist eine große Wirkung auf die Untergerichtsbarkeit ausgegangen.

Freispruch für den Beisitzer Freislers

Von zentraler Bedeutung war die Entscheidung von 1968 im sogenannten Rehse-Verfahren vor dem Landgericht Berlin. Rehse war Beisitzer in Freislers Volksgerichtshof und für mehr als 200 Todesurteile verantwortlich. In der Entscheidung des Landgerichts wird allein an vier Stellen unmittelbar auf die Huppenkothen-Entscheidung von 1956 positiv Bezug genommen, und zwar immer mit dem Argument, das damals geltende Recht sei der Bezugspunkt, über den man nicht hinausgehen könne. Die Kategorie gesetzlichen Unrechts, die Radbruch zur Entlegitimierung der NS-Terrornormen entwickelt hatte, wurde nicht einmal als Fragestellung herangezogen. Sie existierte nicht als Gegenerwägung, die jeder gute Jurist hätte anstellen müssen.

Das Verfahren endete mit dem Freispruch von Rehse. Damit waren Widerstandkämpfer, die Rehse aufs Schafott geschickt hatte, implizite nach ihrem Tod noch einmal zum Tode verurteilt worden. Das gilt etwa für den bedeutenden Widerstandskämpfer und katholischen Pazifisten Max Josef Metzger, der eine Denkschrift zur Herstellung des Friedens verfasst hatte. Die Begründung dafür, daß das Freislersche System der Rechtszerstörung, in Wahrheit ein rechtsstaatlich akzeptables System war, fasste das Landgericht in die bemerkenswerten Worte: „Der Angeklagte hatte weiter erklärt, er sei stets davon überzeugt gewesen, daß auch Freisler nicht das Recht gebeugt, sondern aus sachlichen Erwägungen und in dem Bestreben Recht gesprochen habe, den Bestand des gefährdeten Reiches zu sichern."

Das könnte man noch hinnehmen, wenn ein Angeklagter sich so verteidigt, das gehört zu unserer rechtsstaatlichen Ordnung. Aber jetzt kommt der Nachsatz, den das Gericht formuliert: „Das Schwurgericht kann dem Angeklagten diese Einlassung nicht widerlegen." Man müsse also akzeptieren, dass der Volksgerichtshof Recht gesprochen habe. Wenn man das Urteil liest, erfährt man, daß Freisler den Angeklagten Metzger, den ich schon erwähnt habe, angreift, ihn eine Pestbeule nennt, ihn unterbricht, also alle Verfahrensregeln der Strafprozeßordnung mit Füßen tritt - das kann man mit der linken Hand widerlegen, was hier als unwiderleglich bezeichnet wird. Man will es nur nicht widerlegen, weil man die – leere – Fiktion einer NS-Rechtsstaatlichkeit braucht, um die Justizjuristen der Despotie frei zu sprechen.

Gegenpositionen zur rechtlichen Akzeptanz der NS-Diktatur

Es gab einige Gegenpositionen zur Neulegitimierung des NS-Unrechts. Sie blieben aber in der Minderheit. Eine der Gegenpositionen formulierte der Bundesgerichtshof selbst. Er hat 1952 in einer Revisionsentscheidung das KZ-Verfahren von Flossenbürg als außergerichtliche Vernichtung politischer Gegner qualifiziert, in dem die Verfahrensregeln keine Rolle spielten. Diese Entscheidung ist aber gewissermaßen in der Luft stehen geblieben. Sie ist vom Bundesgerichtshof selbst nicht etwa aufgegriffen, sondern 1956 fast vollständig negiert worden. Ein rechtsstaatlicher Umgang mit Justizjuristen, die Widerstands-kämpfer zu Tode gebracht hatten, existierte, war nicht vollständig verschwunden.

Eine weitere wichtige Gegenposition hat der damalige Braunschweiger Generalstaatsan-walt Fritz Bauer 1952 im Verfahren gegen Otto Ernst Remer entwickelt. Remer, stellvertre-tender Vorsitzender der Sozialistischen Reichspartei, hatte erklärt, daß die Widerstands-kämpfer Hoch- und Landesverrat begangen hätten. Bauer hat in seinem Plädoyer, das die Entscheidung stark beeinflußt hat, eine Grundüberlegung angestellt, die zwar in der Ent-scheidung nicht in vollem Maße zum Tragen kam, die aber äußerst wichtig war. Fritz Bauer hat die These entwickelt, daß das nationalsozialistische System gar nicht hochver-ratsfähig ist, weil es keine wirkliche fungierende, berechenbare, allgemein gültige Rechts-ordnung besitzt, sondern nach Belieben bestimmte technische Unterdrückungsnormen setzt.

Das heißt, die Widerstandskämpfer konnten gar keinen Hochverrat und keinen Landes-verrat begehen, weil es kein fungierendes Rechtssystem gab. Darüber hinaus waren ihre Handlungen, wie Bauer in dem Plädoyer deutlich macht, vollständig gedeckt durch das damals geltende Strafrecht. Es war legitim und sogar geboten, für die Verfolgten, insbe-sondere für die Juden, einzutreten, ihnen mit Notwehr bzw. Nothilfe, mit jenen Rechtsbe-helfen des Strafrechts, beizustehen. Die Position von Fritz Bauer ist vom Landgericht Braunschweig im Blick auf den Vorwurf des Landesverrats übernommen worden: Die Verschwörer des 20. Juli haben das Land nicht verraten, sie wollten es retten. Dies war eine wichtige Weichenstellung. Das Plädoyer von Bauer und die ganze Prozeßgeschichte wurde von der Bundeszentrale für Heimatdienst publiziert.

Sanktionierung von Kriegsverbrechen

Auf dem Gebiet des Umgangs mit den Kriegsverbrechen gab es, um zur Hauptentwick-lung zurück zu kehren, eine entsprechende Legitimierung des nationalsozialistischen Rechtssystems. Es werden die gleichen die NS-Rechtsordnung legitimierenden Argumen-tationsmuster ausgebildet wie gegenüber den Widerstandskämpfern. Nach 1945 werden von den USA eine Fülle von Verfahren in Gang gesetzt: Zum Beispiel der Nord-Ost-Prozeß, der sich bezieht auf die Kriegsverbrechen, die die Wehrmacht auf dem Balkan und in Griechenland begangen hat. Es werden eine Reihe führender Militärs, Generäle, wegen Kriegsverbrechen verurteilt. Ich greife einen Angeklagten heraus, um deutlich zu machen, wie diese völkerrechtlich orientierte Sichtweise in der Justiz der Bundesrepublik verschwindet.

Es ging in diesem Prozeß unter anderem um ein Massaker, das in Griechenland in Kalav-rita durchgeführt wurde: nicht von der SS, nicht von Einsatzgruppen, sondern von der Wehrmacht selber. Der Sachverhalt, dargestellt von dem amerikanischen Gericht, ist fol-gender: „Am 6. Dezember 1943 begann das Unternehmen Kalavrita als Sühne für die Tötung von 78 deutschen Soldaten, führte die 117. Division unter dem Befehl des Generals von Le Sur diesen Angriff durch. Mehr als 25 Ortschaften wurden zerstört und es wird zugegeben, daß 626 Griechen als Sühnemaßnahme erschossen wurden. Es liegt die Aus-sage eines Augenzeugen vor, daß ungefähr 1.300 Griechen zur Vergeltung getötet wur-den.

Es scheint kaum notwendig auszuführen, daß viele dieser Sühnetötungen übertrieben waren, daß viele ungesetzlich waren, weil kein Zusammenhang bestand zwischen den erschossenen Einwohnern und den begangenen Vergehen. Sühnemaßnahmen wurden gegen eine bestimmte Gruppe wie Kommunisten und Bandenverdächtige vorgenommen, ohne daß ein Zusammenhang mit den Vergehen erbracht wurde. Das Unternehmen Kalavrita kann nur als glatter Mord, als Zerstörung von Eigentum gewertet werden."

Der verantwortliche General Felmy ist zu 15 Jahren Gefängnis verurteilt worden. Dabei ist wichtig festzuhalten, daß er nicht zur Rechenschaft gezogen wurde, weil er überhaupt Repressalien angeordnet hatte - das ist völkerrechtlich eine durchaus mögliche und legitime Handlung -, sondern weil diese sog. Vergeltungsmassnahmen die völkerrechtlichen Schranken vollständig gesprengt haben, weil es überhaupt keine vertretbare Relation zwischen dem Vorgang und der Reaktion mehr gab. Der von dem amerikanischen Gericht bewertete Sachverhalt war später auch Gegenstand staatsanwaltlicher Ermittlungen.

Die Ludwigsburger Zentrale Stelle zur Aufklärung von NS-Verbrechen hatte eine Fülle von Vorermittlungsverfahren wegen Kriegsverbrechen eingeleitet und dann an die entsprechenden Staatsanwaltschaften abgegeben. Einer dieser Fälle ist der Fall Kalavrita, der von der Staatsanwaltschaft Bochum behandelt worden ist.

Und was hat die Staatsanwaltschaft Bochum gemacht? Sie hat in einem Einstellungsbeschluß von 1972 den Sachverhalt des Massakers von Kalavrita, den ich Ihnen geschildert habe, umgedeutet in eine legitime Repressalie, die kein Kriegsverbrechen sei. Das technische Unterdrückungsrecht von Terrorbefehlen wurde in eine völkerrechtliche Norm umgedeutet, so daß die Ausübung schrankenloser Gewalt gegenüber Unschuldigen als rechtmäßig erschien.

Auch zur juristischen Entwirklichung von Kriegsverbrechen gab es Gegenpositionen, ohne dass es zu rechtskräftigen Verurteilungen wegen Kriegsverbrechen kam. Zu nennen ist vor allem Alfred Streim, der vorletzte Leiter der Ludwigsburger Zentralen Stelle, der dazu auch publiziert hat. Er verwies etwa darauf, daß die Tötung von 10.000 Juden durch die der Wehrmacht unterstellten Geheime Feldpolizei sanktionsfrei blieb, obgleich das Massaker auf einen verbrecherischen Befehl zurück ging.

Späte Erkenntnis der Willkürstruktur der Nazi-Justiz

Wann setzt eigentlich die rechtsstaatlich orientierte kritische Erkenntnis der nationalsozialistischen Diktaturjustiz ein? Bis Mitte der 60er Jahre verändert sich noch wenig. Eine Vorreiterrolle spielt Ilse Staffs Fischer-Taschenbuch von 1964 „Justiz im Dritten Reich". Bestimmend aber ist die Darstellung des früheren Präsidenten des Bundesgerichtshofs, Hermann Weinkauf, in der die Justiz gewissermaßen als Objekt fremder Willkür im Nationalsozialismus erscheint, aber keine eigene Subjektrolle spielt.

In der Justiz gibt es einen Wendepunkt, an dem man sich die Lage - zunächst einmal in der Öffentlichkeit - verändert. Dies geschieht nicht justizintern, sondern durch das Aufbrechen einer öffentlichen Debatte, ausgelöst durch den Film „Weiße Rose", der 1982 von Michael Verhoeven und Mario Krebs gedreht wurde. Dieser Film enthält einen Abspann: „Nach Auffassung des Bundesgerichtshofes bestehen die Urteile gegen die ‚Weiße Rose' zu recht. Sie gelten noch immer."

Die Aussage war zutreffend. Der Gehalt aber war nicht im allgemeinen Bewußtsein. So löste der Verweis auf die vom Bundesgerichtshof anerkannte Rechtsgültigkeit der Entscheidungen der NS-Justiz eine gewaltige Debatte aus: in der Öffentlichkeit, im Deutschen Bundestag. Die Regierung Kohl war gerade ins Amt gekommen und machte keine Anstalten, Kritik am Bundesgerichtshof zu unterstützen, aber die Debatte war nicht aufzuhalten.

Im Jahre 1985, unter der Regierung Kohl, kommt es zu einem einstimmigen Beschluss des Deutschen Bundestages, in dem festgestellt wird, daß der Volksgerichtshof, der auch die Männer und Frauen der „Weißen Rose" zum Tode verurteilt hat, eine Willkürinstitution ist, die jeder Rechtsstaatlichkeit entbehrt. Diese Feststellung des Deutschen Bundestages resultierte aus der öffentlichen Debatte.

Es hing auch damit zusammen, daß die alten Funktionsträger der NS-Justiz nicht mehr das Gewicht hatten, das sie noch in den 50er und 60er Jahren besaßen. Sie waren pensioniert, zum Teil waren sie auch schon gestorben. Das heißt, die Machtlage hatte sich zugunsten dieser neuen Sicht etwas verändert. Nun stand das gesamte Justizsystem des Nationalsozialismus zur öffentlichen Wahrnehmung an. Eine wichtige Entwicklung ist hier in Hannover von Prof. Lehmann von der Evangelischen Fachhochschule eingeleitet worden, der 1995 auf die Idee kam (von der ich nicht gedacht hatte, daß sie durchsetzbar sei), das Verfahren gegen die Justizschergen, die Dietrich Bonhoeffer und andere in den Tod schickten, noch einmal aufzurollen.

Lehmann konnte die Wiederaufnahme des Verfahrens nicht beantragen, aber er konnte der Staatsanwaltschaft die Anregung geben, ein Wiederaufnahmeverfahren in Gang zu setzen. Hierfür verfasste er einen langen, gut begründeten Schriftsatz. Die Staatsanwaltschaft in Berlin hat die Sache aufgegriffen, und das Landgericht Berlin hat am 1. August 1996 eine Entscheidung gefällt, die die Entlegitimierung der NS-Justiz stark voran gebracht hat.

Diese Entscheidung enthält zwei Elemente. Es wird gesagt, dass das Bonhoeffer-Urteil im KZ Flossenbürg bereits durch die Alliierte Gesetzgebung 1946 aufgehoben ist. Aber das Gericht hat sich die Freiheit genommen, eine zusätzliche Bemerkung anzuschließen, mit der sie die bisherige Beurteilung dieses Verfahrens im Flossenbürg verworfen hat. Das war implizit eine Attacke auf die Position des Bundesgerichtshofes von 1956, denn das Gericht nahm ausdrücklich auf die vergessene Entscheidung des Bundesgerichtshofes von 1952 Bezug, der das Verfahren für willkürlich erklärt hatte. Damit war ein Tor aufgestoßen.

Es gab noch Parallelaktionen, an denen ich auch beteiligt war: Bürgerrechtler der DDR, unter ihnen Bärbel Bohley, brachten am Gebäude des 5. Strafsenats des Bundesgerichtshofs eine - auf offizielle Weisung bald wieder abgebaute - Tafel mit der Inschrift an: „Zum Gedenken an den christlichen Widerstandskämpfer Dietrich Bonhoeffer. Seine Tötung am 9. April 1945, angeordnet durch ein SS-‚Gericht' im Konzentrationslager Flossenbürg, wurde vom Bundesgerichtshof 1956 bestätigt – als Ausdruck des Rechts des NS-Staats auf Selbstbehauptung!!"

Dies alles hat dazu geführt, daß in der öffentlichen Meinung sich eine Änderung der Sicht auf den Umgang mit der NS-Justiz einstellte. 1996 fanden wie üblich die Feiern zum 20.Juli in Berlin statt. Es sprechen der Ministerpräsident Vogel aus Thüringen, die Berliner

Bürgermeisterin Bergmann und die Justizsenatorin Peschel-Gutzeit - ein CDU-Mann und zwei Sozialdemokratinnen. Alle drei fordern in ihren Reden, daß die Unrechtsurteile des Nationalsozialismus insgesamt aufgehoben werden müßten. Das beruhte nicht unwesentlich auf der Stoßwirkung der öffentlichen Debatte.

Es dauerte noch zwei Jahre, weil es in der CDU auch scharfe Gegenpositionen gab, bis dann - unter der Regierung Kohl - im Jahre 1998 der Deutsche Bundestag einstimmig die gesamten Unrechtsurteile - bis auf ein paar Einschränkungen – aufhob. Die Kriterien entsprachen im Kern denjenigen, die die Alliierten 1946 einst festgelegt hatten: „Strafrechtliche Entscheidungen, die ... nach dem 30. Januar 1933 zur Durchsetzung und Aufrechterhaltung des nationalsozialistischen Regimes aus politischen, militärischen, rassischen, religiösen und weltanschaulichen Gründen ergangen sind, werden aufgehoben."

Besonders einen Politiker sollte man nicht vergessen, der neben vielen anderen eine erhebliche Rolle gespielt hat: den Vorsitzenden des Rechtsausschusses und CDU-Abgeordneten Horst Eylmann, der in ruhig entschiedener Weise diese in dem Aufhebungsgesetz zum Ausdruck kommende Linie gegen viele Widerstände in seiner Fraktion, besonders aus der CSU, am Ende mit durchgesetzt hat. Im Bundestag hielt er eine beachtliche, von rechtlichem Respekt vor den Widerstandskämpfern getragene Rede, die mit Beifall von allen Parteien bedacht wurde.

Vollständig geschieht die Entlegitimierung des juristischen Erbes der Nationalsozialismus erst im Jahre 1998. Die Entscheidung ist zu spät gekommen. Gerade die Überlebenden des Widerstands konnten eine andere Sicht auf die NS-Justiz erwarten – und erlebten oft nicht mehr diese grundlegende Revision der langen Fortschreibung der Unrechtsurteile. Gleichwohl ist es gut, daß überhaupt eine solche Entscheidung gefällt wurde. Wenn sie ausgeblieben wäre, wäre es durchaus schlimmer.

Literaturhinweise
Redaktion Kritische Justiz (Hg.), Die juristische Aufarbeitung des Unrechts-Staates, Baden-Baden 1998.
Norbert Frei, Vergangenheitspolitik. Die Anfänge der Bundesrepublik und die NS-Vergangenheit, München 1996.
Joachim Perels, Das juristische Erbe des „Dritten Reiches". Beschädigungen der demokratischen Rechtsordnung, Frankfurt/M. 1999.

Der Verfasser
Prof. Dr. Joachim Perels, geb. 1942, Studium der Rechtswissenschaft, Soziologie, Philosophie und Politischen Wissenschaften in Frankfurt/M. und Tübingen, Prof. für Politische Wissenschaften an der Universität Hannover an der Uni Hannover, Mitglied des Wissenschaftlichen Beirates für Gedenkstättenarbeit des Landes Niedersachsen, Mitglied des Wissenschaftlichen Beirates des Fritz Bauer Institutes, Mitglied des Vorstands der Martin Niemöller Stiftung, Mitglied der internationalen Expertenkommission für den Ausbau der KZ-Gedenkstätte Bergen-Belsen

Letzte Veröffentlichungen

Joachim Perels, Das juristische Erbe des „Dritten Reiches". Beschädigungen der demokratischen Rechtsordnung, Frankfurt/M. 1999.

Joachim Perels, Wider die „Normalisierung" des Nationalsozialismus. Interventionen gegen die Verdrängung, Hannover 1996.

Michael Buckmiller, Dietrich Heimann, Joachim Perels (Hg.), Judentum und politische Existenz. 17 Portraits deutsch-jüdischer Intellektueller, Hannover 2000.

Amtsgerichtsrat Kannapke legt seine Aemter nieder

Amtsgerichtsrat Kannapke hat seine Mandate im Bürgervorsteherkollegium und im Kreistag niedergelegt. Weiter ist er vom Vorsitz des Beamtenausschusses Stade zurückgetreten.

*

Dieser Entschluß ist die erste unausbleibliche Folge des unverständlichen Verhaltens der drei bürgerlichen Bürgervorsteher in der Freitagssitzung des Bürgervorsteherkollegiums. Man hat den Rücktritt des Herrn Amtsgerichtsrat Kannapke nach diesem Vorfall in der gesamten Bevölkerung erwartet.

„Stader Tageblatt" vom 27. März 1933

NS-Justiz im Landkreis Stade

Jürgen Bohmbach

Vorbemerkung

Im Deutschen Reich – und damit auch im Landkreis Stade – wurde nach der nationalsozialistischen Machtübernahme das überkommene Rechtssystem zunächst in seinen Grundzügen beibehalten. Menschen, die „Nicht-Arier" oder politisch unliebsam waren, wurden allerdings aus dem staatlichen bzw. staatlich kontrollierten Justizwesen entfernt. Das ging relativ problemlos, d.h. ohne größere Widerstände, vonstatten; es waren allerdings ohnehin – abgesehen von Rechtsanwälten – vergleichsweise wenige, weil die insgesamt konservative Justiz sich schnell anpaßte und es nur wenige jüdische Richter und Staatsanwälte gab. Im Landgerichtsbezirk Stade amtierten, wie das „Stader Tageblatt" eigens am 4. April 1933 feststellte, überhaupt keine jüdischen Richter. Dies änderte sich auch im Laufe des Jahres 1933 nur unwesentlich.

Das Rechtswesen funktionierte weiterhin nach den alten formalen Prinzipien, deren Inhalt sich allerdings mit der Zeit änderte. Da diese Änderungen immer Verordnungen oder Gesetze als Grundlage hatten, also formal die Rechtsordnung nicht zu verletzen schienen, blieb die Illusion der Rechtsstaatlichkeit erhalten. Daß die Gesetze nicht mehr parlamentarisch zustande gekommen, sondern auf der Grundlage des sog. Ermächtigungsgesetzes von der Reichsregierung, also der Exekutive, erlassen worden waren, wurde dabei gerne verdrängt.

Hinzu kam, daß das Justizwesen im wesentlichen bürgerlich-konservativ geprägt war, der nationalen Regierung also positiv gegenüberstand. Es dauerte allerdings bis zum 20. Juni 1933, ehe im Schöffensaal des Landgerichts, aus dem das Ebertbild immerhin frühzeitig entfernt worden war, nun auch „das Bild des Volkskanzlers Adolf Hitler" aufgehängt wurde.

1. Mißliebige Juristen

Zu den wenigen nicht völlig Angepaßten gehörte der Amtsgerichtsrat Paul Kannapke, der es bei der ersten Sitzung der Stader Stadtverordneten am 24. März 1933 zusammen mit zwei anderen bürgerlichen Vertretern gewagt hatte, nach den bisherigen demokratischen Prinzipien die Sozialdemokratin Anni Lange zur Schriftführerin zu wählen. Kannapke legte nach wütenden Protesten der NSDAP und der folgenden Pressekampagne sein Mandat nieder und gab auch das Amt als Vorsitzender des Beamtenkartells auf. Das „Stader Tageblatt" berichtete darüber am 27. März 1933 und bezeichnete seinen Entschluß als erste „unausbleibliche Folge des unverständlichen Verhaltens der drei bürgerlichen Bürgervorsteher". Die gesamte Bevölkerung habe Kannapkes Rücktritt erwartet.

Paul Kannapke war 1933 bereits 54 Jahre alt, schon 1911 als Staatsanwalt an das Landgericht Stade versetzt worden, Mitglied der Deutschen Demokratischen Partei. Von 1919 bis 1924 und ab 1926 war er regelmäßig Bürgervorsteher, 1926-1933 sogar Bürgerworthalter, d.h. Vorsitzender der Versammlung. Zum 1. Oktober 1933 wurde Kannapke an das Amtsgericht Norden versetzt; allerdings läßt die sachliche Mitteilung im „Stader Tageblatt" nicht unbedingt auf eine Strafversetzung schließen. Nach dem Kriegsende kehrte er aus Norden zurück und amtierte am Spruchgericht Stade.

Aus Hannover nach Stade versetzt worden war am 28. Juli 1933 der Staatsanwalt Dr. Arthur Wolffsohn. Wolffsohn, seit 1906 Mitglied der Evangelisch-Lutherischen Kirche, galt wegen seiner jüdischen Herkunft als „Volljude" und war deswegen am 1. April 1933 als Erster Staatsanwalt in Hannover beurlaubt worden. Eine „Weiterverwendung" in weniger wichtiger Stellung galt aber zunächst noch als möglich, daher wurde Wolffsohn zum 1. Oktober 1933 auf eine in Stade frei werdende Stelle als Landgerichtsrat versetzt. Hier konnte Wolffsohn, 55 Jahre alt, noch zwei Jahre arbeiten, ehe er zunächst zum 1. Oktober 1935 auf Grund der „Nürnberger Gesetze" beurlaubt, zum 1.1. 1936 in den Ruhestand versetzt wurde. Das „Stader Tageblatt" meldete am 8. Januar 1936 knapp, der Landgerichtsrat, Erste Staatsanwalt Dr. Wolffsohn sei kraft Gesetz in den Ruhestand versetzt worden.

Wolffsohn, Soldat im Ersten Weltkrieg und Träger des Ordens „Pour le Mérite", wurde allerdings durch seine Ehe mit einer „Arierin" – anders als der Schlachter Joseph Engel – vor der Deportation geschützt. Nach der Befreiung wurde er am 20. Oktober 1945 wieder zum Ersten Staatsanwalt ernannt und baute die Staatsanwaltschaft Stade auf. 1949 war er für ein halbes Jahr Generalstaatsanwalt in Oldenburg, ehe er am 31. Dezember 1949 mit 71 Jahren in den Ruhestand trat. Zwei Wochen später, am Sonntag, 15. Januar 1950 um 0.53 Uhr, beging er Selbstmord durch Erhängen. Sein Tod war dem „Stader Tageblatt" nur die Nachricht wert, daß ein Einwohner Stades seinem Leben durch Erhängen ein Ende gemacht habe. Ein Nachruf erschien nicht.

„Nicht-arische" Richter wie Arthur Wolffsohn oder unliebsame Juristen wie Paul Kannapke oder Amtsgerichtsrat Jacobi wurden also beurlaubt, auf andere weniger wichtige oder unangenehme Posten geschoben und schließlich in den Ruhestand versetzt. Tatsächlich oder vermeintlich „nicht-arische" Rechtsanwälte wie Martin Hertz wurden diskriminiert und schikaniert.

Im rechten Haus Kurze Straße 1 befand sich die Kanzlei von Martin Hertz. Dort arbeitete auch nach 1945 wieder ein Rechtsanwalt.

Bereits wenige Monate nach der „Machtübernahme" war das Gerücht verbreitet worden, Martin Hertz sei Jude. Im April und Mai 1933 bekam er Vertretungsverbot und Hausverbot bei den Gerichten, wurde danach aber wieder als Rechtsanwalt und Notar zugelassen. Dennoch wurde er weiter als „Nichtarier" diskriminiert, 1935 wurde ihm die Vertretung in „Armensachen" entzogen. In der Pogromnacht vom 9./10. November 1938 wurden auch seine Praxisräume Kurze Straße 1 demoliert, und der NS-Kreisleiter wandte sich erneut an den Gauleiter Telschow mit dem Verdacht, Hertz sei Jude.

Telschow forderte daraufhin am 18. November 1938 den OLG-Präsidenten in Celle zur Untersuchung auf. Die Parteidienststellen „befürchteten", die Abstammungsunterlagen seien nicht vollständig, Landgerichtspräsident Wieacker sollte mit Hertz zusammen die Angelegenheit klären. Martin Hertz wurde gezwungen, ein Gutachten der „Reichsstelle für Sippenforschung" einzuholen, das ihm bescheinigte, „Mischling 2. Grades" (sog. Vierteljude) zu sein; seine Urgroßeltern hatten sich 1828 taufen lassen. Damit durfte er grundsätzlich weiter praktizieren.

Nicht mehr zu klären ist, von wem gezielt das Gerücht verbreitet wurde, Martin Hertz sei „Volljude". Die früh einsetzende Diskriminierung mag aber auch damit zusammenhängen, daß er als Geschäftsführer des Arbeitgeberverbandes zwar in Distanz zur Republik stand, aber durchaus – im Gegensatz etwa zu Cascorbi und dem Handwerkerbund – keine Anpassungspolitik an die NSDAP betrieb. Er organisierte zur Märzwahl 1933 auch die Aufstellung der bürgerlichen „Einheitsliste". Daraus ist vielleicht auch zu erklären, daß Martin Hertz bereits 1935 auf der Liste derjenigen – im übrigen sonst alle „Volljuden" – stand, die der Verein ehemaliger Schüler des Athenaeum unbedingt auszuschließen hatte, wenn er nicht zwangsgeschlossen werden wollte. Nach dem alten Register bei der Anwaltskammer Celle ist Martin Hertz jedoch nicht die Konzession entzogen worden, es ist dort nur vermerkt, er sei „am 9.4. 45 gefallen". Richtig ist, daß Martin Hertz am 9.4. 1945 dem ersten Bombenangriff auf Stade, der allerdings eigentlich dem Flugplatz galt und sein Ziel verfehlte, zum Opfer gefallen ist.

2. Die Aushöhlung des alten Rechtssystems

Das Rechtssystem als solches blieb also im Grundsatz erhalten, weil es für die Durchsetzung der NS-Bewegung nicht primär gebraucht wurde. Vielmehr wurden zum einen gegenüber dem herkömmlichen Rechtssystem durch die Reichstagsbrandverordnung, das Ermächtigungsgesetz usw. rechtsfreie Räume geschaffen, in denen SA, SS, Hilfspolizei, Polizei und Gestapo quasi schrankenlos agierten. Zum anderen wurden neue Gerichtsbarkeiten ins Leben gerufen, die insofern die traditionelle Justiz aushöhlten, die Sondergerichte für die politische Justiz, die Erbgesundheitsgerichte, Erbhofgerichte.

Schließlich wurde die Justiz insgesamt „verreichlicht", d.h. zentralisiert, die Justizhoheit der Länder aufgehoben, die Richter wurden auf Adolf Hitler als obersten Gerichtsherrn vereidigt, und allgemein wurde das Strafmaß verschärft, d.h. die Gerichtspraxis änderte sich allmählich.

Diese drei Stränge der NS-Justiz waren auch im Landkreis Stade sichtbar und sollen an ausgewählten Beispielen exemplifiziert werden.

3. Rechtsfreie Räume

Die Befugnisse der Polizei wurden sofort nach der Machtübernahme vergrößert. Nach den Märzwahlen wurde auch in Stade eine Hilfspolizei gebildet, die bei den Verfolgungen von Kommunisten, Sozialdemokraten, Zeugen Jehovas eingesetzt wurde. Für die Ausbildung der ersten 32 Hilfspolizisten, die aus Stahlhelm, SA und SS rekrutiert wurden, stellte die Stadtverwaltung neben einer beträchtlichen Summe Geld auch ab 1. April die Jugendherberge zur Verfügung. Die Ausbildung dauerte vier Wochen; anschließend präsentierte die Hilfspolizei auf dem Exerzierplatz öffentlich das Erlernte, u.a. Schießübungen, „Polizeigriffe" und Handgranatenwerfen. 16 weitere Hilfspolizisten wurde anschließend noch am Maschinengewehr ausgebildet, außerdem noch ein zweiter Hilfspolizeilehrgang durchgeführt.

Die Hilfspolizei, eine Reserve für den Fall örtlicher Unruhen, wurde auch als „Überfallkommando" bezeichnet. Sie wurde beispielsweise bereits bei der Verhaftung von Kommunisten am 13. April 1933 in Brunshausen eingesetzt. Die Hilfspolizisten, erst seit 12 Tagen in der Ausbildung, hatten die Quartiere der mutmaßlichen Kommunisten zu umstellen, während die Polizei selbst die Wohnungen durchsuchte. Die Razzia wurde anschließend in Campe und der Hohentorsvorstadt fortgesetzt. Insgesamt 24 Kommunisten wurden verhaftet; zum „Schutz des Gefängnisses" wurde ein Kommando der Hilfspolizei ebenfalls in das Gefängnis gelegt. Es läßt sich vermuten, daß sie die Untersuchungshäftlinge auf ihre Weise vernahm.

Das Instrument der Schutzhaft wurde auch im Landkreis Stade gezielt eingesetzt. Die Inschutzhaftnahme war schon durch die „Verordnung zum Schutz des deutschen Volkes" vom 4. Februar 1933 gestattet worden. Allerdings stand den Festgenommenen noch ein Beschwerderecht zu, und die Schutzhaft war auf längstens drei Monate begrenzt. Die „Reichstagsbrandverordnung" vom 28. Februar 1933 hob diese Begrenzungen und Kontrollen auf, nun konnten schrankenlos tatsächliche oder vermeintliche Gegner ohne Rechtsgrund und nicht nachprüfbar festgenommen werden. Dieses Mittels bedienten sich nicht nur Polizei und Gestapo, sondern auch SA und SS, bis dies im Juni 1934 verboten wurde. Ein Erlaß vom Januar 1938 legte schließlich genau fest, daß die Schutzhaft eine „Zwangsmaßnahme der Geheimen Staatspolizei" sei gegen Menschen, die den Bestand und die Sicherheit des Volkes und Staates gefährdeten.

Eine kursorische Durchsicht der Gefangenenbücher des Gerichtsgefängnisses Stade belegt diese Praxis. Die erste Schutzhaft wurde danach verhängt gegen den Buxtehuder Arbeiter Heinrich Henne am 16. März 1933. Er wurde am 17. März nach Wesermünde gebracht und wohl von dort in das KZ Sonnenburg eingeliefert. Die ehemalige Strafanstalt Sonnenburg bei Küstrin war Anfang April 1933 als KZ eingerichtet worden. Dorthin wurden verhaftete Kommunisten gebracht und auch nach damaligen Maßstäben ausnehmend brutal gequält. Im Frühjahr 1934 wurde das KZ Sonnenburg aufgelöst. Im sog. Buxtehuder Hochverratsprozeß 1935 wurde Heinrich Henne zu 18 Monaten Zuchthaus verurteilt.

Bis Ende März 1933 wurden insbesondere Kommunisten in „Schutzhaft" genommen, z.B. auch am 29. März Rudolf Welskopf. Die Schutzhaft wurde, soweit dies aus den Gefangenenbüchern zu ersehen ist, sowohl von den Polizeibehörden als auch vom Landrat angeordnet. Dies geschah durchaus offen. Am 30. März 1933 berichtete das „Stader Tageblatt", drei kommunistische Funktionäre in Buxtehude – neben Welskopf auch Albert Scharpen und Heinrich Aldag – seien auf Anordnung des Landrats in Schutzhaft genommen und ins Amtsgerichtsgefängnis in Stade überführt worden. Am 31. März 1933 meldete das „Tageblatt", in der Lederfabrik sei ein Flugblatt mit vollständig aus der Luft gegriffenen Greuellügen ermittelt worden. Die Verbreitung dieser Lügen falle „unter den Paragraphen des Landesverrats und kann mit dem Tode bestraft werden."

Das frühere Gewerkschaftsheim an der Archivstraße wurde nach der Besetzung zum „Haus der Deutschen Arbeit" umgestaltet

Damit waren Rechtsnormen außer Kraft gesetzt. Die Schutzhaft diente zwei Zielen. Zum einen, das war der primäre Zweck, sollten damit politische Gegner ausgeschaltet werden, denen keine justiziablen Vergehen zur Last gelegt werden sollten. Die erste Inschutzhaftnahme in Stade traf den Stader Korrespondenten des sozialdemokratischen „Volksblatt für die Unterelbe", Ernst Lethi, der am 24. März 1933 verhaftet wurde. Als Grund für diese Verhaftung wurde angegeben, daß Lethi für die Herstellung sozialdemokratischer Flugblätter verantwortlich sei.

Am 2. Mai 1933 wurden bei der Besetzung des Gewerkschaftsheims an der Archivstraße alle anwesenden Funktionäre der Gewerkschaften in Schutzhaft genommen, aller dings bis auf Max Thoma, der auch Unterbezirkssekretär der SPD gewesen war, am nächsten Tag wieder entlassen.

Am 1. Juni 1933 wurde Wilhelm Milius, früherer Geschäftsführer des Fabrikarbeiterverbandes, seines Amtes enthoben – er war zunächst von der NSBO übernommen worden – und am 2. Juni erneut in Schutzhaft genommen, diesmal für vier Tage. Das „Stader Tageblatt" berichtete darüber am 3. Juni, Milius habe „unzutreffende Gerüchte" verbreitet und gegenüber Dienststellen der NSBO in Hamburg „wissentlich falsche Anschuldigungen" erhoben. Bei seiner Entlassung mußte er sich verpflichten, die Arbeit der Gewerkschaft nicht mehr zu stören und seine „hetzerische Agitation" einzustellen. Am 26. Juni, nach dem Verbot der Partei, wurden 14 frühere Funktionäre der SPD in Schutzhaft genommen und teilweise bis zu einer Woche inhaftiert.

Daß die Schutzhaft als ein außergerichtliches, rechtsstaatlichen Normen nicht unterliegendes Instrument angesehen wurde, zeigt ein kleiner Vorgang im Juli 1933. Am 14. Juli 1933 wurde ein früheres SPD-Mitglied aus Brunshausen in Haft – das „Tageblatt" schrieb „Schutzhaft" – genommen wegen Beleidigung von Adolf Hitler und Josef Goebbels. Da aber keine Fluchtgefahr vorlag, wurde er vorläufig wieder auf freien Fuß gesetzt.

Dies mobilisierte allerdings das gesunde Volksempfinden. Das „Stader Tageblatt" berichtete am 17. Juli 1933, es werde „allseitig dankbar begrüßt, daß die SS am Sonnabend vorsorglich eingegriffen hat." Der Bevölkerung habe sich wegen der Entlassung des „Marxisten aus Brunshausen" große Erbitterung bemächtigt, „und die SS sorgte aus diesem Grund dafür, daß der Verleumder wieder in Haft genommen wurde." Die Zeitung, die hier wie immer die Auffassung der Parteiorganisationen wiedergab, begrüßte dieses Vorgehen. Es entspreche dem „Volksempfinden", daß jede Beleidigung des neuen Deutschlands und seiner Führer „in denkbarer Schärfe" geahndet werde. Nach dem Gefangenenbuch blieb der Verhaftete bis zum 29. August, also sechs Wochen, in Schutzhaft.

Dieser kleine Vorgang macht das Grundprinzip deutlich. Das Rechtswesen wurde zum einen als Hilfsmittel angesehen, um die gesamte Bevölkerung gleichzuschalten, alle Abweichungen zu ahnden und die nationalsozialistische Volksgemeinschaft, d.h. den nach dem Führerprinzip gegliederten Aufbau der Gesellschaft, zu sichern. Zum anderen wurden damit individuelle Schutzrechte außer Kraft gesetzt, entweder durch Verordnungen, die aber noch eine gewisse Rechtsgrundlage bildeten, oder wie in diesem Fall durch Willküraktionen auf der Basis tatsächlicher oder vermeintlicher „Erbitterung" der Bevölkerung.

Auch ein anderer kleiner Vorgang zeigt die Verwischung rechtsstaatlicher Grenzen. Das „Stader Tageblatt" berichtete am 16. August 1933, ein Arbeiter sei – offenbar in Kehdingen – wegen „fortgesetzter Beleidigung der deutschen Volksregierung" festgenommen worden. In dem Augenblick, in dem er die Bahn nach Stade benutzen wollte, „erschien die Polizei und SA und verhaftete" ihn. Nach „eingehendem Verhör" wurde der Verhaftete in das Gerichtsgefängnis in Freiburg gebracht.

Neben dieser „Abschreckungsfunktion" sollte die Schutzhaft auch die „Volksgemeinschaft" vor Straffälligen nach ihrer Strafverbüßung sichern. Meist wurde dafür aber ein zweites Instrument, die „Vorbeugungshaft", genutzt, durch die das Rechtssystem ebenfalls außer Kraft gesetzt wurde. Die formale Rechtsbasis dafür bildete zunächst ebenfalls die „Reichstagsbrandverordnung". Auf ihr fußte ein geheimer Erlaß vom November 1933, der Vorbeugungshaft für Berufsverbrecher anordnete, wobei dieser Begriff weit gefaßt wurde. Eine breitere Ausdehnung erhielt die „Vorbeugungshaft" erst durch einen Erlaß von 1937 über „Vorbeugende Verbrechensbekämpfung". Sie wurde nun ein Mittel, das verbreitet gegen „Volksschädlinge" eingesetzt wurde, die sich entweder nicht in die „Volksgemeinschaft" einordneten oder aus ihr ausgestoßen worden waren.

Nachweisbar ist diese Praxis im Landkreis Stade gegenüber Sinti, die durchgängig, wenn sie aufgegriffen wurden, in Vorbeugungshaft genommen wurden. Am 27. Juli 1938 wurde beispielsweise eine „Bande" von 27 Personen festgenommen, wenige Wochen nach der reichsweiten Verhaftungsaktion „Aktion Arbeitsscheu". Während die noch schulpflichtigen Kinder an die Pestalozzistiftung in Burgwedel übergeben wurden, wurden 10 Erwachsene in Vorbeugungshaft genommen. Dieses Verfahren, berichtete der Landrat am 4. August 1938 der Kripoleitstelle Hamburg, habe sich gegen „landfahrende Zigeuner" bewährt, um sowohl Eltern als auch Kinder an ein „einigermaßen geordnetes Leben zu gewöhnen und zur geregelten Arbeit anzuhalten."

Die Vorbeugehaft war vorwiegend ein Mittel der Kriminalpolizei, während Schutzhaft nur von der Gestapo angeordnet werden sollte. Beide waren sie Instrumente, das Rechtswesen zu umgehen, um die Ziele der nationalsozialistischen Bewegung zu erreichen, die

Überwachung abweichenden Verhaltens, die Ausschaltung von Menschen, die als der Volksgemeinschaft schädlich betrachtet wurden, die vorbeugende Bekämpfung von Menschen, die sich nicht widerspruchslos der Volksgemeinschaft unterordneten oder eingliederten.

4. Neue Gerichte

a) Sondergerichte

Zur Ausführung der am 21. März 1933 erlassenen Verordnung zur „Abwehr heimtückischer Angriffe gegen die Regierung der nationalen Erhebung" – sie wurde am 20. Dezember 1934 durch das sog. Heimtücke-Gesetz abgelöst – wurde noch am selben Tag eine Verordnung erlassen, durch die in allen Oberlandesgerichtsbezirken Sondergerichte als Spezialstrafkammern geschaffen wurden. Die Sondergerichte waren insbesondere für politische Delikte zuständig, die nach der Reichstagsbrandverordnung oder dem Heimtückegesetz verfolgt wurden. Ab November 1938 konnten sie auch andere besonders schwere Verfahren an sich ziehen.

Für den Bezirk Stade wurde ein Sondergericht beim Landgericht Hannover gebildet, später wurden Verfahren allerdings auch an das Sondergericht Hamburg gezogen. Die außerhalb oder auf der Grundlage neu gesetzter Rechtsbestimmungen Inhaftierten wurden damit der ordentlichen Rechtspflege entzogen. Ausnahmen bildeten beispielsweise der große Buxtehuder Kommunistenprozeß, den das Berliner Kammergericht in Stade durchführte, und der sog. Stader Hochverratsprozeß.

Am 1. September 1933 wurde andererseits vor dem Sondergericht Hannover ein „Sabotageprozeß" verhandelt, über den das „Stader Tageblatt" kurz berichtete. Ein Fischmehlhändler und ein Tischlermeister aus Deinste waren angeklagt, weil sie eine Schweizer Zeitung, die „Schmähungen der Regierung und Greuelmeldungen enthielt", herumgezeigt und damit diese Meldungen verbreitet hatten. Außerdem hatte einer von ihnen eine abfällige Bemerkung über die Fahne des neuen Reiches gemacht. Sie wurden zu drei bzw. vier Monaten Gefängnis verurteilt.

Die Sondergerichte in Hannover und in Hamburg urteilten auch die zunächst in Schutzhaft genommenen Zeugen Jehovas ab. Das erste derartige Verfahren fand am 4. April 1936 in Hannover gegen zwei Stader Zeugen Jehovas – Diedrich Matthies und Claus Timmermann – sowie Jonny Eckhoff aus Jork statt, ein zweites am 8. Dezember 1937. Gegen Claus Timmermann, der zur gleichen Zeit verhaftet worden war, wurde das Verfahren jedoch vor dem Sondergericht in Hamburg geführt.

Die seit Anfang 1940 in den Landkreis gebrachten Zwangsarbeitskräfte unterstanden von Beginn an der Aufsicht der Polizei und der Gestapo. Bei Verstößen gegen die erlassenen Polizeiverordnungen oder sonstigen mutmaßlichen Vergehen wurden sie in Schutzhaft genommen, danach entweder zu ihren Arbeitsplätzen zurückgebracht oder auf Anordnung der Gestapo in KZs oder Arbeitserziehungslager eingeliefert. Es bestand hier allerdings grundsätzlich ein Durcheinander, das auf Reichsebene erst im Laufe des Jahres 1940 allmählich gelöst wurde.

Danach hatten Arbeitsverwaltung und Gestapo in den Fällen von „Arbeitsvertragsbruch" gemeinsam sowohl exekutive wie auch judikative Zuständigkeit. Bei Fällen von Körperverletzung usw. waren theoretisch weiterhin die ordentlichen Gerichte, allerdings vor allem die Sondergerichte zuständig, im Laufe der Zeit zog die Sicherheitspolizei aber auch hier die Strafverfolgung an sich. Dies traf in verstärktem Maße auf die Verfolgung der sog. GV-Verbrechen zu.

Insgesamt bildete sich hier eine Überlappung von Zuständigkeiten, die nicht mehr aufzulösen ist. In der Praxis zog die Gestapo alle Vorgänge an sich, die ihr wichtig erschienen. Eine geordnete Rechtsprechung gab es hier nicht mehr, der Willkür – im negativen wie manchmal auch im positiven Sinne – waren keine Schranken gesetzt. Der Fall einer „Urteilsvollstreckung" gegen einen polnischen Zwangsarbeiter ist überliefert. Der damalige NS-Ortsgruppenleiter Gustav Schlichting schilderte den Vorgang bei seiner Vernehmung 1947:

In meiner Abwesenheit war von der Kreisleitung in Stade bei mir angerufen worden. Es war mir der Auftrag erteilt worden, in meiner Eigenschaft als Ortsgruppenleiter in Uniform am nächsten Morgen in der Kreisleitung zu erscheinen. … Als ich dort ankam, wurde mir gesagt, die anderen wären bereits zum Schießstand gefahren. Ich hatte nun inzwischen erfahren, worum es sich handelte, und fuhr hin.

Am Schießstand traf ich den Ortsgruppenleiter Haack, von der Kreisleitung den stellvertretenden Kreisgeschäftsführer Lürs, den Regierungspräsidenten Schmidt-Kügler, den Oberregierungsrat von de Sand und Vertreter des Landrats und Bürgermeisters. Gestapobeamte aus Bremen hatten einen Polen, der bei dem Bauern Völkers mit einem Kind unzüchtige Handlungen vorgenommen haben sollte, mitgebracht und ließen ihn durch andere Polen aufhängen. Vor der Hinrichtung wurde ihm in deutscher und polnischer Sprache ein Urteil vorgelesen.

Wer dieses Urteil erlassen hatte, weiß ich nicht. Ich stand unter dem Eindruck, es wäre ein ordentliches Urteil. Daß einer vom Stader Gericht in Tätigkeit getreten ist, das habe ich nicht gesehen. Ich habe angenommen, daß es sich um ein ordentliches Gerichtsurteil handelte. Ich habe gehört, daß das Urteil aus Berlin gekommen ist. Nicht habe ich gehört, von welcher Behörde es ist. Ich bin der Auffassung gewesen, daß es sich um das Urteil eines ordentlichen deutschen Gerichts gehandelt hat. Nach der Hinrichtung wurden an dem hängenden Polen mehrere hundert Polen aus der Umgebung vorbeigeführt.

Der Hingerichtete war der polnische Zwangsarbeiter Kasimir Zarski, geboren am 2. Oktober 1925 in Zakopane. Die Hinrichtung fand am 7. Oktober 1943 statt, er war also gerade 18 Jahre alt geworden.

b) Erbgesundheitsgericht

Als neu gebildete Rechtsinstanz war in Stade insbesondere das Erbgesundheitsgericht tätig. Am 14. Juli 1933 war das Erbgesundheitsgesetz erlassen worden, das zum 1. Januar 1934 in Kraft trat. Zweck des Gesetzes war, die „defekten Menschen" auszusortieren und so eine Bresche in die „selbstmörderische Nächstenliebe" zu schlagen. Auf dieser Grundlage wurden im Deutschen Reich schätzungsweise 400.000 Menschen sterilisiert, Frauen wie Männer. Eine Einwilligung des betroffenen Menschen war nicht mehr erforderlich, § 12 des Gesetzes erlaubte ausdrücklich, auch Zwang anzuwenden.

Zur Durchführung der Zwangssterilisierung wurden Gerichte geschaffen, Erbgesundheitsgerichte, die beurteilen sollten, ob Menschen gesund und vollwertig waren oder erbkrank und daher minderwertig. Die Anträge sollten entweder die Opfer selbst bzw. ihre gesetzlichen Vertreter oder die jeweiligen Amts- oder Anstaltsärzte stellen. Die Entscheidung traf das neu zu bildende Erbgesundheitsgericht. In der Regel wurden die Anträge auch nicht von den Betroffenen gestellt, über die vielmehr bestimmt wurde.

Das Erbgesundheitsgericht Stade bestand aus drei Richtern und war, entsprechend dem Sprengel des Landgerichts, für vier Landkreise zuständig.[1] Bis 1944 wurden nachweislich 1.549 Anträge gestellt, 1.422 entschieden. Knapp 1.000 Menschen wurden sterilisiert, eine im Vergleich mit anderen Erbgesundheitsgerichten relativ hohe Zahl von Anträgen also abgelehnt. Die Sterilisierungen wurden zum großen Teil im Stader Krankenhaus durchgeführt, Unterlagen sind darüber aber nicht mehr erhalten.

Gründe, die Zwangssterilisierung anzuordnen, waren neben „angeborenem Schwachsinn" – den man auch vom Verhalten der Eltern und der Familie ableiten zu können meinte – fast alles von der Norm abweichende Verhalten, vor allem rasch wechselnde sexuelle Partner, Kriminalität, liederlicher, unsauberer Lebenswandel, Fehlverhalten am Arbeitsplatz. Man sterilisierte auch Sinti; in Stade mußten wenigstens drei „Zigeunermischlinge" einwilligen, sich sterilisieren zu lassen, um so ihr Leben zu retten. Ein Sohn sollte sterilisiert werden, sobald er 12 Jahre alt war; vorher war zum Glück der Krieg zu Ende.

Die einfache reguläre Verhandlung könnte ein Protokoll vom 10. September 1934 wiedergeben: *Auf Vorladung erscheint die Witwe Therese P. und erklärt: Ich bin auf den Antrag meiner Tochter Minna betreffend Unfruchtbarmachung hingewiesen. Das Merkblatt betr. Unfruchtbarmachung ist mir ausgehändigt. Zu dem Antrage auf Unfruchtbarmachung meiner minderjährigen Tochter Minna erteile ich hiermit meine Zustimmung.*

Kurz und bündig war auch die Entscheidung des Erbgesundheitsgerichts vom 16. Juli 1935:

> In der Erbgesundheitssache W. hat das Erbgesundheitsgericht in Stade nach mündlicher Beratung folgenden Beschluß gefaßt und verkündet:
> *Der am 9.2. 06 geborene Jens W., z.Zt. in der Landesheil- und Pflegeanstalt in Lüneburg, ist unfruchtbar zu machen. Die Kosten des gerichtlichen Verfahrens trägt die Staatskasse.*
>
> *Gründe: Der Dr. Bräuner, Landesmedizinalrat in Lüneburg, hat die Unfruchtbarmachung beantragt. Dem Antrage war stattzugeben. Nach den angestellten Ermittlungen und dem ärztlichen Gutachten sowie den Feststellungen während des Aufenthaltes des W. in der Landesheil- und Pflegeanstalt in Lüneburg leidet der W. an Schizophrenie, ist also erbkrank im Sinne des Gesetzes vom 14. Juli 1933.*

Jens W. hatte im übrigen im Mai 1930 geheiratet. Nach der Zwangssterilisation wurde er offenbar entlassen, lebte weiter mit seiner Frau und arbeitete als Ziegeleiarbeiter in Abbenfleth. Am 21. September 1939 erhängte er sich in seiner Wohnung.

Der Zwangssterilisierung wurde auch der Viehhändler Otto Davids unterzogen. Sein Fall ist in vielem typisch, auch wenn die Tatsache, daß Otto Davids Jude war, das Vorgehen insbesondere des Amtsarztes noch verschärfte.

Am 16. Mai 1935 stellte Dr. Klages den Antrag auf „Unfruchtbarmachung"; Otto Davids, 37 Jahre alt, leide an „angeborenem Schwachsinn" – eine der üblichen Klassifikationen. In

---

[1] Vgl. dazu den ausführlichen Beitrag von Jan Lokers.

dem beigefügten Gutachten wurde die Eintragung der Religionszugehörigkeit „israelitisch" nachträglich ergänzt durch die Angabe „Rasse: jüdisch". Klages konstatierte bei Davids einschlägiges Fingerzittern und eine langsame Auffassung. Außerdem machte er sexuelle Perversionen aus: „Er soll öfters Frauen belästigt haben am Schwarzen Berg." Das Gutachten endete in der Diagnose „Angeborener Schwachsinn mäßigen bis mittleren Grades."

Einen Tag später wurde verfügt, einen Pfleger zu bestellen; diese Aufgabe erhielt der Vater Albert Davids am 25. Mai.

Am 11. Juni 1935 fand die Verhandlung vor dem Erbgesundheitsgericht statt. Nach mündlicher Beratung wurde der Antrag allerdings abgelehnt, weil „angeborener Schwachsinn nicht genügend bewiesen" sei.

Der Amtsarzt legte gegen dieses Urteil Beschwerde ein, die am 17. Juli 1935 vor dem Erbgesundheitsobergericht in Celle verhandelt wurde. Das Obergericht beschloß, Otto Davids solle in einer Anstalt beobachtet werden „zwecks Feststellung, ob er erbkrank ist." Dies war eine durchaus gängige Praxis des Obergerichts, das sich wegen der Vielzahl der von ihm kurz abgehandelten Fälle – bisweilen 40 in einer Nachmittagssitzung – gern auf Anstaltsgutachten berief.

Am 3. Januar 1936 wurde Davids in die Landes-, Heil- und Pflegeanstalt Lüneburg für zwei Wochen zur Beobachtung eingewiesen. Das Gutachten des Arztes Dr. Wensing kam dann auch zur gewünschten Schlußfolgerung, daß bei Otto Davids eine Erbkrankheit im Sinne des Gesetzes vorliege.

Daraufhin hob das Obergericht in Celle am 24. März 1936 den früheren ablehnenden Beschluß des Erbgesundheitsgerichts Stade auf und ordnete an: „Otto Davids, geboren am 2. März 1898 in Hüls, Kreis Krefeld, ist unfruchtbar zu machen."[2]

5. Die ordentliche Gerichtsbarkeit

Vielfach wurde die ordentliche Justiz in Schnellgerichtsverfahren tätig. Am 20. April 1933 verurteilte das Stader Schnellgericht vier Kommunisten, die bei der Razzia am 13. April festgenommen worden waren. Sie wurden beschuldigt, Flugblätter mit hochverräterischem Inhalt verbreitet bzw. für die Verbreitung bereit gehalten zu haben. Der Staatsanwalt führte dabei, nach dem Bericht des „Stader Tageblatt", aus, es sei heute, „wo die nationale Revolution das ganze Volk erfasse", besonders verwerflich, daß sich immer noch Leute fänden, die für den internationalen Irrsinn Moskaus kämpften. Das Gericht verurteilte alle vier zu Gefängnisstrafen zwischen drei und zehn Monaten.

Im Anschluß wurde ein weiteres Verfahren gegen vier Kommunisten verhandelt, die des gleichen Verbrechens beschuldigt wurden. Der Staatsanwalt betonte in seinem Plädoyer, schuldig sei auch derjenige, der Flugblätter nur zur Verteilung bereit halte; man müsse auch den Inhalt der Flugblätter nicht kennen – dies war eine immer wiederkehrende Entschuldigung der Angeklagten, sie hätten nicht gewußt, was in den Blättern stand, und seien daher nicht schuldig. Auch hier verhängte das Gericht, wie schon im ersten Verfahren, deutlich geringere Strafen als beantragt. Eine Berufung wurde in beiden Verfahren nicht zugelassen.

---

[2] Zum weiteren Schicksal s. ebenfalls den Beitrag von Jan Lokers.

Gegen die Hauptangeklagten, den Maurer Johannes Kuhlmann und den Tischler Heinrich Bube, wurde das Verfahren abgetrennt und am 30. Juni 1933 vor dem Ersten Strafsenat des Kammergerichts in Berlin wegen „Vorbereitung zum Hochverrat" durchgeführt. Damit fand, wie das „Tageblatt" schrieb, die „Stader Hochverratsaffäre" ihren Abschluß. Von der eigentlichen Verhandlung wurde wegen Gefährdung der Staatssicherheit die Öffentlichkeit ausgeschlossen. Beide Angeklagten wurden der Vorbereitung des Hochverrats für schuldig erkannt, Kuhlmann zu einem Jahr, 6 Monaten, Bube zu einem Jahr Gefängnis verurteilt. Der Staatsanwalt hatte wiederum deutlich höhere Strafen gefordert.

Über die Praxis der Schnellgerichte wurde im „Stader Tageblatt" häufig berichtet, auch als Abschreckung und Warnung, niemand solle sich, wie geschrieben wurde, der trügerischen Hoffnung hingeben, daß noch irgend eine Herausforderung gegen das neue Deutschland ungesühnt bliebe. In derselben Ausgabe vom 27. Juni 1933 berichtete das „Tageblatt", drei Arbeiter aus Brunshausen seien festgenommen worden, weil sie bei einer Dampferfahrt Rot-Front-Rufe ausgestoßen hätten. Zwei von ihnen wurden noch am folgenden Tag vom Schnellrichter zu drei Wochen Haft verurteilt; die Urteilen wurden sofort vollstreckt.

Auf der Grundlage des Gesetzes zur Wiederherstellung des Berufsbeamtentums waren nicht nur „Juden" entlassen worden, sondern auch Sozialdemokraten und Kommunisten. In vielen Fällen legten die Betroffenen Widerspruch gegen ihre Kündigungen ein. Am 24. April 1933 beschloß der Magistrat, oberstes Verwaltungsgremium der Stadt Stade, auf Antrag der NSDAP-Fraktion, vier Beschäftigten zu kündigen, die in führenden Positionen der SPD bzw. den Gewerkschaften angehört hatten, Ludwig Jürgens, Adolf Konerding, Ludwig Prüter und Heinrich Waller, und schickte den Betroffenen am 26. April die Kündigung zu.

Am 29. April 1933 erhob Heinrich Waller, Kranführer am Hafen, Einspruch, den der Magistrat an den Regierungspräsidenten zur Entscheidung weiterreichte. Am 30. Mai wurde der Vorgang zurückgesandt; die Stadt solle näher begründen, daß die Voraussetzungen für eine Kündigung gegeben seien. Es wurde umgehend geantwortet; die Kündigung sei ausgesprochen worden auf Grund eines Beschlusses der NS-Fraktion. Waller sei einer der Hauptanführer der Revolution 1918 gewesen und auch jetzt einer der radikalsten Hetzer. Um sicher zu gehen, sprach der Magistrat am nächsten Tag aber auch noch die ordentliche Kündigung aus.

Die Begründung reichte dem RP nicht, der den Magistrat wiederum um Überprüfung bat. Es sollten Zeugen für die Vorwürfe benannt werden. Dazu sah sich die NS-Fraktion allerdings nicht in der Lage. Am 5. Juli 1933 wurde erneut eine Kündigung ausgesprochen, die vom RP allerdings wieder als „völlig unzureichend" bezeichnet wurde. Am 14. Juli legte Heinrich Waller auch gegen diese Kündigung Widerspruch ein. Daraufhin griff die NS-Fraktion zu einem ihrer letzten Mittel; wenn die Gekündigten nicht entlassen würden, wäre Ruhe und Ordnung gestört, und man lehne dafür jede Verantwortung ab. Man drohte also mit inszenierten Tumulten.

Die Angelegenheit zog sich allerdings weiter hin. Mitte Februar 1934 bat der Magistrat um eine rasche Entscheidung. Am 29.11. 1934 sandte der Preußische Innenminister die Vorgänge zurück und forderte dazu auf, Heinrich Waller Gelegenheit zur Äußerung zu geben. Dies tat Heinrich Waller dann auch. Am 25. Januar 1935 wurde seine Beschwerde, nach fast zwei Jahren, endgültig zurückgewiesen. Heinrich Waller bis Januar 1934 arbeitslos gewesen und hatte erst dann Arbeit als Stanzer bei der Schiffswerft gefunden. Ab Oktober 1935 arbeitete er bis zu seiner Verhaftung am 21. Oktober 1943 als Kraftfahrer bei der Firma Peill.

Nach ähnlichem Muster liefen auch die übrigen arbeitsrechtlichen Verfahren beim Regierungspräsidenten. Sie wurden formal und auch inhaltlich korrekt bearbeitet, wenn auch nicht gewagt wurde, den Widersprüchen stattzugeben.

Durchaus vergleichbar verlief auch ein überliefertes gewerberechtliches Verfahren. Dem jüdischen Viehhändler Joseph Nathan, der 1933 von Bremervörde nach Stade gezogen war, wurde Anfang 1936 vom Bürgermeister die Ausstellung eines Wandergewerbescheines verweigert. Joseph Nathan klagte gegen diesen Bescheid mit einer ausführlichen Begründung.

Bürgermeister Meyer stützte seine Ablehnung darauf, daß Nathan im November 1935 „aufwiegelnde Äußerungen" gemacht habe und deswegen bereits in Schutzhaft genommen worden sei, was im übrigen zutraf. Das Verfahren schwebe noch beim Sondergericht in Hannover. Wie bei den Kündigungen sozialdemokratischer Arbeiter und Angestellter schob der Bürgermeister allerdings vorsichtshalber am 6. März noch eine zweite Ablehnung nach, die er mit „staatsfeindlichen Äußerungen" Nathans begründete.

Erstaunlicherweise machte das Bezirksverwaltungsgericht Joseph Nathan sogar darauf aufmerksam, daß er auch gegen diesen zweiten Bescheid klagen müsse, was Nathan dann auch tat. Das Verwaltungsgericht stellte fest, daß Nathans Äußerungen lediglich „eine persönliche Meinungsäußerung darstellten über in der Zukunft liegende Ereignisse". Das Heimtückegesetz könne daher nicht darauf angewandt werden. Das Sondergerichtsverfahren sei im übrigen ebenfalls eingestellt worden. Am 28. Mai 1936 zog daraufhin der Bürgermeister seine Ablehnung zurück, und Joseph Nathan erhielt den beantragten Wandergewerbeschein.

Nationalsozialistische Vorstellungen waren weitgehend in das Ehe- und Familienrecht und die darauf beruhende Rechtspraxis eingezogen. Zwei Beispiele sind aus der Ehe und Familie von Alma und Joseph Engel überliefert. Das Ehepaar hatte 1912 in Ahlerstedt geheiratet, als Joseph Engel bereits vier Jahre zum Christentum übergetreten war. Er hatte sich 1908 in der Hamburger Jerusalem-Gemeinde taufen lassen. Dennoch galt er in der nationalsozialistischen Rassenideologie als „Volljude". Er führte in Ahlerstedt die einzige Schlachterei des Ortes.

Eine Tochter berichtete über die Auswirkungen auf sie. „Ich lernte 1936 meinen jetzigen Mann kennen, wir verlobten uns, wollten heiraten, aber unsere Eheschließung wurde nicht erlaubt. 1937 wurde unsere Tochter geboren, 1939 der Sohn, eine Heirat wurde trotz alledem nicht erlaubt. Ich mußte mich periodisch bei den Gestapostellen melden und „Belehrungen" über mich ergehen lassen. Meine Verlobung mit … unter persönlicher Bedrohung mit Tod und Gefängnis wurde zwangsweise aufgehoben, und meine schon damals existierenden Kinder im [Kinder]gartenalter den größten schweren Belastungen durch unsere grausamen Verfolger ausgesetzt.

Am 9.11.1938 wurde das Geschäft meines Vaters wie alle jüdischen Geschäfte zerstört. Mein Vater ist im Zusammenhang damit einige Wochen inhaftiert gewesen. Nach seiner

Rückkehr durfte er das Geschäft wieder weiterführen, welches aber nur von kurzer Dauer war. Mein Vater machte Notstandsarbeiten."

Sie kehrte im Mai 1941 nach Ahlerstedt zurück; noch Anfang November 1942 wurde ihr Antrag auf Heiratserlaubnis abgelehnt, weil ihr Vater von „volljüdischen Eltern" abstamme. Sie konnte ihren Verlobten erst im Februar 1948 nach dessen Rückkehr aus französischer Kriegsgefangenschaft heiraten.

Das zweite Beispiel ist die erzwungene Ehescheidung von Alma und Joseph Engel, die noch 1937 ihre Silberhochzeit hatten feiern können. Nach der Schließung seiner Schlachterei hatte Joseph Engel zunächst einen Versandhandel versucht, dann jahrelang in Hamburg gearbeitet. Hier wurde er am 3. März 1943 verhaftet, vorgeblich weil er nicht den vorgeschriebenen zusätzlichen Vornamen „Israel" angenommen hatte.

Alma Engel wurde von der Gestapo nach Hamburg vorgeladen. Dort sagte man ihr, die Ehe mit ihrem Mann müsse getrennt werden. Ihr Mann werde ohnehin deportiert; wenn sie sich scheiden lasse, komme er nach Theresienstadt, sonst weiter nach Osten in ein Ghetto. Auch ihr Sohn Werner wurde von der Gestapo vorgeladen, um die Scheidung zu erzwingen.

Auf diesen massiven Druck hin stellte Alma Engel den geforderten Antrag, ihre Ehe aufzuheben. Ihre „Klage" wurde vom Stader Rechtsanwalt Müller-Kemmler vertreten, die Ehe wurde vom Landgericht Stade am 8. April 1943 geschieden. Am 3. Mai 1943 besuchte Alma Engel ihren Mann zum letzten Mal in Hamburg, zwei Tage später wurde er nach Theresienstadt deportiert. Im Oktober 1944 wurde Joseph Engel von Theresienstadt aus nach Auschwitz deportiert, wo er wohl sofort ermordet wurde.

Ein Gerichtsverfahren vom Ende des Jahres 1935 hat damals bei den Zeitgenossen wie heute bei denen, die ein einigermaßen zutreffendes Bild von der NS-Justiz in den ersten Jahren gewinnen wollen, tiefen Eindruck hinterlassen, der Prozeß gegen zehn Beteiligte an dem Angriff auf Pastor Behrens am 16. September 1935. Allerdings hatte der Prozeß ohnehin nur deswegen stattfinden können, weil die Staatsanwaltschaft schneller als die Gestapo reagiert und vor dieser bereits ein Ermittlungsverfahren eingeleitet hatte.[3]

Die Tat selbst wie auch der Prozeß ist verschiedentlich dargestellt worden. Am 7. November 1935 erhob die Zentralstaatsanwaltschaft Anklage wegen Landfriedensbruchs gegen sechs SS-Leute, einen Lehrer sowie drei Mitglieder der HJ. Die Verhandlung fand vom 12. bis 14. Dezember vor der großen Strafkammer I des Landgerichts unter dem Vorsitz von Landgerichtsdirektor Quittel statt. Der Lehrer, Vorsitzender des NS-Lehrerbunds und wahrscheinlich sogar Anstifter, wurde mangels Beweises freigesprochen, die übrigen neun Angeklagten zu Gefängnisstrafen zwischen drei und sieben Monaten verurteilt.

Dieses Urteil erregte in den örtlichen Parteiorganisationen wie auch bei Gauleiter Telschow große Empörung, obwohl oder weil das Gericht nur aus Parteigenossen bestand. Wenn man sich sowohl Verfahren als auch Urteil genau betrachtet, wird man allerdings kaum widerständiges Verhalten darin erkennen können, Quittel selbst wurde, nachdem

---

[3] Dazu hier ausführlich der Beitrag von Wolfgang Rühle.

sich die Aufregung gelegt hatte, 1939 und noch im Krieg der höchsten Posten für fähig gehalten. Vielmehr wird an diesem Verfahren die Zwiespältigkeit der NS-Justiz deutlich.

Der Vorsitzende, Landgerichtsdirektor Quittel, vertrat sowohl in der Diktion wie auch insbesondere in der Einschätzung von Pastor Behrens eindeutig nationalsozialistische Wertungen. Er hielt Behrens, der als Zeuge und Nebenkläger auftrat, vor, er – Behrens – habe sich zumindest ungeschickt verhalten. In jeder Nation gebe es Zeiten, wo sich alles der Existenz des Volkes unterzuordnen habe. Es gebe kein höheres Recht als das der Selbsterhaltung der Nation. Behrens habe sich mehr Zurückhaltung auferlegen müssen. Es sei gefährlich, das zu stören, was in die Kinder hineingelegt werde, d.h. was ihnen in Schule, HJ und Elternhaus vermittelt werde. Deutliche Kritik an Behrens übten Quittel und das Gericht auch in der Urteilsbegründung.

Ebenso gingen die Staatsanwälte bei ihren Plädoyers von der „lauteren Gesinnung" der Angeklagten aus. Sie hielten auch die Erregung der Angeklagten, nachdem sie die Berichte der Konfirmanden gehört hätten, für verständlich. Staatsanwalt Dr. Meyer äußerte sich auch zu Pastor Behrens; wer Zweifel setze in den Nationalsozialismus, sei schuldig und stehe außerhalb der Gemeinschaft. Wer nicht zum nationalsozialistischen Staat stehe, sei kein deutscher Mann. Dennoch lautete das Fazit aller drei Staatsanwälte, daß der Tatbestand des Landfriedensbruchs gegeben sei und die Angeklagten selbst ein Unrechtbewußtsein hätten haben müssen. Wenn der Landfrieden gestört sei, habe der Staat die Pflicht, ihn wiederherzustellen.

Die Verteidiger der Angeklagten stellten dagegen einmal die Zuständigkeit der ordentlichen Gerichtsbarkeit in Frage. Nach ihrer Auffassung hatte die Parteigerichtsbarkeit Vorrang vor der ordentlichen Gerichtsbarkeit. Im übrigen sei Pastor Behrens ein Staatsfeind, der außerhalb der Volksgemeinschaft stehe. Die Angeklagten hätten Behrens nur vor der „explosiven Wut des Volkes" schützen wollen. Daher hätten sie Pastor Behrens festnehmen müssen, wozu sie als SS-Männer berechtigt waren. Unabhängig davon, ob man die Darstellung, es habe im Volk diese Wut gegen Pastor Behrens gegeben, übernehmen will, ist es wichtig festzuhalten, daß nach nationalsozialistischer Auffassung SS-Leute berechtigt waren, Verhaftungen vorzunehmen.

Das Gericht folgte dieser Argumentation nicht, sondern stellte fest, der Tatbestand des Landfriedensbruchs sei objektiv wie subjektiv erfüllt. Die Angeklagten hätten mit ihrer Aktion, so verständlich sie sei, nicht der Sache des Nationalsozialismus gedient.

Das an sich durchaus milde Urteil führte wie bekannt zu Wutausbrüchen der örtlichen Parteiorganisationen. Auf einer Parteiversammlung am 17. Dezember 1935 äußerte sich diese Wut, wie Regierungspräsident Leister dem Innenminister detailliert berichtete, ganz massiv. In diesem Zusammenhang ist wichtig, daß der NS-Kreisrichter Glang den Richtern zwar zubilligte, nach bestem Wissen und Gewissen gehandelt zu haben, aber andererseits sagte, als Parteigenossen hätten sie unter keinen Umständen so handeln dürfen. Mit anderen Worten: Das Interesse der Partei hätte Vorrang gegenüber Recht und Gesetz oder anders ausgedrückt, setze Recht.

Sicher nicht ohne Absicht druckte das „Stader Tageblatt" am 13. Dezember 1935, im Anschluß an den Bericht vom ersten Verhandlungstag, einen ungezeichneten Artikel ab mit dem Titel „Die Volksgemeinschaft im bürgerlichen Recht".

Aufgabe des Rechts sei es, hieß es darin, der Volksgemeinschaft zu dienen. Dies führe zu einem grundlegenden Wandel im bürgerlichen Recht. Gerade im Familienrecht habe das bisherige bürgerliche Recht die Ehe wesentlich als eine Privatangelegenheit der Beteiligten angesehen und nicht erkannt, daß die Familie aus ihrer Bedeutung in der Volksgemeinschaft heraus gestaltet werden müsse. Der Artikel zog die Schlußfolgerung, daß der einzelne Mensch für das Recht nur insoweit existiere, wie er in der Gemeinschaft stehe. Jeder Einzelne könne im Recht nur soviel gelten, wie er in der Gemeinschaft wert sei. Damit werde die Person, die zwar ihre individuelle Freiheit verliert, auf eine höhere Stufe in der Volksgemeinschaft gehoben. Die Rechtsbeziehungen würden nun vom Gedanken der Pflicht und Treue beherrscht. Ohne dies genau zu benennen, erhalten damit alle Maßnahmen gegen Menschen außerhalb der nationalsozialistischen Volksgemeinschaft ihre Rechtfertigung.

Zusammenfassung

Die ordentliche Rechtsprechung im Landkreis Stade wurde seit 1933 fortlaufend an den Rand gedrängt, weil zum einen die polizeilichen Befugnisse sowohl auf der Grundlage der einschlägigen Verordnungen und Gesetze als auch willkürlich ausgedehnt wurden, zum anderen politische Verfahren an besondere, neu geschaffene Gerichte gezogen wurden.

Das ordentliche Gerichtswesen paßte sich auch im Landkreis Stade inhaltlich ohne Schwierigkeiten an die nationalsozialistische Ideologie der auf Pflicht und Treue beruhenden arischen und erbgesunden Volksgemeinschaft an. In durchaus einer Reihe von Fällen ist aber nachweisbar, daß die jeweiligen Gerichte auf der formalen Rechtsstaatlichkeit des Vorgehens beharrten und Rechtsnormen weiterhin anwandten. Als Reaktion auf diese formale Rechtsstaatlichkeit vereinnahmte die Exekutive die Judikative weiter und drängte die ordentliche Gerichtsbarkeit weitgehend auf die Rolle einer „Nachtwächterjustiz" zurück.

Literatur

Wolfgang Benz u.a. (Hrsg.): Enzyklopädie des Nationalsozialismus. München 2001.

Jürgen Bohmbach: „...zu niedriger Arbeit geboren..." Zwangsarbeit im Landkreis Stade 1939-1945. Stade 1995.

Jürgen Bohmbach: „Unser Grundsatz war, Israeliten möglichst fernzuhalten." Zur Geschichte der Juden in Stade. Stade 1992.

Jürgen Bohmbach: Sie lebten mit uns. Juden im Landkreis Stade vom 18. bis zum 20. Jahrhundert. Stade 2001.

Hans-Joachim Döscher: Der „Fall Behrens" in Stade. Eine Dokumentation zum Verhältnis Kirche-Partei-Staat im Dritten Reich, in: Stader Jahrbuch 66 (1976), S. 103-144.

Sigrid Regina Koch: Die langfristige Kirchenpolitik Hitlers, beleuchtet am ‚Fall Behrens' in Stade, in: Jahrbuch der Ges. für nds. Kirchengeschichte 85 (1987), S. 253-291.

Hartmut Lohmann: *Hier war doch alles nicht so schlimm*. Der Landkreis Stade in der Zeit des Nationalsozialismus. Stade 1991.

Daniela Münkel: „Im Interesse der Volksgemeinschaft…". Zwangssterilisationen im Bereich des Erbgesundheitsgerichts Stade, in: Stader Jahrbuch 81/82 (1991/92), S. 170-198.

Heike Schlichting/Jürgen Bohmbach: Alltag und Verfolgung. Der Landkreis Stade in der Zeit des Nationalsozialismus. Band 2. Mit einem Beitrag von Barbara Burmeister. Stade 2003.

Die Hinrichtungsstätte der Justizvollzugsanstalt Wolfenbüttel

Von Nürnberg nach Stade – oder: Die Kontinuität der NS-Funktionseliten in der Justiz nach 1945
Hendrik Wegmann

Einführung

Das Thema „Von Nürnberg nach Stade" trägt zumindest eine gewisse Spannung in sich. Ich möchte Sie daher kurz in das Thema einführen und vor allem verdeutlichen, was es mit dem Titel „Von Nürnberg nach Stade" auf sich hat und was Sie am heutigen Abend in etwa erwartet.

Der Vortrag beschäftigt sich zunächst mit den Erkenntnissen, die ein Amtsrichter aus seiner subjektiven Sicht aus dieser hervorragenden, aber leider Ende des Monats für immer zu Ende gehenden Wanderausstellung „Justiz im Nationalsozialismus" als Mitarbeiter des regionalen Teils auch über das Regionale hinaus gewonnen hat.

Ich möchte diese Erkenntnisse in zehn Thesen zusammenfassen und möchte insbesondere darlegen, dass die Ausstellung in ihrer historisch fundierten und alle Problemfälle ansprechenden Gesamtdarstellung geeignet ist, zahlreiche Legenden in Zweifel zu ziehen bzw. zu widerlegen, die sich insbesondere in der Nachkriegsjustiz und der Nachkriegsjurisprudenz zur Verteidigung des Richterstandes trotz oder gerade wegen des Wirkens der Justiz in der Zeit des Nationalsozialismus herausgebildet haben.

Bemerkenswert dabei ist für mich eine Rückbesinnung auf den Ursprung dieser Legendenbildung und auf den ersten Versuch des amerikanischen Militärgerichtes im sog. „Nürnberger Juristenprozess" aus dem Jahr 1947, diese Legendenbildung, die damals bereits Verteidigungslinie der dort angeklagten Repräsentanten des NS-Justizwesens vor 1945 gewesen ist, durch das sog. „Nürnberger Juristenurteil" bereits damals in juristisch einwandfreier und historisch unantastbarer Weise zu widerlegen.

Dass es dem Nürnberger Juristenurteil trotz dieser Qualität jedoch nicht gelungen ist, die Vorurteile und Legenden in der deutschen Nachkriegsjustiz und der deutschen Nachkriegsjurisprudenz im Keim zu ersticken, liegt – und das möchte ich heute darlegen – an der Behandlung dieses Urteils durch die deutsche Nachkriegsgesellschaft bis in die frühen 70er-Jahre hinein, so dass deshalb diese Ausstellung, zuletzt hier gezeigt in Stade, so wichtig und notwendig ist, nicht nur dem geneigten Bürger, sondern auch dem Richterstand und der Justiz selbst noch einmal vor Augen zu führen, worin das Versagen der Justiz in den Jahren 1933 bis 1945 begründet war, wo die Gründe für dieses Versagen zu suchen sind und insbesondere warum es zu einem zweiten Versagen der Nachkriegsjustiz gekommen ist, die über Jahrzehnte hinweg nicht in der Lage war, diese Vergangenheit zu begreifen und zu bewältigen.

Sie sehen also, bereits diese Spur führt unzweifelhaft von Nürnberg in den Jahren 1946 bis 1948 nach Stade in die Gegenwart.

Weiterhin möchte ich Sie im Rahmen dieser Wegstrecke mit dem Fall und seinen Beteiligten bekannt und vertraut machen, der von uns im Rahmen der Regionalausstellung erarbeitet wurde, nämlich dem Marschall-Graebe-Fall, der sich im wesentlichen um die Person des Hermann Friedrich Graebe rankt, der zunächst 1946 im Nürnberger Hauptkriegsverbrecherprozess der einzige deutsche „Zeuge der Anklage" gewesen ist und 1960 bzw. 1967 in Stade in zwei Verfahren vor dem hiesigen Landgericht durch eine mehr als zweifelhafte Behandlung durch das Justizwesen und die deutsche Nachkriegsöffentlichkeit zum „angeklagten Zeugen" mutiert.

Dabei soll insbesondere auch das Lebenswerk des Hermann Friedrich Graebe entsprechend gewürdigt werden, wobei es mir allein schon in Anbetracht der mangelnden Zeit sicherlich nicht gelingen wird, dieses einzigartige Lebenswerk angemessen zu würdigen. Ich hoffe jedoch durch diesen Vortrag dazu beizutragen, dass das Interesse an Hermann Friedrich Graebe bei Ihnen so sehr geweckt wird, dass Sie animiert und ermutigt werden, durch die im Reader zur Ausstellung aufgeführten Fundstellen und Literaturhinweise selbst mehr über dieses einzigartige Leben in Erfahrung bringen zu wollen.

Der – vielleicht zu groß angelegte – Versuch dieses Vortrags ist jedoch der Versuch einer Darstellung, mit der es ermöglicht wird, nicht nur das Leben Graebes, sondern auch die Zwangsläufigkeit beider Prozesse vor dem Landgericht Stade und das kritikwürdige und teilweise skandalöse Verhalten der dort Beteiligten in das Gerüst der historischen und juristischen Vergangenheitsbewältigung durch die Justiz selbst und der deutschen Nachkriegsgesellschaft einzubauen, um Erklärungen für menschliches Verhalten zu finden, welches auf den ersten Blick aufgrund seiner schockierenden Einseitigkeit sicherlich nicht so einfach zu erklären ist.

An dieser Stelle möchte ich mich zunächst aber vor allem bei meinem Kollegen Wolfgang Marienfeld und insbesondere auch bei dem hier heute nicht anwesenden Dr. Peter Meves dafür bedanken, dass wir zu dritt überhaupt in der Lage gewesen sind, diesen Fall und das Leben des Hermann Friedrich Graebe für die Ausstellung zu entdecken und so wie geschehen zu bearbeiten. Ohne Dr. Peter Meves und dessen unermüdliche Arbeit wäre die Ausstellung nämlich um diesen höchst interessanten Fall der regionalen Vergangenheitsbewältigung ärmer gewesen.

Zunächst zurück zur Ausstellung. Die Ausstellung in ihrer ganzen Breite und Tiefe dient sicherlich der geistigen Vergangenheitsbewältigung der Justiz, die auch am heutigen Tage noch nicht als endgültig abgeschlossen begriffen werden kann. Die Ursache dafür, dass man noch zu Beginn des 21. Jahrhunderts über die Rolle der Justiz im Nationalsozialismus in diesem Umfang sprechen muss, liegt sicherlich darin, dass wohl keine Berufsgruppe aus der Nazi-Zeit mit einem derart guten Gewissen hervorgegangen ist wie die Juristenschaft. Dass deutsche Juristen überhaupt am Unrecht der Hitler-Diktatur beteiligt waren, bestritt man zunächst nach 1945 kategorisch.

Kaum ein anderer Berufsstand hat in den ersten Jahrzehnten der Nachkriegszeit versucht, seine Beteiligung an den NS-Verbrechen so zu leugnen bzw. zu ignorieren wie die deutsche Justiz. Dieser Rechtfertigungswahn hatte seinen Ursprung bereits in den Nürnberger Prozessen 1946 bis 1948, dort insbesondere in dem Nürnberger Juristenprozess von 1947 vor dem amerikanischen Militärgerichtshof gegen 12 führende deutsche Justizjuristen – Richter, Staatsanwälte und Mitglieder der Justizverwaltung -, die am 3. und 4.12.1947 zu Strafen zwischen lebenslänglicher und 5-jähriger Haft verurteilt worden sind, wobei 4 Angeklagte auch freigesprochen wurden.

So waren nämlich alle Rechtfertigungen, die NS-Juristen in den folgenden 35 Jahren bis zur Erreichung der Altersgrenze vortrugen, dem Nürnberger Militärgerichtshof schon unterbreitet. Das gute Gewissen, die lautersten Absichten, der Patriotismus, die harten Zeiten, die bindenden Gesetze, die hergebrachte Staatstreue, die Behauptungen der Justiz gegen die SS-Mächte der Finsternis. Auf diesen Legenden baute sich dann die deutsche Nachkriegsjustiz in genereller sachlicher und personeller Kontinuität auf.

Konnte man sich gleichwohl in Ausnahmefällen einer gewissen historische erdrückenden Beweislast nicht mehr widersetzen, so diente fast allen Beteiligten als Feigenblatt der Exzesstäter Roland Freisler, hinter dessen hetzerischer Fassade der Durchschnittsjurist der NS-Zeit alibihaften Schutz suchte.

Mein Vortrag soll auch dazu dienen zu begreifen, dass die NS-Justiz nicht etwa durch die Person Freislers, die durch die Wochenschauberichte im Prozess gegen die Männer des 20. Juli abschreckend einer breiten Öffentlichkeit – auch der deutschen Nachkriegsöffentlichkeit – immer wieder vorgeführt wurde, sondern vielmehr durch andere Personen, wie z.B. den damaligen Staatssekretär im Reichsjustizministerium, Dr. Franz Schlegelberger repräsentiert wird.

Im übrigen beruht der Ausschluss eines vermeintlichen Exzesstäters wie Freisler auch auf einem historischen und soziologisch bedingten Irrtum des Urteils einer Gruppe über sich selbst, wie sie bereits Kurt Tucholsky im Jahre 1930 für das Selbstverständnis der Richterschaft wie folgt dargelegt hat: Tucholsky erkannte bereits bei dem Richtertypus der Weimarer Republik diejenigen Richter, die in den politischen Prozessen der 20er-Jahre deutlich gezeigt hatten, dass sie auf dem rechten Auge blind waren, und vermisste bereits damals die notwendige Distanzierung der übrigen Kollegenschaft. Er schrieb folgendes:

„Hinter dieser Anschauung des Richters steckt der schwer ausrottbare Irrtum, als sei der ,Beruf' und die Zugehörigkeit zu einer Gruppe an sich schon etwas Heiliges. Richter sein ist noch gar nichts. Richter sein ist genauso schwerwiegend wie der Entschluss, Jura zu studieren, und jeder weiß, wie der zustande kommt. Mit diesem falschen Pathos wollen wir uns nicht aufhalten. Ich habe gesagt, dass der niederste Typus charakteristisch für das Niveau einer Gruppe ist: Jener Typus nämlich, den sie gerade noch ertragen kann. Beispiel: Vergewaltigt ein deutscher Arzt eine minderjährige Patientin und sind dieser Tatbestand und die strafrechtliche Verantwortlichkeit des Täters einwandfrei erwiesen, so wird die gesamte Ärzteschaft von dem Mann abrücken, mehr als das: Sie wird ihn aus ihren Reihen entfernen. Also ist dieser Typus der Gruppe nicht aufs Konto zu setzen. Sie kann nichts dafür, dass er einmal in ihren Reihen gewesen ist – sie erträgt ihn nicht, sie schließt ihn aus.

Lässt sich ein deutscher Richter materiell bestechen, so reagiert die Gruppe sofort – alle Mitglieder werden den Mann ausgeschlossen wissen wollen, das ehrengerichtliche Verfahren wäre in diesem Fall nur noch eine Formalität. Also ist der mit Geld bestochene Richter kein Prototyp des deutschen Richters.

Und so lange die Gruppe der Richter nicht gegen den Typus des nationalsozialistisch orientierten Richters demonstriert, und sei es auch nur in einer ernsthaften Opposition, so lange sich „die" Richterschaft in falsch verstandenem Kollegialitätsgefühl immer gegen den „Laien" auf die Seite des so überschätzten Fachmannes stellt: So lange nenne ich einen deutschen Richter einen deutschen Richter. Und ich möchte das so verstanden wissen, wie es ein Proletarier versteht, der – den Bericht von nationalsozialistischen Strafprozessen im Gedächtnis – vor diesen Talaren steht."

Der niederste Typus ist also signifikant für die Gruppe. Demnach ist Freisler nicht Außenseiter, sondern vielmehr Repräsentant und Typus der Gruppe „Richter im Nationalsozialismus". Diese Erkenntnis Kurt Tucholskys von 1930 war den Angeklagten im Nürnberger Juristenprozess und in der Folgezeit völlig fremd.

A. Zehn Thesen – zehn Legenden
Diese rechtfertigten sich vielmehr mit folgenden Legenden, die nun im einzelnen näher untersucht werden sollen:

1. „Wir haben nur dem Recht gedient."

Diese Standardrechtfertigung mit Hinweis auf den für den Richter verpflichtenden Gesetzespositivismus stellt eine beinahe unausrottbare Legende der deutschen Nachkriegsjustiz dar. Der spätere Ministerpräsident Baden-Württembergs und ehemalige Marinerichter Filbinger formulierte es so: „Was damals Recht war, kann heute nicht Unrecht sein." Mit dieser These wird aber zunächst unterstellt, dass der Staat, der u.a. Konzentrationslager und Gaskammern hervorgebracht hat, im weitesten Sinne ein Rechtsstaat gewesen ist.

Dabei hätten es die in der Weimarer Zeit mit einer gediegenen juristischen Ausbildung versehenen Top-Juristen eigentlich besser wissen müssen. Denn im Zuge der Auflösung der Weimarer Verfassungsordnung war die Berufung Hitlers der einzige legale Akt. Der Weg führte vom antiparlamentarischen Regime Brünings über das autoritäre Regiment von Papens zum offenen Verfassungsbruch Hitlers, der die Aufhebung der demokratischen Grundrechte und die Ausschaltung des Reichstages sowie der Länder betrieb. Verfassungsrechtlich herrschte damals seit 1933 der Despotismus des „Führerprinzips", für den es keinen Geltungsgrund gab, da er auf einem permanenten Bruch der Verfassung, dem Staatsstreich, basierte. Mithin fehlte ab 1933 auch jeder neuen Rechtssetzung die Grundlage.

Das konnten gerade die Angeklagten des Nürnberger Juristenprozesses nicht verkannt haben, zumal sie durchgängig über gute juristische Ausbildung aus der Zeit von 1933 verfügten. Insbesondere waren die Ministerialbeamten, Richter und Staatsanwälte keinesfalls so unkundig, dass sie in positivistischer Rechtsverblendung dem nationalsozialistischen Unrecht folgen mussten. Hinzu trat der in der deutschen Justizgeschichte einmalige Umfang und Charakter der nationalsozialistischen Verbrechen.

Insofern war, wie das Nürnberger Juristenurteil zu Recht feststellte, das Unrechtsbewusstsein der dortigen Angeklagten auch tatsächlich evident. Der Nürnberger Juristenprozess und die deutschen Juristenprozesse der Nachkriegszeit unterschieden sich nämlich dann auch v.a. darin, dass dort die Richter verurteilt wurden, weil sie Hitlers Gesetze anwandten, und hier freigesprochen werden, weil sie Hitlers Gesetze anwandten. Im Hintergrund der Frage nach den richterlichen Verbrechen steht also die Frage nach der Kriminalität des Dritten Reiches.

Denken wir an unseren Gang durch die Ausstellung und denken wir v.a. noch einmal an das Gesetz zur Rechtfertigung der „Röhm-Morde" aus dem Jahre 1934, das nur aus einem einzigen Artikel mit Berufung auf Staatsnotwehr bestand. Konnte dies für einen Juristen, der in einer Demokratie mit parlamentarischer Verfassung zwei Staatsexamina abgelegt hatte wirklich Recht darstellen?

Das real geltende Recht des Nazi-Staats war nämlich viel fürchterlicher, als die Gerichte es nach dem Krieg wahrhaben wollten. Das real geltende Recht des Dritten Reiches hatte die Juden nämlich nicht nur als Opfer definiert, diskriminiert und entrechtet, ihren bürgerlich-rechtlichen Tod verfügt. Das NS-Recht ging auch den letzten Schritt: Für das Recht des Dritten Reiches war der Völkermord rechtmäßig, weil er vom Willen der politischen Führung gedeckt war.

Unabhängig von Volksschädlingsverordnungen, Polen-Strafrechtsverordnungen, Heimtückegesetzen, Nacht-und-Nebel-Erlassen und weiteren, aus heutiger Sicht völlig bizarren Rechtssetzungsakten galt im nationalsozialistischen Rechtssystem auch ein Befehl Hitlers als verbindlich. Der Führerwille war nach der damals geltenden Rechtsauffassung Rechtsquelle und Ausgangspunkt des gesamten NS-Rechtes. Der Führer war als unmittelbare Rechtsquelle an keine bestimmten Formen der Rechtssetzung gebunden, was man ausdrücklich anerkannte. Selbst ein unveröffentlichter „Geheimbefehl" konnte Recht setzen. Und so hat die damalige Justiz den Geheimbefehl Hitlers ebenfalls als Recht akzeptiert.

Diese Aussagen lassen sich besonders deutlich am Beispiel des Euthanasiebefehls belegen, dessen juristische Behandlung in den Akten des Reichsjustizministeriums genauestens dokumentiert ist.

Wir erinnern uns an die Tafel der Ausstellung, die die Versammlung der höchsten Repräsentanten des deutschen Justizwesens im Jahre 1941 im „Haus der Flieger" auf Veranlassung Schlegelbergers darstellt. Dabei wurden die Spitzen des Reichsjustizministeriums, des Reichsgerichts, des Volksgerichtshofes sowie sämtliche Oberlandesgerichtspräsidenten und Generalstaatsanwälte über die Mordaktionen an Behinderten und Kranken unterrichtet. Die Unterrichtung erfolgte unter Hinweis auf einen geheimen Führerbefehl, den die Eingeladenen schlicht und einfach zur Kenntnis nahmen. Anschließend forderte Schlegelberger die Versammelten auf, künftig für eine reibungslose Durchführung der „Vernichtung unwerten Lebens" zu sorgen, was auch geschah.

So konnten mit Hinweis auf diesen Führerbefehl 1940 und 1941 schätzungsweise 60.000 – 80.000 Menschen – v.a. auch Kinder – getötet werden, weil die Justiz – ausgehend von ihren höchsten Repräsentanten – den rein formalen Hinweis auf einen geheimen Führerbefehl als Rechtssetzung anerkannte. Wir werden auf diese beispiellose sog. T4-Aktion noch einmal später zurückkommen.

In Anbetracht dieser Tatsachen des staatlich organisierten Massenmordes lässt sich aber wohl eindeutig die These nicht mehr aufrechterhalten, man hätte nur dem Recht gedient und das Recht hätte sich „an sich" als zuverlässig erwiesen und damit wären Recht und Juristen insoweit jeder Mitverantwortung enthoben.

Zur Vergangenheitsbewältigung ist vielmehr der Umkehrschluss geeignet und notwendig: Was damals Unrecht war, kann heute nicht Recht sein. Oder wie es das Nürnberger Juristenurteil treffend formulierte: „Aus dem Volk der Dichter und Denker wurde ein Volk der Richter und Henker ..." oder als weiteres Zitat aus dem Urteil: „Der Dolch des Mörders war unter der Robe des Juristen verborgen".

Hinzu kommt bedauerlicherweise noch ein weiterer Aspekt des behaupteten Gesetzespositivismus, dem der deutsche Richter angeblich zwischen 1933 und 1945 zu dienen hatte:

Die NS-Richter beugten selbst den damals vorgegebenen „Rechts"-Rahmen noch zu Lasten der Angeklagten, die sie als „Gesinnungsfeinde" abzuurteilen hatten.

Erinnert sei an den bestürzenden Fall des 16-jährigen Walerjan Wrobel, zu dessen Lasten die Todesstrafe wegen Verstoßes gegen die Volksschädlingsverordnung durch das Sondergericht Bremen im Jahr 1944 ausgesprochen wurde, obwohl er als Minderjähriger unter den Schutzbereich des damals geltenden Jugendgerichtsgesetzes fiel, wonach gegen Minderjährige die Todesstrafe nicht verhängt werden durfte. Das Sondergericht Bremen ließ sich jedoch durch die Schranken des Jugendgerichtsgesetzes in seiner Urteilsfindung nicht beirren. Das Jugendgerichtsgesetz galt eben nicht für Polen, so dass der kleine Walerjan Wrobel hingerichtet werden konnte.

Wir erinnern uns vielleicht auch an den Fall Leo Katzenberger, der im Nürnberger Juristenprozess ebenfalls aufgerollt wurde und vielen von Ihnen vielleicht durch die Hollywood-Verfilmung des Nürnberger Juristenprozesses mit Spencer Tracy in der Rolle des Richters und Burt Lancaster in der Rolle des Angeklagten Schlegelberger sowie aus der jüngst auch in Stade im Kino zu sehenden deutschen Verfilmung mit dem Schauspieler Michael Degen in der Rolle des Katzenbergers bekannt ist.

Der 68-jährige Leo Katzenberger war wegen „Rassenschande" mit einer jüngeren verheirateten Frau denunziert worden. Der Nürnberger Landgerichtsdirektor Oswald Rothaug, bekannt als fanatischer Hasser aller Juden und Polen, verkündete bereits vor dem Prozess, jener werde „geköpft". Nach der Beweisaufnahme diktierte Rothaug im Beratungszimmer dem Staatsanwalt den Antrag auf Todesstrafe. Als letzte Hürde musste dann noch der Umstand überwunden werden, dass auf „Rassenschande" nicht die Todesstrafe, sondern „nur" Zuchthaus stand. Also wurde Katzenberger zum „Volksschädling" erklärt, der die zur Abwehr von Fliegergefahr getroffene Verdunkelung ausgenutzt habe.

Auch Rothaug konnte selbstverständlich im Nürnberger Juristenprozess mit seiner Einlassung, er habe nur dem Recht gedient, keinen juristischen Blumentopf ernten und wurde zu lebenslänglicher Haft verurteilt, wobei diese Strafe allerdings durch die bundesdeutsche Justiz in 20 Jahre Freiheitsentzug umgewandelt wurde, so dass Rothaug bereits im Jahre 1956, damit allerdings als letzter der im Nürnberger Juristenprozess verurteilten Angeklagten, freigekommen ist.

Wir kommen nun zur zweiten großen Verteidigungslegende der NS-Justiz in den Nachkriegsjahren, die da lautet:

2. „Wir hatten keine andere Wahl."

Damit ist gemeint, dass der Richter im nationalsozialistischen System sich diesem aus Angst vor weitreichenden persönlichen Konsequenzen unterordnen musste und nicht in der Lage gewesen wäre, Widerstand gegen parteiliche und staatliche Vorgaben zu leisten.

Dennoch hat es – wenn auch in geringem Umfang – Widerstand in der Justiz auf zahlreichen Gebieten gegeben, ohne dass bis zum heutigen Tage im Rahmen der historischen und juristischen Aufarbeitung auch nur ein einziger Fall bekannt geworden wäre, dass einem Richter aufgrund einer richterlichen Handlung persönliche Nachteile entstanden wären, die über die – auch nur ausnahmsweise erfolgte – Versetzung in den vorzeitigen Ruhestand hinausgegangen wäre.

Demgegenüber ist immer noch in der Richterschaft die Annahme weit verbreitet, der Richter hätte in der Anwendung des ungerechten Gesetzes keine Ausweichmöglichkeit gehabt und habe bei Ablehnung sein eigenes Leben gefährdet. Insbesondere die höchsten Repräsentanten des Reichsgerichtes haben in der Nachkriegszeit zur Legitimation und Rechtfertigung ihrer „Rassenschande-Rechtsprechung" immer wieder beteuert, eine andere Rechtsprechung des Reichsgerichtes auf diesem Gebiet wäre lebensbedrohlich gewesen.

Diese These vom rechtsblinden und wehrlosen Richter wird anschaulich durch ein Einzelbeispiel widerlegt, welches durch die Ausstellung dokumentiert wird und welches wiederum die sog. „T4-Aktion" zum Inhalt hat.

Trotz der angeordneten Geheimhaltung lässt sich die Massentötung der 60.000 bis 80.000 Menschen nicht verbergen. Insbesondere ist die Staatsführung besorgt, dass sich gegen diese Aktion Opposition und Widerstand, insbesondere aus Kirchenkreisen, formiert, da im Gegensatz zur Judenverfolgung viele deutsche Familien und damit Angehörige der Volksgemeinschaft betroffen waren.

Wie reagiert also der amtierende Justizminister Dr. Gürtner, als er von diesen Tötungsvorgängen Kenntnis erhält? Der „gefesselte" Jurist veranlasst keinesfalls die Einleitung von Strafverfahren gegen die beteiligten Ärzte. Er ist erst einmal vorsichtig. Er hält nämlich den Führerbefehl auch dann für eine ausreichende Rechtsgrundlage, wenn er geheim erteilt ist. Deshalb versucht der Justizminister zunächst einmal herauszufinden, ob die Tötungsaktion vom Führerwillen gedeckt ist. Dann nämlich ist die Tötungsaktion, so die Auffassung des Justizministers, legal.

So macht sich Gürtner auf die Suche nach der nationalsozialistischen Rechtsquelle, d.h. er sucht den Zugang zu Hitler. Diesen Zugang findet er nur mühsam. Nach längerem Zwischenspiel wird ihm dann aber, Monate später, eine Kopie des geheimen Ermächtigungsschreibens Hitlers vorgelegt. Von diesem Zeitpunkt an ist Reichsjustizminister Gürtner in der Lage, die Vorgänge rechtlich einzuordnen. Jetzt kann Gürtner auch einen widerspenstigen Vormundschaftsrichter, den Richter Dr. Kreyßig aus Brandenburg, bescheiden.

Dieser mutige Richter hat sich nämlich geweigert, der Verlegung von Anstaltsinsassen zuzustimmen, weil er ihre Tötung verhindern will. Gürtner empfängt Kreißyg persönlich. Er zeigt ihm die Fotokopie des Ermächtigungsschreibens Hitlers. Gürtner erläutert: „Die Unterschrift ist zwar nur faksimiliert, ich kenne aber die Schriftzüge des Führers genau und habe keinen Zweifel an der Echtheit." Damit seien die Maßnahmen legalisiert. Als Kreyßig dem Reichsjustizminister entgegenhält, dass Unrecht selbst auf dem Wege einwandfreier Legalisierung nicht zu Recht gemacht werden könne, erwidert ihm Gürtner: „Ja, wenn Sie den Willen des Führers als Rechtsquelle, als Rechtsgrundlage nicht anerkennen können, dann können Sie nicht mehr Richter bleiben." Und so kommt es dann auch: Der unbequeme Richter wird in den Ruhestand bei Beibehaltung seiner Bezüge versetzt. Im April 1942 stellte man die gegen den Amtsrichter Kreyßig eingeleiteten Verfahren ein. Das Dritte Reich ließ den mutigen Richter hinfort unbehelligt.

Der Fall Kreyßig ist äußerst aufschlussreich. Er zeigt nämlich, dass ein Richter, der sich dem Unrechtssystem verweigerte, nichts anderes zu befürchten hatte als allenfalls eine Dienstentlassung. Leider gibt es von dem Beispiel offen und mutig gezeigter Zivilcourage wie die – was mich persönlich besonders erfreut – eines Amtsrichters nur sehr wenige Fälle.

So sehr man auch nach beherzten Männern, die sich bei ihrer richterlichen Tätigkeit dem Regime verweigerten, unter der Richterschaft des Dritten Reichs gesucht hat, so hat man nicht viele gefunden. Repräsentativ für die Richterschaft der Jahre 1933 bis 1945, die in ihrer überwältigenden Mehrheit den Terror selbst mit ausgeübt hat, sind solche Fälle keineswegs.

Obwohl auch offene Widerstandshandlungen – wie soeben gezeigt – durchaus möglich waren, da die richterliche Unabhängigkeit zumindest formal durch die Nationalsozialisten nicht abgeschafft wurde und auch nicht abgeschafft werden musste, beriefen sich die meisten Juristen in der Nachkriegszeit auf einen naturgemäß nach außen nicht zu Tage getretenen inneren Widerstand, der sie insoweit – was die Ausredequalität anbetrifft – von anderen Berufsgruppen kaum unterscheidet.

Der Unterschied besteht jedoch in einem von dem höchsten deutschen Nachkriegsgericht, dem Bundesgerichtshof im Jahre 1954 ausgestellten besonderen „Persilschein". Der Große Zivilsenat des Bundesgerichtshofes erläuterte am 20.5.1954 folgendes:

„Der überwiegende Teil des deutschen Beamten hat sich ... trotz des schimpflichen und rechtswidrigen Druckes ... in erster Linie dem Staat und seinen legitimen Aufgaben verpflichtet gefühlt. Der von den Beamten geleistete Treueeid auf Hitler habe nicht diesem persönlich, sondern dem „obersten Staatsorgan" gegolten. Als sich aber die verbrecherischen Ziele und Methoden des Nationalsozialismus immer mehr enthüllten, wurde diese aufgezwungene Bindung überwiegend nur unwillig, unter scharfer innerer Ablehnung und unter schärfstem Terror ertragen."

An dieser Entscheidung wird geradezu klassisch deutlich, wie personelle und inhaltliche Kontinuität einander bedingen, wenn man bedenkt, dass die Person des Präsidenten des Bundesgerichtshofs Hermann Weinkauf, der als Vorsitzender des Großen Zivilsenats die oben zitierte Entscheidung mitgetragen hatte, beleuchtet wird: Weinkauf war Parteimitglied seit 1933 und Träger des silbernen Treuedienst-Ehrenzeichens. Dem Reichsgericht gehörte er von 1937 bis 1945 an. Weinkauf gilt vor allen Dingen als Garant der inhaltlichen Justizkontinuität, da er in der Nachkriegszeit in zahlreichen Veröffentlichungen stets die Justiz und den Nationalsozialismus als getrennte Phänomene einander gegenüber gestellt hatte und die Justiz im dritten Reich als Opfer der „rechtsfeindlichen politischen Führung" geschildert hatte.

Schlussendlich belegen aber die dargestellten Fälle vielmehr, dass der fehlende Widerstand nicht auf die Angst vor Repressalien, sondern vielmehr auf einer freiwilligen Unterordnung und Eingliederung in das Unrechtssystem beruht hat. So war z.B. auch kein Richter jemals gezwungen, ohne sein eigenes Zutun an einem der berüchtigten Sondergerichte beschäftigt zu sein. So gelang es Richtern, die bereits am Sondergericht tätig waren, aufgrund wiederholter Eingaben vorzeitig zur Wehrmacht eingezogen zu werden, um somit nicht mehr am Sondergericht tätig sein zu müssen.

Hatten die Richter jedoch die Wahl, zahlreiche Todesurteile am Sondergericht zu verhängen oder als Soldat an der Front zu kämpfen, so zogen sie naturgemäß die sondergerichtliche Tätigkeit vor. Ob dieser Gewissenskonflikt eine entsprechende Rechtfertigung verhängter Todesurteile darstellen kann, bleibt jedem Zuhörer persönlich überlassen.

Zum Schluss noch ein bezeichnendes Beispiel aus dem Prozess gegen den Richter am Volksgerichtshof Rehse aus dem Jahr 1967, auf welches ich noch mehrfach zurückkommen werde: Rehse wird in diesem Prozess durch den Vorsitzenden der Strafkammer des Landgerichts Berlin zur Frage der freien Gewissenentscheidung eines Richters am Volksgerichtshof folgendes gefragt:
„Wenn man nun ein Gesetz gemacht hätte, wonach alle Brillenträger schwer zu bestrafen waren?"
Rehse: „Gar nichts hätte ich tun können. Wir mussten gehorchen."
Vorsitzender: „Warum haben Sie gesetzwidrige Todesurteile unterschrieben? Man konnte Sie doch nicht zwingen!"
Rehse: „Es wäre mir vermutlich nichts weiter passiert, auch wenn ich nicht unterschrieben hätte."
Dieses Selbstzeugnis spricht für sich.

Kommen wir nun zur dritten Legende, die den NS-Juristen in der Nachkriegszeit ständig zur Rechtfertigung diente:

3. „Wir haben Schlimmes getan, um Schlimmeres zu verhindern."

Dieses Verteidigungsvorbringen von Schlegelberger im Nürnberger Juristenprozess zieht sich ebenfalls wie ein roter Faden durch die deutsche Nachkriegsjustiz. Gemeint ist damit, dass die Justiz durch angewandte stringente Härte die Angeklagten und Opfer vor einem Zugriff anderer Stellen, wie Polizei, Gestapo und SS, schützen wollte.

Neben der durch die Ausstellung sehr gut dokumentierten kooperativen Zusammenarbeit zwischen Justiz und Geheimer Staatspolizei ging es bei diesem Antagonismus zwischen Justiz und Polizei und Parteiapparat jedoch keineswegs um praktizierten Opferschutz, wie es die heuchlerische Einlassung Schlegelbergers vermuten lässt.

Die rücksichtslose Verfolgung politischer Gegner war für die Justiz des Dritten Reiches vielmehr zum guten Teil eine Überlebensfrage geworden. Nachdem sich mit der Gestapo ein neuer Machtapparat etabliert hatte, der nicht der Kontrolle der Gerichte unterlag, musste die Justiz im Laufe der 12 Jahre NS-Herrschaft immer mehr Kompetenzen an diesen stets mächtiger werdenden Apparat abgeben. Den Großteil politischer Gegner stellten die Nationalsozialisten gar nicht erst vor Gericht, sondern nahmen sie kurzerhand in Schutzhaft, d.h. sie verschleppten sie in eines der vielen Konzentrationslager. Diese Praxis schmälerte natürlich die Autorität der Gerichte, womit sich selbst führende Nazi-Juristen nur schwer abfinden konnten.

Die bisweilen geäußerte Empörung richtete sich allerdings weniger gegen das Unrecht, Freigesprochene dennoch durch die Gestapo in Haft zu nehmen, als vielmehr gegen den Affront, den diese so offensichtliche „Korrektur" der Gerichtsentscheidung für die Justiz bedeutete. Der Reichsjustizminister Dr. Gürtner beauftragte daher am 24.1.1939 die Oberlandesgerichtspräsidenten, dafür zu sorgen, dass die Gestapo die Verhaftung wenigstens nicht im Gerichtssaal vornehme. Die Sache selbst wurde dagegen von der Justiz nach Kräften gefördert.

Arrangiert hatte sich die Justiz sehr bald auch mit der Tatsache, dass Angeklagte im Gerichtssaal Folterspuren trugen oder behaupteten, sie seien durch Misshandlung zum Geständnis gebracht worden. Um die Richter in solchen Fällen nicht in arge Verlegenheit zu bringen, wurde für die Justiz eine akzeptable Lösung der Folterung im Ermittlungsverfahren während der Untersuchungshaft gefunden: Die Verrechtlichung des Terrors bis hin zum „Einheitsstock", um jede Willkür zu unterbinden. Wir erinnern uns hierbei an den durch die Ausstellung dokumentierten Erlass aus dem Jahre 1937, der in typisch deutscher Art und Weise die Folterungen u.a. wie folgt festlegt:

„... Grundsätzlich sind bei verschärften Vernehmungen nur Stockhiebe auf das Gesäß, und zwar bis zu 25 Stück, zulässig. Die Zahl wird von der Gestapo vorher bestimmt (vgl. Frage 3). Vom 10. Stockhieb an muss ein Arzt zugegen sein. Es soll ein Einheitsstock bestimmt werden, um jede Willkür auszuschalten."

Gerade dieser Erlass führte bei den von mir vorgenommenen Führungen durch die Ausstellung sowohl bei Schulklassen als auch bei öffentlichen Führungen zu sprachlosem Entsetzen.

Dem Nürnberger Juristenurteil von 1947 bleibt es jedoch einmal mehr in der Urteilsbegründung zur Verurteilung des Angeklagten Schlegelberger vorbehalten, die Legende von angeblich praktizierter Härte aus Gründen des Opferschutzes schonungslos zu widerlegen und vielmehr dem Angeklagten entgegen zu halten, dass erst die durch nichts zu rechtfertigende Gnadenlosigkeit der Justiz als an sich vorgesehenes Rechtswahrungsinstitut andere Stellen zu noch größerer Härte inspirierte. So führt das Juristenurteil an dieser Stelle aus:

„Das Beweismaterial ergibt schlüssig, dass ... Schlegelberger und die anderen Angeklagten ... die schmutzige Arbeit übernahmen, die die Staatsführer forderten, und das Justizministerium als Werkzeug zur Vernichtung der jüdischen und polnischen Bevölkerung, zur Terrorisierung der Einwohner der besetzten Gebiete und zur Ausrottung des politischen Widerstands im Inneren benutzen ... Die Preisgabe des Rechtssystems eines Staates zur Erreichung verbrecherischer Ziele untergräbt diesen mehr als ausgesprochene Greueltaten, welche den Talar des Richters nicht besudeln ... Wenn die Justiz Tausende hinschlachten konnte, warum sollte die Polizei dann nicht Zehntausende hinschlachten?"

Schließlich muss sich hier der Besucher der Ausstellung nach der beklemmenden Dokumentation der Fälle Erna Wazinski und Walerjan Wrobel fragen, was die Sondergerichte Braunschweig und Bremen durch ihre Urteile eigentlich Schlimmeres verhindern wollten.

Der Rechtfertigungswahn der deutschen Justiz in der Nachkriegszeit führt dann auch zwanglos zur nächsten Legende, die da lautet:

4. „Wir waren dem Führer ein Dorn im Auge und selbst Opfer des NS-Systems."

Die These von der „gefesselten" Justiz, die sicherlich im totalitären Führerstaat gewissen Weisungen und Lenkungen unterworfen war, lässt sich in dieser Stringenz jedoch ebenfalls nicht aufrecht erhalten.

Sicherlich hat Hitler, insbesondere in seinen Reichstagsreden aus den Jahren 1934 und 1942 unmissverständlich zum Ausdruck gebracht, dass er keine allzu hohe Meinung von der Justiz, insbesondere von den Richtern des national-konservativen Lagers der Kaiserzeit und der Weimarer Republik gehabt hat. In den berühmten Tischgesprächen äußerte er u.a., er hielte die Juristen für „vollendete Trottel" und unfähig, Staatsnotwendigkeiten zu erkennen. Aber nicht nur er sah sich selbst als der oberste Gerichtsherr, die Justiz selbst ist es gewesen, die Hitler ausdrücklich zum obersten Gerichtsherrn erklärt hat.

Auf die Reichstagsrede vom 26.4.1942, in der Hitler erklärt hatte: „... Ich werde von jetzt ab in diesen Fällen eingreifen und Richter, die ersichtlich das Gebot der Stunde nicht erkennen, ihres Amtes entheben", wurde sofort ein Beschluss gefasst, mit dem es Hitler ermöglicht wurde, auf alle laufenden Gerichtsverfahren Einfluss zu nehmen, ohne selbst an Recht und Gesetz gebunden zu sein.

Sicherlich kann also spätestens ab 1942 nicht mehr von einer richterlichen Unabhängigkeit in der Rechtspraxis und Rechtstheorie gesprochen werden, zumal der personelle Wechsel im Reichsjustizministerium auf den SS-Juristen und ehemaligen Richter am Volksgerichtshof Thierack als neuen Reichsjustizminister eine Unterordnung des gesamten Justizwesens unter den Willen von Staat und Partei, personifiziert durch Himmler und Bormann, darstellt. Ebenfalls beginnt Thierack 1942 mit dem Erlass der sog. „Richterbriefe" damit, unliebsame Entscheidungen der Gerichte zu kommentieren und damit die Entscheidungspraxis zu beeinflussen.

Thierack schreibt u.a.: „Ich will, kann und darf nicht den Richter, der zur rechtlichen Ordnung eines Vorganges berufen ist, anweisen, wie er im Einzelfall zu entscheiden hat. Der Richter muss weisungsfrei bleiben, damit er seine Entscheidung mit eigener innerer Verantwortung tragen kann. Ich kann ihm daher eine bestimmte Rechtsauffassung nicht befehlen, sondern ihn lediglich davon überzeugen, wie ein Richter der Volksgemeinschaft helfen muss, um einen in Unordnung geratenen oder zur Ordnung reifenden Lebensvorgang mit Hilfe des Gesetzes zu ordnen oder zu regeln."

Bereits dieses Schreiben zeigt jedoch mehr als deutlich, dass der bewusste Verstoß gegen den Paragraphen 1 des Gerichtsverfassungsgesetzes, wonach der Richter unabhängig ist, vorsichtig und zurückhaltend formuliert wird. Weiterhin waren die Nationalsozialisten auch ängstlich darum bemüht, die Existenz der Richterbriefe möglichst geheim zu halten. Trotz allem dokumentieren die Richterbriefe seit 1942 eine immer weiter voranschreitende Lenkung der Justiz im Sinne des Nationalsozialismus.

Die Frage muss jedoch lauten, ob die vorgebliche Opferrolle der Justiz und die Fesselung und Knebelung des einstmals unabhängigen Richters nicht durch diesen selbst herbeigeführt wurde. Erinnert werden soll hier noch mal an das legendäre Gesetz zur Rechtfertigung der Röhm-Morde, welches nur aus einem einzigen Artikel bestand. Nach den Massenmorden im Zuge der Röhm-Reinigungsaktion im Jahre 1934 hatte Hitler nämlich bereits erklärt:

„Wenn mir jemand den Vorwurf entgegen hält, weshalb wir nicht die ordentlichen Gerichte zur Aburteilung herangezogen hätten, dann kann ich ihm nur sagen: In dieser Stunde war ich verantwortlich für das Schicksal der deutschen Nation und damit des deutschen Volkes oberster Gerichtsherr." Diese Auffassung Hitlers als oberstem Gerichtsherrn wurde von dem überwiegenden Teil der deutschen Justiz bereits im Jahre 1934 geteilt, wie der Angeklagte Rothenberger wiederum im Nürnberger Juristenprozess wie folgt zu Protokoll erklärt hatte:

„Aber etwas ganz anderes ist eingetreten: Im Führer ist ein Mann im deutschen Volke aufgestanden, der die Erinnerung an älteste, fast vergessene Zeiten wach werden lässt. Hier ist ein Mensch, der in seiner Stellung das Urbild des Richters im vollkommensten Sinne darstellt, und das deutsche Volk wählt ihn zu seinem Richter – in erster Linie natürlich zum Richter über sein Schicksal überhaupt, aber auch zum obersten Gerichtsherrn und Richter."

Auch Schlegelberger bekundete bereits im Jahr 1936:
„Ich muss mit Nachdruck betonen, dass auf dem Rechtsgebiet der Führer und nur er das Zeitmaß der Entwicklung bestimmt."

Schließlich noch Thierack aus dem Jahr 1943:
„So ist auch in uns die Überzeugung gewachsen in diesen 10 Jahren, in denen der Führer das deutsche Volk führt, dass der Führer der oberste Gerichtsherr, der oberste Richter des deutschen Volkes ist."

Und noch einmal Rothenberger, ebenfalls aus dem Jahr 1943:
„Der Richter ist grundsätzlich an die Gesetze gebunden. Die Gesetze sind Führerbefehle."

Diese Zitate zeigen und belegen jedoch eindeutig, dass es die Justiz selbst gewesen ist, die sich die Fesseln angelegt und sich voll und ganz von bestehenden Gesetzen gelöst hatte, um sich der permanenten Einflussnahme der politischen Führung zu unterwerfen.

Sieht sich die NS-Justiz in der Nachkriegszeit tatsächlich selbst als Opfer des Nationalsozialismus, so hat sie sich u.a. mit einem Schreiben Schlegelbergers als Leiters des Reichsjustizministeriums im Jahre 1941 an Hitler auseinanderzusetzen, in dem es u.a. heißt:

„... Daneben bleibt es erforderlich, die Richter immer mehr zu richtigem staatsbewussten Denken hinzuführen. Hierfür wäre es von unschätzbarem Wert, wenn sie, mein Führer, sich entschließen könnten, falls ein Urteil Ihre Zustimmung nicht findet, dieses zu meiner Kenntnis zu bringen. Die Richter sind Ihnen, mein Führer, verantwortlich; sie sind sich dieser Verantwortung bewusst und haben den festen Willen, demgemäß ihres Amtes zu walten ... Heil mein Führer!"

Das Nürnberger Urteil hat diese erschreckende Unterwürfigkeit der formal noch unabhängigen Justiz erkannt und Schlegelberger mitsamt seines vorauseilenden Gehorsams als

Repräsentant der Justizjuristen unter dem Nationalsozialismus entsprechend zu lebenslänglicher Freiheitsstrafe verurteilt. Trotz allem gilt gerade Schlegelberger teilweise noch bis heute als der letzte anständige Jurist unter Hitler. Die Richter in Nürnberg waren jedoch anderer Auffassung. Ich zitiere aus dem Urteil:

„Schlegelberger ist eine tragische Gestalt. Er liebte das Geistesleben, das Leben des Gelehrten. Er verabscheute das Böse, das er tat, aber er verkaufte sein Gelehrtentum an Hitler für ein politisches Linsengericht und die eitle Hoffnung persönlicher Sicherheit."

Unterwürfig hatte Schlegelberger noch 1942 „die restlose Einordnung der Justiz in den nationalsozialistischen Staat" gefordert. Trotz allem wurde er durch Hitler am 20.8.1942 von seinem Amt entbunden, allerdings gegen eine stattliche Abfindung von 100.000 RM.

So beleidigt wie Schlegelberger auf diese Amtsenthebung reagierte, genauso beleidigt reagierten große Teile der deutschen Richterschaft auf die Führerrede von 1942, welche sie als undankbar empfunden hatten. Denn schließlich waren sie selbst es gewesen, die repräsentiert durch den Deutschen Richterbund bereits 1933 freiwillig und ohne Druck auf die Praxis der richterlichen Unabhängigkeit unter Auflösung der strengen Gesetzesbindung sich dem Führerwillen vorbehaltlos unterworfen hatten und anders als andere Berufsstände nicht einmal zwangsgleichgeschaltet werden mussten.

Der im Jahr 1942 offen zu Tage getretene Undank führte jedoch keinesfalls zur Opposition, sondern allerhöchstens zu der heimlichen Enttäuschung einer verschmähten Geliebten und zur bitteren Resignation.

Eine weitere oft gebrauchte Legende, die bis in die heutige Gegenwart aufgrund des gerade erlebten Unterganges weiterer autoritärer Systeme erhalten ist, ist folgende:

5. „In autoritären Systemen herrscht auch in der Justiz stets eine härtere Gangart."

Diese Aufrechnungsmentalität kommt ebenfalls bereits in dem Nürnberger Hauptkriegsverbrecherprozess und den Folgeprozessen zum Ausdruck. Auch im Rahmen dieser Vortragsreihe und im Rahmen der Ausstellung werden immer die Fragen nach einer Rechtsvergleichung verschiedener autoritärer Systeme im Rahmen der Justiz gestellt, wobei hier die Gefahr naheliegt, die Einzigartigkeit des NS-Unrechtssystems in Zweifel zu ziehen.

Die Einzigartigkeit der NS-Justizbrutalität wird jedoch anhand von Zahlen im Vergleich mit den Gerichtsbarkeiten der beiden mit Deutschland verbündeten faschistischen Regime Italiens und Japans ganz einfach offenbart. Auch dort gab es Massenverhaftungen politischer Gegner, Sondergerichte, verschärfte Staatsschutzgesetze und Internierungslager. Aber allein die Zahl der verhängten Todesurteile spricht eine mehr als eindeutige Sprache.

Während im italienischen Faschismus in den Jahren 1923 bis 1943 lediglich ca. 80 Todesurteile und in Japan in den Jahren 1928 bis 1945 nur 2 Todesurteile seitens der ordentlichen Gerichtsbarkeit verhängt wurden, liegt die Zahl in Deutschland zwischen 1933 und 1945 bei ca. 50.000 bis 80.000 Todesurteilen. Diese Zahlen verdeutlichen, dass die Juristen des dritten Reiches in der Welt nicht ihresgleichen hatten.

Die von mir so genannte sechste Legende, die in der Nachkriegszeit bis in das Jahr 2000 aufrecht erhalten wurde, möchte ich wie folgt bezeichnen:

6. „Das Zivilrecht ist von der Einflussnahme des Nationalsozialismus im weitesten Sinne verschont, das BGB ist unantastbar geblieben."

Die Willfährigkeit der Gerichte gegenüber den Machthabern war nicht auf die Strafgerichtsbarkeit und die Rassendiskriminierung beschränkt. Auf allen Rechtsgebieten und in sämtlichen Gerichtszweigen wurden echte oder vermeintliche Gegner des Regimes ihrer gesetzlichen Rechte beraubt.

Aufgrund gerade dieser Willfährigkeit der deutschen Richter im Sinne einer Gesetzesauslegung zu Gunsten der nationalsozialistischen Idee und zur Aufrechterhaltung der Volksgemeinschaft musste jedoch das bürgerliche Gesetzbuch auch nicht verändert werden.

Dort wo das BGB Schutzmechanismen und besondere Rechte einer Partei zubilligte, konnte bereits durch eine einfache Gesetzesauslegung den nicht zur Volksgemeinschaft gehörenden Personen diesen Schutz und diese Rechte wieder von deutschen Zivilgerichten genommen werden. Diese Rechtlosstellung gerade der jüdischen Bevölkerung erfolgte ab 1933 im großem Umfang gerade auf den Gebieten des Arbeitsrechtes, des Mietrechtes, des gesamten Familienrechtes, des Erbrechtes und auch und v.a. im allgemeinen Vertragsrecht.

Die Ausstellung bietet dafür ausgewählte Beispiele von Gerichtsurteilen in den aufgezeigten zivilrechtlichen Rechtsgebieten. So rechtfertigten die Gerichte insbesondere die ungesetzlichen Kündigungen der Arbeits- und Mietverhältnisse sowie die zahlreichen anderen Diskriminierungen der Juden im bürgerlichen Rechtsverkehr u.a. damit, dass jede gesetzliche Bestimmung unter dem „ungeschriebenen Vorbehalt" stehe, dass Juden keine Vorteile erlangen dürften, und außerdem ihre Rechtsstellung noch keinesfalls abschließend geregelt sei: „Die Nürnberger Gesetze waren nur ein Anfang. Die Entwicklung ist aber noch nicht beendet."

In diesen Urteilen kommt auch vor allen Dingen der Gedanke des „bürgerlichen Todes" der Juden – lange vor ihrer physischen Vernichtung – deutlich zum Tragen. Wie der Fall des jüdischen Filmregisseurs Eric Charell – dokumentiert in der Ausstellung – zeigt, schreckten auch die Zivilrichter nicht davor zurück, althergebrachte und dem Zivilrecht immanente Grundsätze wie der Grundsatz des „pacta sunt servanda" bezogen auf jüdische Vertragsparteien unter Berufung auf die nationalsozialistische Weltanschauung und die völkische Idee zu brechen. Unabhängig von den Nürnberger Rassegesetzen aus dem Jahr 1935 war damit im Zivilrecht schon längst verankert, dass sich nur „Arier" auf den Wortlaut des BGB berufen konnten.

Zu berücksichtigen und in der geschichtlichen Aufarbeitung zu kurz kommen auch weitere Korrekturen der Zivilrechtsdogmatik durch die nationalsozialistische Weltanschauung, wie z.B. die von Haupt aus dem Jahr 1940 stammende „Lehre vom faktischen Vertrag", die zu einer Aushebelung der Privatautonomie und zu einer Umgehung des Minderjährigenschutzes im allgemeinen Teil des BGB geführt hat und noch in den 50er- und 60er-Jahren durch Vermittlung des auf diesem Gebiet eindeutig positionierten Rechtsprofessors Karl Larenz durch höchste deutsche Gerichte wie auch dem Bundesgerichtshof praktiziert wurde.

Nur kurz gesagt: Haupt ersetzte die notwendige Willenserklärung als Annahme auf ein Vertragsangebot durch ein faktisches Verhalten ohne eigenen Erklärungsgehalt. Diese Lehre wurde untermauert durch das Leitmotiv: „Der Deutsche feilscht nicht, der Deutsche zahlt!"

Neben der auch hier ersichtlichen bedauerlichen personellen und sachlichen Kontinuität gewisser Nazi-Lehren in der deutschen Nachkriegsjustiz und Nachkriegsjurisprudenz zeigt sich weiterhin die Tatsache, dass die Nationalsozialisten sich nicht der umständlichen und mühsamen Arbeit von Gesetzesänderungen unterziehen mussten, da sichergestellt war, dass die Anwender der Gesetze, nämlich die Zivilrichter die Gesetze auch ohne Änderung im nationalsozialistischen Sinne auslegen und gebrauchen würden.

Der Gedanke des „bürgerlichen Todes" der Juden führt zwanglos zu einer weiteren Legende der deutschen Nachkriegsjustiz, die ich wie folgt formulieren möchte:

7. In der Justiz habe es keinen deutlich erkennbaren Antisemitismus gegeben.

Diese These lässt sich in ihrer Allgemeinheit ebenfalls nicht aufrecht erhalten. Vereinzelt zwar, aber unübersehbar war bereits in der Weimarer Zeit die antisemitische Hetze in Urteilen verschiedener Gerichte bis hinauf zum Reichsgericht. Dabei mischte sich zumeist Antisemitismus mit Republikfeindlichkeit, wie es sich in dem berüchtigten Kampfausdruck „Judenrepublik" niederschlug. Verschiedene deutsche Gerichte fanden in der Weimarer Zeit jedenfalls an dem Ausdruck „Judenrepublik" nichts Anstößiges. Auch wurden Ausdrucke gegen Personen als „schamloser Judas Ischariot" von deutschen Gerichten zur Wahrnehmung berechtigter Interessen gebilligt. Auch sah das Reichsgericht in der Behauptung „Der Jude Rathenau ist ein Verräter!" keine Beleidigung. Das Landgericht Neuruppin sah im Jahr 1932 in der Bezeichnung „Judenbastard" keine Kundgebung einer Missachtung.

Aufschlussreich ist hier wiederum das Nürnberger Juristenurteil von 1947, welches z.B. hinsichtlich des bereits als Repräsentanten der NS-Justiz aufgetretenen Schlegelberger folgendes feststellt: „Schlegelberger`s Grundeinstellung war national-konservativ – wobei die Übergänge zur völkischen Ideologie und damit zum Nationalsozialismus fließend blieben. Er war kein fanatischer Antisemit, glaubte aber, was sein Lehrer an der Berliner Universität, der berüchtigte Heinrich von Treitschke, vom Katheder herab verkündet hatte: „Die Juden sind unser Unglück!"

Schlegelberger war ebenfalls über die „Wannsee-Konferenz" vom 20.1.1942 unterrichtet, bei der die Durchführung der Vernichtung der europäischen Juden mit den Vertretern der beteiligten Stellen erörtert wurde. Zwar nahm für die Justiz Staatssekretär Freisler teil. Schlegelberger stimmte aber später den „in Aussicht genommenen Maßnahmen" im Zuge der „Endlösung der Judenfrage" ausdrücklich zu.

Bei einer Tagung der Oberlandesgerichtspräsidenten und Generalstaatsanwälte am 31.3.1942 erinnerte Schlegelberger dann auch an seinen Lehrer Heinrich von Treitschke, den er als „leidenschaftlichen Vorkämpfer im Kampfe gegen Parteistaat, Marxismus und Judentum" bezeichnete und mit dem Satz zitierte: „Alle Rechtspflege ist politische Tätigkeit."

Noch einmal: Von Treitschke gilt als der Urheber des Satzes „Die Juden sind unser Unglück!", eines Satzes also, der sich dann später in großen Lettern auf jeder Titelseite des „Stürmer" fand. Womit wir schon bei der nächsten Legende wären, die auch anlässlich der Ausstellung in den Führungen und Vorträgen immer wieder in Frageform zum Ausdruck gekommen ist:

8. Wie konnten die Juristen und Richter trotz ihrer gediegenen Ausbildung in der Weimarer Zeit zu Mördern in der Robe werden – oder waren alle vielmehr NS-Karrierejuristen wie Freisler?

Diese Legende wurde bereits eingangs widerlegt. Denn die NS-Juristen legitimierten den Terror, sie kamen nicht trotz, sondern wegen ihrer gediegenen Ausbildung zu mörderischen Ergebnissen und bedienten sich dabei legalistischer Mittel. Als Repräsentant gilt hier eben gerade nicht Freisler, den damals alle in der Nachkriegszeit der Einfachheit halber als beispiellosen Exzesstäter hinstellten, zumal sich der ironischerweise im Februar 1945 durch einen Bombenangriff zu Tode gekommene Freisler gegen diesen Alleinschuldanschein nicht mehr zur Wehr setzen konnte.

Das allgemeine Bedauern, dass man im Nürnberger Juristenprozess die drei höchsten Justizrepräsentanten nicht mehr auf die Anklagebank setzen konnte, da Gürtner, Thierack und Freisler nicht mehr am Leben waren, stellt sich nach meiner Auffassung vielmehr als Glücksfall heraus, da man so mit den übrigen Angeklagten dem Durchschnittsjuristen in der NS-Zeit näher kommt.

Außerdem erspart der Tod Freislers die sicherlich interessante Beantwortung der hypothetischen Frage, wie die deutsche Nachkriegsjustiz mit der Person Freislers umgegangen wäre.

Diese Frage stellt sich insbesondere im Hinblick auf den Umgang mit dem Beisitzer und Adjutanten Freislers am Volksgerichtshof, des Richters am Volksgerichtshof Rehse, in den beiden Urteilen des Berliner Landgerichts aus den Jahren 1967 und 1968 sowie dem Revisionsurteil des Bundesgerichtshofes aus dem Jahr 1968. Gerade aus dem ersten Urteil des Landgerichts Berlin, wonach der Freislersche Sozius Rehse, der 231 Personen zum Tode verurteilt hatte, ergibt sich, welchen Zweck der tote Freisler in der deutschen Nachkriegsjustiz zu dienen bestimmt war.

Die Staatsanwaltschaft hatte Rehse von seinen 231 Todesurteilen 7 als Morde vorgeworfen. Die Rechtsbeugung als Straftatbestand war längst verjährt. Der Totschlag war bereits seit dem 9.5.1960 verjährt. Rehse konnte somit nur noch wegen Mordes verurteilt werden.

Das Landgericht Berlin war bei der Entscheidungsfindung jedoch zwischen zwei inneren Verboten in eine Zwickmühle geraten.

Zum einen konnte der Volksgerichtshof 1967 keinen Freispruch davontragen. Zum anderen konnte der Volksrichter Rehse jedoch auch nicht gemordet haben, sonst wäre die bundesdeutsche Justiz mit Hunderten von Mördern errichtet worden, denn die Todesurteile wie die gegen Rehse angeklagten waren zu Tausenden ergangen. Warum sollte also Rehse als einziger den Rechtsbeugungsvorsatz gehegt haben, der allen anderen fehlte? Der Mann zeigte dafür nicht das leiseste Indiz.

Das Urteil des Landgerichts Berlin 1967 endet mit einem verblüffenden Ergebnis: Der Mörder war Freisler. Rehse hatte die vorliegenden Rechtssachen nicht etwa rechtswidrig entschieden. Er entschied sie gar nicht. Freisler entschied sie. Rehse beugte nicht das Recht, er beugte sich Freisler und war der Gehilfe dieses Mörders. So hatte kein anderer gemordet als Freisler, wie bekannt. Es saß ein Berufsrichter daneben, der Rehse hieß. Dessen Tätigkeit bestand nicht aus Mord, doch weil er irgend etwas gemacht haben musste, hatte er Freisler assistiert. Das einzige Charaktermerkmal Rehses war Schwäche. Da die Anzahl der Berufsrichter, die zwischen 1942 und 1944 neben Freisler gesessen hatten, ganz minimal gewesen ist, war das Richtertum in seiner überwiegenden Mehrheit gerettet, obwohl der Volksgerichtshof verurteilt
wurde.

Zu Lasten Freislers und zu Gunsten Rehses heißt es in dem Urteil wörtlich:
.... Die Verhandlungsführung Freislers war sehr oft im höchsten Maße würdelos und von tiefem Hass und auch Verachtung gegen die von ihm sich verantwortenden Angeklagten getragen. Er schrie sie oft an, nicht selten nieder, ließ sie nicht ausreden, beschimpfte sie in übelster Weise und versuchte, sie hierdurch einzuschüchtern. Mehrfach ließ er bereits während der Verhandlung deutlich seinen Willen durchblicken, dass er sie vernichten wolle. Auch benutzte er eine Verhandlung oft dazu, um politische Propagandareden zu halten.

Der Angeklagte (Rehse) unternahm trotz seiner überdurchschnittlichen Intelligenz und seiner guten Rechtskenntnisse nichts, um sich der Rechtspraxis Freislers zu widersetzen, obwohl sie ihn seelisch stark belastete. Er schwieg, wenn Freisler die Angeklagten an- oder gar niederschrie oder wenn er sie nicht ausreden ließ, sie in übelster Weise beschimpfte und bereits während der Verhandlung deutlich seinen Entschluss durchblicken ließ, sie als Feinde des Nationalsozialismus zu vernichten. Auch in der Beratung schwieg der Angeklagte zumeist, widersprach Freisler nicht, sondern ordnete sich seinem Willen unter. Er unterließ jede Kritik an Freisler und ordnete sich seiner Autorität unter."

Rehse wurde am 3.7.1967 wegen Beihilfe zum Mord in 3 Fällen und wegen Beihilfe zum versuchten Mord in 4 Fällen zu 5 Jahren Zuchthaus verurteilt. Durch dieses Urteil, welches – wie wir noch sehen werden – nicht rechtskräftig wurde, ist jedoch alles über die Person Rehses gesagt worden.

Es sagt aber vor allen Dingen auch etwas über die Funktion Freislers in der deutschen Nachkriegsjustiz aus. Dabei wird insbesondere verkannt, dass die NS-Juristen überwiegend mit der „persona non grata" Freisler nichts zu tun hatten. Bestimmender für den durchschnittlichen NS-Richter ist sicherlich die allgemeine Gruppenanschauung mit einem Richterleitbild, welches sich aus der Tradition der Kaiserzeit durch national-konservatives Verhalten in der Weimarer Republik unter überwiegender Ablehnung der demokratischen Staatsform in den überwiegenden Zielen der nationalsozialistischen Weltanschauung wiederfand.

Als Funktionselite waren die NS-Richter z.Z. des Nationalsozialismus eifrig daran interessiert, das System zu erhalten und auszubauen, was auch daran liegt, dass Justizjuristen sich tendenziell für den Staat einzusetzen pflegen. Daraus folgt auch zwanglos die Tendenz der deutschen Nachkriegsjustiz, die in den wenigen Prozessen gegen Richter der NS-Zeit über ihresgleichen zu urteilen hatte. Um sich damit nicht kollektiv selbst zu belasten, brauchte die Nachkriegsjustiz somit ein paar Randfiguren, sog. „schwarze Schafe", damit das Justizsystem insgesamt unangetastet und damit letztlich intakt blieb.

Blieb also Freisler der „Mann fürs Grobe", der u.a. die Sondergerichte als „Panzertruppe der Rechtspflege" bezeichnete, so konnte jemand wie Schlegelberger neben Freisler mit gleichen Rechten und Pflichten ebenfalls Freisler vorschicken, sobald die Erlasse und Anweisungen zu anrüchig wurden. Das Nürnberger Juristenurteil hat diese Janusköpfigkeit Schlegelbergers schonungslos aufgedeckt und ihn damit als den wahren Repräsentanten der NS-Justiz enttarnt.

Kommen wir nun abschließend zu den Thesen 9 und 10, die sich insbesondere mit der Wirksamkeit der Nürnberger Urteile insgesamt und der Behandlung der NS-Verbrechen durch die deutsche Nachkriegsjustiz beschäftigen und bedauerlicherweise den sachlichen und inhaltlichen Rahmen der gesamten Nachkriegsjustiz im Zusammenhang mit der Bestrafung der NS-Verbrechen darstellen. Beide Thesen stehen in einem sehr engen und geradezu tragischen Zusammenhang, wobei die These Nr. 9 lautet:

9. Die Bundesrepublik trat 1949 die „Rechtsnachfolge" des Deutschen Reiches an.

Diese Kontinuitätsthese wurde nämlich überwiegend in der deutschen Staatsrechtslehre nach 1945 vertreten, wobei insbesondere negiert wurde, dass die Alliierten zwischen 1945 und 1949 Inhaber der Staatsgewalt gewesen seien, sondern diese Staatsgewalt nur „treuhänderisch" oder „geschäftsführend" verwaltet hätten. Diese Kontinuitätsthese, in deren Sinne ganze Generationen von Nachkriegsjuristen unterrichtet worden sind, führt nämlich nahtlos dahin, dass die Nürnberger Urteile lediglich „Siegerjustiz" gewesen sind. Noch heute werden daher die Nürnberger Prozesse in Juristenkreisen meist als „fragwürdig" bezeichnet.

Weiterhin führte diese angenommene Kontinuität aus meiner Sicht zu einem falschen Rechtsansatz bei der juristischen Aufarbeitung und Bestrafung der NS-Verbrechen. Betonte man nämlich die Kontinuität zwischen Deutschem Reich und Bundesrepublik, so musste es auch eine rechtliche Kontinuität nach dieser These geben. Insoweit entschied sich der bundesdeutsche Gesetzgeber nach 1949 zur Ahndung der NS-Verbrechen für ein Modell, nach welchem das deutsche Strafrecht zum Zeitpunkt der Tat zur alleinigen Grundlage von NS-Verbrechen durch bundesdeutsche Gerichte herangezogen wurde.

Für die Anwendung des deutschen Strafrechtes aber galt das Rückwirkungsverbot des Art. 103 Abs. 2 des Grundgesetzes. Danach ist Strafe nur zulässig, „wenn die Strafbarkeit gesetzlich bestimmt war, bevor die Tat begangen wurde". Hieraus schlossen die bundesdeutschen Gerichte, auch die Strafbarkeit von Verbrechen in der NS-Zeit hänge davon ab, was damals geltendes Recht gewesen sei. Der bekannte Satz: Was damals Recht war, kann heute nicht Unrecht sein – den wir bereits kennen gelernt haben - wurde also von der bundesdeutschen Justiz ausdrücklich anerkannt. Für die Strafbarkeit der NS-Taten kam es damit auf das NS-Recht an.

Von diesem Ausgangspunkt entwickelte die Justiz ihre juristische Bewertung von NS-Verbrechen. Somit war auch der Völkermord lediglich Mord oder Totschlag und die gesamte Judenvernichtung an sich normale Kriminalität. Dies führte dazu, dass es nach den hergebrachten Strafrechtsmustern nur sehr wenige Haupttäter gab, da die Haupttäter selbst aus niedrigen Beweggründen, nämlich beispielsweise aus Rassenhass, gehandelt haben müssen. Auch Heimtücke und grausame Begehungsweise konnte man nur bei wenigen Haupttätern persönlich – noch dazu nach größerem Zeitablauf – nachweisen.

Neben diesen Haupttätern gab es Tausende von Gehilfen. Wer also lediglich als Glied eines gesamten Vernichtungsapparates Befehle ausführte, war nicht Täter, sondern Gehilfe. Nur wer besonderen Eifer zeigte, wer im Exzess seine Befehle überschritt oder ohne Befehl handelte, war selbst Täter.

Den Kern des juristischen Konzeptes der Gerichte bildet die These, die NS-Verbrechen seien mit den zur Tatzeit geltenden Rechtsregeln als strafbares Unrecht durchaus zu erfassen. Den Tätern wurde vorgeworfen, sie hätten bewusst das damals geltende Recht verletzt. Unrecht, Schuld und Strafe werden aus dem Recht des Dritten Reiches legitimiert.

Gewiss war diese Lösung praktisch. Sie verneinte einen Konflikt zwischen dem Recht der Bundesrepublik Deutschland und dem NS-Recht. Das ersparte die Auseinandersetzung mit dem Rückwirkungsverbot. Diese Lösung war zweifellos auch beruhigend, v.a. für die juristische Zunft. Trotz staatlich organisierten Massenmordes hatte sich das Recht „an sich" als zuverlässig erwiesen. Und auch dafür, dass die Justiz in der Zeit des Nationalsozialismus keinen der Mörder aburteilte, hatte die Nachkriegsjustiz eine einfache Erklärung: Dass die damalige Justiz die Morde der Nationalsozialisten nicht verfolgt hatte, hat nichts mit Versagen zu tun. Die Justiz war vielmehr selbst Opfer der NS-Verbrecher. Die Haupttäter Hitler und Himmler hatten die damalige Justiz gefesselt und lahmgelegt. Jetzt war die Justiz wieder frei, das damals und heute im wesentlichen „normale" Recht anzuwenden und die Täter zu verfolgen.

Dieser Kontinuitätsgedanke, der u.a. auf dem alten „Fiat Justitia"-Grundsatz beruht, der noch heute in großen Lettern über dem Eingang des Landgerichts Stade prangt und suggeriert „Welten vergeh`n, Recht bleibt besteh`n", ist jedoch in Anbetracht des Vorhergesagten angesichts der als Rechtsquelle anerkannten Führerbefehle ein Trugschluss und führt zwangsläufig zu den Schwierigkeiten, die die deutsche Nachkriegsjustiz mit der Aburteilung der NS-Verbrechen dann auch gehabt hat.

Diese Schwäche kommt insbesondere und v.a. in dem ansonsten so lobenswerten sog. „Auschwitz-Prozess" zwischen 1963 und 1965 vor dem Frankfurter Landgericht zum Ausdruck. Wer nur Befehle ausgeführt hatte, war Gehilfe. Das galt für den SS-Mann – der in Auschwitz an der Rampe bei der Auswahl der Opfer mitgewirkt hatte – und das galt auch für den Schreibtischtäter im Reichssicherheitshauptamt, der die Transporte in die Vernichtungszentren organisiert hatte. Selbst Angeklagte, die ihre Opfer eigenhändig durch Genickschuss getötet oder die das Gas in den Vergasungsraum eingeleitet hatten, wurden lediglich als Gehilfen eingestuft.

Die Mordgehilfen konnten auf zeitige Freiheitsstrafen hoffen und die Strafen waren oft erstaunlich milde. Gehilfen wurden in der Regel mit lediglich 5 Jahren Freiheitsstrafe versehen, selbst wenn sie eigenhändig mehrere hundert oder tausend wehrlose Opfer erschossen oder vergast hatten. Außerdem profitierten Täter und Gehilfen von den einschlägigen Verjährungsregelungen, wobei sich gerade die Planer und Strategen des Massenmordes nach den einschlägigen Gesetzesänderungen auch auf Verjährung berufen konnten.

Hier drängt sich eine interessante Frage auf, die jedoch nur hypothetischen Inhalts ist:

Wie wäre wohl der Eichmann-Prozess, der 1961 in Israel stattfand, in der Bundesrepublik der 60er-Jahre ausgegangen? Denn auch Eichmann wurde ja bekanntlich nicht müde darzulegen, er habe niemals feindselige Gefühle gegen seien Opfer gehegt. Er habe lediglich auf Befehl gehandelt. Etwas anderes haben die vom deutschen Strafrecht Begünstigten von sich ebenfalls nicht behauptet.

Dabei wird so getan, als hätte es keine andere Möglichkeit der Aburteilung gegeben. Diese Alternative haben jedoch die Alliierten ihren Nürnberger Prozessen zugrunde gelegt. Das darin realisierte Modell war im Kontrollratsgesetz Nr. 10 der Alliierten verwirklicht, das entgegen der Kontinuitätsthese darauf beruht, dass das Deutsche Reich am 5.6.1945 sang- und klanglos untergegangen war. Dem kam für die Legitimation der Nürnberger Verfahren erhebliche Bedeutung zu.

Denn wenn die Alliierten selbst die Staatsgewalt innehatten und sie nicht nur verwalteten, dann konnten sie auch Recht setzen und Strafgewalt ausüben. Davon machten sie im „Londoner Statut" vom 8.8.1945 mit der Einsetzung eines internationalen Militärgerichtshofes gegen die Hauptkriegsverbrecher Gebrauch.

Nach dem Kontrollratsgesetz Nr. 10 wurden „Verbrechen gegen die Menschlichkeit" unabhängig von dem positiven Recht bestraft, dass zur Tatzeit am Tatort galt. Menschenrechtswidrigen Gesetzen wurde die Anerkennung versagt. „Verbrechen gegen die Menschlichkeit" konnten also auch und gerade durch staatliche Gesetze begangen werden, wenn nämlich schon diese Gesetze selbst Verbrechen gegen die Menschlichkeit bedeuteten.

Die Berufung auf das positive Recht des Dritten Reiches war gegenüber diesem Tatbestand als Rechtfertigung unbeachtlich, ebenso das Vorliegen eines menschenrechtswidrigen Befehls der nationalsozialistischen Führung. Vom Kontrollratsgesetz Nr. 10 war gewissermaßen einkalkuliert, dass das positive Recht des NS-Staates menschenrechtswidrige Gewaltakte nicht nur straffrei stellte, sondern sie möglicherweise sogar förderte oder befahl. Gewissermaßen wurde somit den NS-Gesetzen die Anerkennung versagt und das positive nationalsozialistische Recht insoweit rückwirkend beiseite geschoben.

Hier setzt dann auch die Kritik der deutschen Nachkriegsjurisprudenz gegen die Nürnberger Prozesse ein, worunter diese Prozesse noch heute in ihrer Anerkennung durch die öffentliche Meinung zu leiden haben. Ausgangspunkt blieb daher der noch heute erhobene Vorwurf der

10. „Siegerjustiz",
der nach Gründung der Bundesrepublik mit großer Emotionalität erhoben wurde.

Bezeichnend hierfür ist der Satz von Knieriem aus dem Jahr 1953: „Es wird hier wohl gefühlt, dass die Rechtsprechung des Siegers Gefahr läuft, den Besiegten zu verurteilen, weil er verloren hat, während der Sieger straflos bleibt, weil er glücklicher war."

Etwas differenzierter gingen die Kritiker mit den Nürnberger Urteilen vor, die eine angebliche Verletzung des Rückwirkungsverbots durch das Kontrollratsgesetz Nr. 10 und insbesondere den Straftatbestand des Verbrechens gegen die Menschlichkeit zum Thema hatten.

Konnte aber schon aufgrund der nicht vorhandenen Kontinuität das Pauschalurteil „Siegerjustiz" nicht aufrechterhalten bleiben, so ist auch der Vorwurf einer Verletzung des

Rückwirkungsverbots sowohl aus völkerrechtlicher als auch nach innerstaatlicher, deutscher Sicht zu widerlegen.

In völkerrechtlicher Hinsicht konnte das Kontrollratsgesetz Nr. 10 unter Hinweis auf die Normierung bereits bestehender und entwickelter Völkerrechtsgrundsätze gerechtfertigt werden. Mithin lag auch kein Zweckgesetz vor. In der Perspektive des innerstaatlichen, deutschen Rechts konnte für den umstrittenen Tatbestand des Verbrechens gegen die Menschlichkeit auf ein ähnliches Argument, nämlich die Arrondierung bisher schon bekannter Einzeltatbestände – wie Freiheitsberaubung, Körperverletzung, Vergewaltigung und Mord – verwiesen werden.

Danach ergab sich allenfalls in einem streng formalen Sinne eine Verletzung des nullum-crimen-Grundsatzes. Bei restriktiver Auslegung der unbestimmten Tatbestandsmerkmale und des weitgefassten Täterbegriffs schied auch eine Verletzung des nulla-poena-Grundsatzes aus. Ungeachtet dessen, dass selbst die deutschen Verteidiger im Nürnberger Juristenprozess einstimmig darin übereinstimmten, dass die Grundsätze des „fair trial" im Nürnberger Juristenprozess nicht verletzt wurden, blieb die Ablehnung der Nürnberger Urteile bis weit in die Gegenwart erhalten.

Dabei sei am Schluss dieser Ausführung nur noch einmal pointiert dargelegt, dass es sich gewiss nicht um bloße „Siegerjustiz", sondern vielmehr um einen „Sieg der Justiz" gehandelt hat. Dies wird durch die Erkenntnisse der Ausstellung Justiz im Nationalsozialismus im Stader Landgericht mehr als deutlich belegt.

B. Der Fall Hermann Friedrich Graebe

Nach dieser Reflexion der Ausstellungsergebnisse verglichen mit den Lehren aus dem Nürnberger Juristenurteil befinden wir uns nunmehr räumlich und zeitlich direkt in Nürnberg zur Zeit des Nürnberger Hauptkriegsverbrecherprozesses im Jahre 1946.

Im Verlaufe dieses Prozesses, der, so glaube ich, durch Dokumentation und Verfilmung den meisten Zuhörern in seinem ganz wesentlichen Ablauf bekannt sein dürfte, rückt nun ein Mann in den Blickpunkt, dessen Leben und Lebenswerk wir uns in den folgenden Minuten widmen wollen.

Das Leben des Hermann Friedrich Graebe

Am 2.1.1946 eröffnet der amerikanische Chefankläger Storey im Rahmen der Beweisaufnahme seine Präsentation mit der Verlesung eines Dokuments, das laut Telford Taylor, dem amerikanischen Chefankläger des Nürnberger Juristenprozesses, zu den schrecklichsten in den Annalen des Nationalsozialismus gehört. Er verlas eine von zwei eidesstattlichen Versicherungen des Hermann Friedrich Graebe, in dem dieser Massenmorde an einheimischen Juden, begangen von der SS mit Unterstützung durch ukrainische Milizionäre in Rowno, am 14.7.1942 und Dubno am 5.10.1942 beschreibt.

Der Bericht beginnt folgendermaßen:
„Ich, Hermann Friedrich Graebe, erkläre unter Eid:

Von September 1941 bis Januar 1944 war ich Geschäftsführer und leitender Ingenieur einer Zweigstelle der Baufirma Josef Jung, Solingen, mit Sitz in Sdolbunow, Ukraine. Als solcher hatte ich die Baustellen der Firma zu besuchen. Die Firma unterhielt u.a. eine Baustelle in Rowno, Ukraine."

Dann schildert Graebe im Anschluss dezidiert mit einem knappen eindringlichen Stil die Durchführung des Massenmordes durch die Einsatzgruppen der SS. Ich möchte an dieser Stelle ausdrücklich davon absehen, auch nur eine der beiden Erklärungen hier wörtlich zu verlesen. Die entsetzlichen und schockierenden Passagen waren nämlich bereits und sogar im Nürnberger Hauptkriegsverbrecherprozess geeignet, den gesamten Gerichtssaal inklusive sämtlicher Angeklagter in sprachloses Entsetzen zu versetzen. Beide Schilderungen können in jedem historischen Standardwerk zu den Nürnberger Hauptkriegsverbrecherprozessen in voller Länge nachgelesen werden. Insbesondere verweise ich auch auf das Standardwerk von Walter Hofer „Der Nationalsozialismus – Dokumente 1933 bis 1945", welches ebenfalls beide Erklärungen in vollem Wortlaut enthält.

Wer war also dieser Hermann Friedrich Graebe, dessen Zeugnis so einzigartig war und der darüber hinaus als einziger deutscher nicht selbst angeklagter Belastungszeuge in den Nürnberger Prozessen zu einer bedeutsamen Person der Zeitgeschichte wurde?

Hermann Friedrich Graebe, genannt Fritz, kommt 1900 in Gräfrath bei Solingen zur Welt. Er wächst in ärmlichen Verhältnissen auf. Sein Vater war Weber, seine Mutter arbeitete als Hausangestellte, um zum Unterhalt der Familie beizutragen. Um ein Ingenieurstudium absolvieren zu können, arbeitet er in einer Stahlwarenfabrik, wird später Bauunternehmer.

In der Hoffnung, durch eine Parteimitgliedschaft die Auftragslage seiner Baufirma verbessern zu können, tritt Graebe 1931 in die NSDAP ein, die er aber spätestens 1934 wieder verlässt. Ab Herbst 1941 wird Graebe auf Anweisung der Organisation Todt in die Provinzstadt Sdolbunow in der Westukraine beordert. An dem strategisch wichtigen Eisenbahnknotenpunkt soll er mit Hilfe seiner 12 Mitarbeiter Baukolonnen aufstellen und Lokschuppen errichten. Graebe ist aber auch Geschäftsführer für die Baufirma Jung, für die er eine Niederlassung gründet.

Auf seinen zahlreichen Baustellen beschäftigt Graebe rund 2.000 Arbeiter; die meisten davon sind Juden. Mit dem beharrlichen Verweis, dass der Einsatz seiner Arbeitskräfte kriegswichtig sei, gelingt es ihm, den zuständigen Gebietskommissar Georg Marschall – von dem später als Angeklagtem im Stader Landgerichtsprozess noch häufiger die Rede sein wird – zu einer Erhöhung der Lebensmittelrationen zu bewegen. Das erste Zusammentreffen mit diesem Gebietskommissar Marschall schildert Graebe sehr viel später eindrucksvoll wie folgt:

Bei einem ersten Gespräch nach einigen Minuten allgemeinen Geplauders fragt Marschall Graebe eher beiläufig, ob er von den Operationen einer „Einsatzgruppe" in Sdolbunow im vergangenen August wisse. Als Graebe dies verneinte, fuhr Marschall fort: „Was, Sie wissen nicht, dass die fast 250 Juden hinter der Zementfabrik umgebracht haben?" Diese Frage traf Graebe völlig unvorbereitet. Wie die meisten Deutschen hatte er von der systematischen Ermordung der Juden nichts geahnt und war schockiert zu erfahren, dass eine solche Greueltat erst vor kurzem in Sdolbunow stattgefunden hatte. Gleichzeitig drängte sich ihm eine Frage auf: Warum erzählt Marschall mir das?

„Diese Tat war nicht wohlüberlegt", fuhr Marschall fort, Graebes Schweigen ignorierend. „Sie war grausam und unmenschlich. So etwas sollte sich nicht noch einmal ereignen." Als Marschall dann einen Augenblick schwieg, fühlte sich Graebe erleichtert. Offensichtlich wollte Marschall ihm mitteilen, dass derartige Morde gegen die offizielle Politik der Reichsregierung gerichtet waren. Aber Marschall hatte das Gespräch noch nicht beendet.

„In Zukunft werden wir in anderer Weise verfahren, menschlicher. Wir werden nicht nur die Männer erschießen, sondern auch die Frauen und Kinder. Das ist die einzig richtige Methode." Und weiter: „Dies ist die einzige mögliche Lösung des Judenproblems: Sie allesamt zu beseitigen. Jawohl Herr Graebe" – und weiterhin lächelnd – „wir haben die Aufgabe, Probleme auf die Art und Weise zu lösen, wie es der Führer möchte." Diesen Gesprächsverlauf hat Graebe seinem Biographen, dem amerikanischen Theologen Douglas K. Huneke, so geschildert.

Graebe jedenfalls ist auf Grund dieses Gespräches schockiert. Nachdem er einige Zeit später zufällig Zeuge wird, wie die SS in einem Waldstück Massenerschießungen vornimmt, entschließt er sich, so viele Juden wie möglich vor der SS zu retten. Zusammen mit seiner jüdischen Sekretärin Maria Bobrow schmiedet er Pläne: Er versorgt seine Schützlinge mit Geld und falschen Papieren. In einem Radius von 1.000 km richtet er so viele Baustellen wie möglich ein, damit Juden unbemerkt untertauchen können.

Im Sommer 1942 erfährt Graebe, dass die SS plant, das Ghetto im nahegelegenen Rowno zu liquidieren. Graebe verlangt von dem dortigen Gebietskommissar, dass seine jüdischen Arbeiter von den Aktionen ausgenommen werden. Zu diesem Zweck errichtet Graebe eine Liste, auf der die 120 Namen seiner jüdischen Mitarbeiter aufgeführt sind und erreicht unter Vorlage dieser Liste gegenüber dem stellvertretenden Gebietskommissar von Rowno, Leutnant Beck, einen geheimen Freistellungsbefehl.

Mit diesem Freistellungsbefehl begibt sich Graebe sofort Richtung Ghetto in Rowno, wo sich seine Mitarbeiter, wie vorher abgesprochen, in einem Gebäudekomplex versteckt hielten. Bei seinem Eintreffen im Ghetto muss er jedoch feststellen, dass bereits SS und ukrainische Milizen mordend und brandschatzend durch das Ghetto ziehen und auch bereits sieben auf der Liste stehende Mitarbeiter mit sich gerissen haben. Mit einer Maschinenpistole und der Liste sowie dem Freistellungsbefehl bewaffnet begibt sich Graebe auf den Marktplatz von Rowno, auf dem die bereits zusammengetriebenen Juden durch SS-Männer eingeschlossen werden und von dem zuständigen Befehlshaber, dem Sturmbannführer Dr. Pütz – ebenfalls mit Maschinengewehr bewaffnet –, beaufsichtigt werden.

Graebe tritt Pütz gegenüber und bittet ihn unter Vorlage der Liste und des Freistellungsbefehls um die Freilassung der sieben Mitarbeiter. Pütz hingegen stellt Graebe vor die Alternative, er könne entweder diese sieben mitnehmen, müsste dann jedoch auf die Freistellung der übrigen weit über 100 auf der Liste befindlichen Mitarbeiter verzichten, was deren sicheren Tod nach sich gezogen hätte. Er könne jedoch gleichfalls unter Beaufsichtigung einiger SS-Männer die übrigen auf der Liste befindlichen Mitarbeiter unter Geleitschutz mitnehmen und damit retten.

Schweren Herzens muss sich Graebe mit der zweiten Alternative abfinden und die sieben Mitarbeiter ihrem mörderischen Schicksal überlassen. Es gelingt ihm dann jedoch, durch die immer noch wütenden ukrainischen Milizen hindurch und immer noch bewaffnet mit seiner Maschinenpistole an der Spitze einer rund 100-köpfigen Kolonne von jüdischen Mitarbeitern unbehelligt aus Rowno zu marschieren.

Graebes Gruppe schleppte sich durch die morgendliche Hitze 12 km lang aus Rowno heraus in die Richtung von Sdolbunow. Die Getreidefelder links und rechts des Weges waren in ständiger Bewegung. Juden hielten sich dort verborgen. Wann immer es sicher genug schien, wurde ein Zeichen gegeben, woraufhin ein oder zwei Menschen aus dem Kornfeld sprangen und sich in die Sicherheit der Marschkolonne begaben. Sobald sich eine Person eingereiht hatte, wurde sie in die Mitte der Kolonne geschickt, wo man sie im Falle eines Zusammenstoßes mit der SS verbergen wollte.

Auf halbem Weg zwischen Rowno und Sdolbunow warteten dann – wie vorher telefonisch mit seiner Sekretärin Maria Bobrow abgesprochen – Kutschen und Lastwagen auf die Marschkolonne. In Sdolbunow wurden den Menschen ohne Papiere Ausweise ausgefertigt, jeder wurde verpflegt und Graebe zog sich in ein Lokal zurück, das von deutschen Soldaten und Arbeitern aufgesucht wurde. Die Nachricht von dem Marsch hatte in Sdolbunow längst die Runde gemacht und jeder sprach über Graebe, der die Kolonne seiner Juden angeführt hatte. Als er in das Lokal hereinkam, lästerte ein deutscher Offizier: „Hier ist der Anführer dieser Juden, der Moses von Rowno."

Hermann Friedrich Graebe empfand diesen ironisch gemeinten Titel als große Ehre.

Graebe war erleichtert, seine Arbeiter sicher nach Sdolbunow zurückgebracht zu haben, aber der Verlust der sieben Männer war eine schwere Last. Der Moses von Rowno überlegte, wie der Moses in Ägypten empfunden und gehandelt haben würde, wenn der Pharao ihm befohlen hätte, sieben Israeliten zurückzulassen.

Kurze Zeit nach der Rettung vertraute ein Wehrmachtsoffizier Graebe an, dass der einzige Grund für die Judenvernichtung genau in dieser Nacht darin bestanden hatte, dass der Reichtskommissar für die Ukraine, Erich Koch, dem Gebiet einen Besuch abstatten wollte. Die Doktoren Pütz und Behr der SS-Einsatzgruppen hatten beabsichtigt, ihm ein Geschenk zu machen. Als Koch eintraf, war das Ghetto von Rowno in Blut und Schutt untergegangen; es war „judenrein".

Spätestens ab diesem Zeitpunkt galt Hermann Friedrich Graebe nicht nur für die jüdischen Mitarbeiter, sondern auch für die jüdische Bevölkerung dieses Teils der Ukraine als „Retter". Auch in der Folgezeit gelang es Graebe immer wieder, durch die Einrichtung von Scheinbaustellen und Scheinniederlassungen u.a. in Poltrawa, zahlreiche jüdische Mitarbeiter zu beschäftigen und somit vor einer vorzeitigen Vernichtung zu schützen.

Warum gelang Graebe jedoch eine solche Rettung größeren Ausmaßes und was befähigte speziell diesen Menschen dazu, sich gegenüber Wehrmacht, Partei und SS entsprechend durchzusetzen?

Graebe selbst besaß ein gewisses theatralisches Talent, welches er als Schauspieler in Laienspielgruppen, u.a. in der Schule, erlernt und geübt hatte. Er wusste aber auch, dass er mit Hilfe einer dreisten Darbietung von Macht gegenüber SS und untergeordneten Behörden mit Verweis auf „geheime Befehle aus Berlin" Eindruck machen konnte. Graebe nutzte dabei sein Wissen um die Art und Weise, wie die Nationalsozialisten dachten. Er schilderte diese Vorgehensweise später so:

„Es war einfach. Ich wusste, wie der deutsche Verstand arbeitete. Sie beugten sich immer vorgesetzten Behörden. Keine Fragen. Kein Aufbegehren. Wenn ich theatralisch genug auftreten könnte, würden es die SS und die Regierungsbeamten aus Furcht um ihre eigene Sicherheit kaum wagen, mir entgegenzutreten oder gegen mich in Berlin vorzugehen. Ich musste es riskieren."

Mit Hilfe dieser geschickten, aber riskanten Vorgehensweise gelang es Graebe bis 1944, zahlreiche Juden vor ihrem sicheren Schicksal zu retten. Andererseits wüteten SS und Einsatzgruppen gerade in diesem Teil der Ukraine, z.B. auch in Dubno am 5.10.1942, so gnadenlos, dass zahlreiche gerettete Mitarbeiter später doch liquidiert wurden.
Mit dem Vorrücken der Roten Armee und dem Rückzug der deutschen Wehrmacht musste auch Graebe sich zusammen mit seinen Mitarbeitern im Jahr 1944 absetzen. Wie ihm dies gelang, ist bis heute nicht ganz klar, zumal hier detaillierte Berichte und Ausführungen seiner selbst fehlen. Fest steht lediglich, dass er mit mehreren Reichsbahnwaggons sich über Warschau mit zahlreichen jüdischen Mitarbeitern in die Eifel absetzen kann, wodurch er die jüdischen Mitarbeiter im alten Reichsgebiet einem erneuten Ergreifungsrisiko aussetzt.

Aber auch in der Eifel gelingt es Graebe, zahlreiche jüdische Mitarbeiter vor dem Zugriff von SS und Gestapo zu schützen. Er selbst gerät dabei mehrfach in Gefahr, zumal er durch seine Solinger Baufirma Jung nun nicht mehr gedeckt wird.

Trotz der gerade einsetzenden Ardennen-Offensive gelingt es Graebe und einigen Mitarbeitern, u.a. seiner Sekretärin Bobrow, schließlich, über die Eifel zu den amerikanischen Einheiten durchzudringen. Hier wird er anfangs mit Skepsis aufgenommen, da er immerhin Deutscher und ehemaliges Parteimitglied ist. Durch die Aussagen und Einlassungen der geretteten jüdischen Mitarbeiter jedoch wird den Amerikanern schnell klar, dass sie es hier mit einer besonderen, weil seltenen Persönlichkeit eines „Retters" und Augenzeugen von Massenverbrechen zu tun hatten.

So wird Graebe zum „Zeugen der Anklage" im Nürnberger Hauptkriegsverbrecherprozess, wo er die bereits eingangs geschilderten eidesstattlichen Versicherungen zu den Massenerschießungen ablegt. Im Zuge der allgemeinen Empörung der deutschen Bevölkerung über die Nürnberger Urteile wird auch Graebe im eigenen Land sehr schnell als „Verräter" und „Nestbeschmutzer" tituliert. Sein Sohn bekommt immer häufiger Schwierigkeiten in der Schule mit Mitschülern und Eltern der Mitschüler und Graebe selbst erhält zahlreiche Morddrohungen.

Auch wirtschaftlich wird er aus der neu gegründeten deutschen „Nachkriegs-Volksgemeinschaft" ausgeschlossen und geächtet, so dass ein Leben in Deutschland für ihn nicht mehr möglich ist. Er emigriert 1948 mit seiner Familie in die USA und betritt nur noch einmal, nämlich 1960, deutschen Boden, um in dem jetzt zu behandelnden Verfahren gegen den Gebietskommissar Georg Marschall im Rahmen des Schwurgerichtsverfahrens vor dem Landgericht Stade als Hauptbelastungszeuge auszusagen. So geht seine Geschichte erst 1960 in Stade weiter.

Doch bevor wir dazu kommen, müssen noch einige Fragen beantwortet werden. Zum einen natürlich die Frage, warum wir bis zu dieser Ausstellung über Hermann Friedrich Graebe so gut wie nichts gewusst haben. Daran schließt sich die weitere Frage an, warum es von der Kategorie der „Täter" und teilnahmslosen „Zuschauer" gegenüber den Opfern jede Menge, aber von der Kategorie der „Retter" nur so wenig gegeben hat und weshalb ausgerechnet Hermann Friedrich Graebe befähigt gewesen ist, als „Retter" in die Geschichte einzugehen.

Die Beantwortung der ersten Frage erscheint auf den ersten Blick klar und eindeutig. Betrachtet man die nachkriegsgeschichtliche Rezeption der Nürnberger Urteile und betrachtet man die personelle und sachliche Kontinuität – nicht nur im bundesdeutschen Justizwesen – im Zuge der „Renazifizierung" der deutschen Richter- und Beamtenschaft, so bleibt für die Figur eines „Retters" wenig Raum. Verkörpert nicht gerade der „Retter" das schlechte Gewissen all derer, die vorwiegend in den 50er-Jahren in der Bundesrepublik im Zuge der breit angelegten „Schlussstrichdebatte" von ihren Taten der Vergangenheit nichts mehr wissen wollten.

Graebe repräsentiert Nürnberg, und Nürnberg wurde durch die deutsche Nachkriegsgesellschaft nicht nur die Legitimität abgesprochen, sondern Nürnberg sollte auch verdrängt und gerade nicht bewältigt werden. Weiterhin widerlegt natürlich eine Person wie Graebe die Zwangsläufigkeit der Drei-Kategorien-Lehre:

Man war also entweder Täter – was man natürlich nicht wahrhaben wollte – oder zwangsläufig Opfer oder – was die meisten sein wollten – neutraler Zuschauer, der allerhöchstens Mitläufer gewesen ist. In die letzte Kategorie ließ man sich im Wege der Entnazifizierungsverfahren mit Hilfe mehr oder weniger echter „Persilscheine" als unbelastet oder Mitläufer eingruppieren, die erste Kategorie wurde bereits durch Gesetzgebung und Justiz amnestiert. Für die Kategorie „Retter" blieb da kein Raum, zumal es nach den eingangs geäußerten und deklarierten Rechtfertigungsthesen eine solche Kategorie schon begriffslogisch auch nicht gegeben haben kann.

Durch ihre Auswanderung verschwanden diese Menschen auch aus dem Blickfeld der bundesdeutschen Nachkriegsgesellschaft und blieben trotz der geäußerten Wertschätzung durch die Weltöffentlichkeit und die Geschichtsschreibung unbekannt. Es oblag einzig und allein dem Historiker „Zufall", ob diesen „Rettern" die ihnen zustehende Würdigung und das Interesse einer breiteren Öffentlichkeit zuteil wurden.

So verdanken wir es allein dem persönlichen Einsatz und dem persönlichen Vermögen des Regisseurs Steven Spielberg, dass der Namen Oskar Schindler heutzutage jedem Schulkind geläufig ist. Der tragisch zu nennende Zufall will es auch, dass sich bereits 1979 Hollywood-Regisseure für das Leben des Hermann Friedrich Graebe interessiert hatten, entsprechende Filmprojekte jedoch damals mangels entsprechender Geldgeber und wegen der zeitgleich sehr erfolgreich ausgestrahlten Fernsehserie „Holocaust" nicht verwirklicht wurden.

Dennoch kommt man nicht umhin, das Leben Hermann Friedrich Graebes mit dem Oskar Schindlers zu vergleichen, da sich hier erstaunliche Parallelen auftun. Nicht nur die faktische Errettung von Juden auf Grund selbst angelegter Listen, durch die Vergabe von Scheinarbeit in den jeweiligen Wirtschaftsunternehmen, sondern auch das Auftreten gegenüber Behörden, Partei und SS-Funktionären trägt eine Ähnlichkeit in sich, die schon beinahe unheimlich ist.

Mut, Zivilcourage und ein gewisses schauspielerisches und damit theatralisches Talent tragen beide Persönlichkeiten unabhängig voneinander in sich. Bei tragen den Leitsatz des jüdischen Talmud „Wer ein Leben rettet, rettet die ganze Welt" unbewusst in sich. Beide Personen sind aber auch Unternehmer und damit von Anfang an bereit, für ihr persönliches Fortkommen bestimmte Risiken einzugehen.

Gerade hierdurch unterscheiden sie sich von den eben geschilderten „Tätern in Robe", die, so schwer belastet wie auch immer, in der Nachkriegszeit noch bis in die letzte Instanz unter Offenlegung manchmal peinlicher Einzelheiten ihre Pensionsansprüche für ihr mörderisches Tun bis auf den letzten Pfennig verfolgen.

Anders als die auf Kameradschaft und Korpsgeist festgelegten Richter innerhalb der NS-Justiz bekleiden Graebe und auch Schindler eine gewisse gesellschaftliche Außenseiterstellung. Beide sind keine erklärten Widerstandskämpfer und Graebe schildert im nachhinein sein Verhältnis zum Nationalsozialismus folgendermaßen:

„Ich marschierte nach meiner eigenen Melodie. Ich hatte nicht gelernt, politisch zu sein. Deshalb habe ich mich dem Nationalsozialismus weder aus ideologischen Gründen widersetzt, noch aus diesen Gründen zunächst unterstützt. Ich geriet zu ihm in Opposition, als ich persönlich Zeuge seiner Ungerechtigkeit und Unmenschlichkeit wurde."

Schließlich ist ein weiteres gemeinsames Merkmal beider Charaktere, dass beide sicherlich relativ unabhängig vom Lob anderer gewesen sind. Der Wunsch nach Anerkennung oder sklavischer Anpassung an gesellschaftliche Konventionen bringt eben keinen Menschen dazu, vier Jahre lang die Leben tausender Menschen zu retten, die die Öffentlichkeit als „Ungeziefer" brandmarkt, und dabei die sofortige Hinrichtung zu riskieren. Erinnert man sich in diesem Zusammenhang an die Enttäuschung der NS-Richter auf Grund der Führerrede aus dem Jahr 1942, so sind die Unterschiede signifikant.

Sicherlich wird es Hermann Friedrich Graebe nicht gerecht, pausenlos mit Oskar Schindler verglichen zu werden und in den 90er-Jahren als „zweiter Oskar Schindler" zu gelten. Sicherlich ist dies jedoch nicht als Rangfolge gemeint und nur das Produkt des Zufalls, der es Schindler mit Hilfe von Spielberg ermöglichte, einer größeren Öffentlichkeit bekannt zu werden.

Hermann Friedrich Graebe verstarb 1986 in San Francisco. 1992 erschien der Film „Schindlers Liste". Seither gilt Graebe in der Bundesrepublik zumindest als der „Oskar Schindler der Ukraine", ein Titel, den er sicherlich ebenso als Ehre aufgefasst hätte wie den Titel „Moses von Rowno". Noch zu Lebzeiten erhielt er allerdings die höchste Aufzeichnung, die ein Nichtjude erhalten kann. 1965 durfte er in der Holocaust-Gedenkstätte Yad Vashem an der Allee der Gerechten einen Baum pflanzen.

Auch auf Grund des unglaublichen Erfolges von „Schindlers Liste" konnten sich die Solinger Stadtväter endlich im Jahr 1995 dazu durchringen, eine Gedenktafel an Graebes ehemaligem Wohnhaus anzubringen. Im Jahr 2002 erscheint dann auch endlich die erste deutsche Übersetzung der bereits mehrfach zitierten Biographie des amerikanischen Theologen Douglas K. Huneke mit dem Titel „In Deutschland unerwünscht".

Gerade dieser Titel signalisiert jedoch, dass es noch einen wesentlichen Teil im Leben des Hermann Friedrich Graebe gibt, den wir bisher bewusst ausgeklammert haben. Im Gegensatz zu Schindler musste sich nämlich Graebe vor einem bundesdeutschen Gericht und inszeniert durch bundesdeutsche Medien eine beispiellose Hetzkampagne gefallen lassen, die ihren Ursprung und ihr Ende in unserer Stadt Stade hat, der wir uns jetzt zuwenden werden.

Wir haben Graebe in Nürnberg verlassen und begegnen ihm wieder 1960 bei seiner einmaligen Rückkehr nach Deutschland zum Zwecke der Aussage in dem Prozess gegen Georg Marschall vor dem Stader Landgericht.

In der Bundesrepublik setzt gerade die dritte Phase der Vergangenheitsbewältigung der NS-Verbrechen ein, nachdem zehn Jahre – zwischen 1950 und 1960 – ein faktischer Stillstand in der bundesdeutschen Nachkriegsjustiz bei der Behandlung von NS-Verbrechen geherrscht hatte.

Erst eine Kampagne der DDR „Hitlers Blutrichter in Adenauers Diensten" sowie die Veröffentlichung der Braunbücher brachten hier eine Wende. Als Folge wurde 1958 die zentrale Stelle der Landesjustizverwaltungen zur Verfolgung von NS-Tätern in Ludwigsburg gegründet; mit dem Ulmer „Einsatzgruppenprozess" desselben Jahres standen seit längerem wieder NS-Täter im Mittelpunkt der Öffentlichkeit. In der Folgezeit brachten vor allem der Eichmann-Prozess in Israel und der Auschwitz-Prozess in Frankfurt die interessierte Öffentlichkeit wieder mit den NS-Verbrechen in Kontakt. Erst jetzt begann allmählich die dann sehr umfangreiche Aufarbeitung der NS-Verbrechen durch die deutsche Justiz.

In diese Phase fällt dann auch nicht zufällig der Prozess gegen den ehemaligen Gebietskommissar von Sdolbunow, den Gewerbeoberlehrer Georg Marschall vor dem Landgericht Stade. Die Anklage der Staatsanwaltschaft Stade warf Marschall vor, den Befehl gegeben zu haben, im August 1942 den jüdischen Tischler Josef Diner zu erhängen, weil er den Anordnungen des Gebietskommissars nicht Folge geleistet habe. Dahinter stand ein Machtkampf zwischen dem Gebietskommissar und der Abwehrstelle der Wehrmacht, für die der Tischler arbeitete und die ihn nicht an den Gebietskommissar abgeben wollte.

Graebe kommt zusammen mit seiner ehemaligen Sekretärin Maria Bobrow nach Stade und sagt vor dem Landgericht aus, er habe später von einem der deutschen Polizisten die Auskunft erhalten, der Befehl für die Tat sei „von drüben", also dem Gebietskommissariat, gekommen. Der als Zeuge geladene Polizist konnte sich nicht mehr daran erinnern, hielt es aber für sehr wahrscheinlich.

Marschall, der nach dem Krieg unter falschem Namen in Drochtersen untergetaucht war, und der erst von seinem Vater als gesuchte Person identifiziert werden musste, bestritt diesen Vorwurf und machte während der vorherigen Verhöre und während der Verhandlung verschiedene, teils sich widersprechende Angaben darüber, welche Rolle er in diesem Konfliktfall gespielt habe. U.a. habe er dem Sicherheitsdienst in dem 12 km entfernten Rowno Bericht erstattet und von dort sei dann auch vermutlich der Befehl gekommen. Das Landgericht Stade folgt den Aussagen von Graebe und dem Polizisten und verurteilt Marschall nach acht Verhandlungstagen zu lebenslanger Haft wegen Mordes.

Das Gebietskommissariat Sdolbunow hatte ungefähr 100.000 Einwohner und war etwa von der Größe des Saarlandes. Gebietskommissariate hatten keine militärischen, sondern zivile Aufgaben, die u.a. in der Einrichtung der Ghettos und der Kontrolle der jüdischen wie nichtjüdischen Bevölkerung bestanden. Dies alles hat das Urteil des Landgerichts Stade in seinem Tatbestand zu Tage gefördert. Marschall hatte einen Vertreter namens Köller, der von allen Zeugen als „Scharfmacher" und bekennender Antisemit geschildert wurde. Köller war der Verantwortliche für „Judenangelegenheiten".

Marschall unterstellt waren weiterhin Gendarmeriegebietsführer und weitere Gendarmerieposten sowie 50 bis 80 Mann ukrainische Miliz. Sie alle waren bei der Liquidierung des Ghettos in Rowno aktiv beteiligt. Spätestens hier stellt sich für den Historiker die Frage, inwieweit Marschall nicht nur für den Mord an dem einen Juden verantwortlich war, sondern sich auch der Behilfe zum Morde an etwa 5.000 Juden des Ghettos von Sdolbunow schuldig gemacht hatte. Denn auch wenn die Liquidierung von SS und Sicherheitsdienst aus Rowno unter der Leitung des unerbittlichen Sturmbannführers Dr. Pütz durchgeführt wurde, so war doch Marschall zumindest um Unterstützung gebeten worden, um den größtmöglichen Erfolg zu garantieren.

Mangels Anklage musste sich jedoch das Landgericht Stade mit diesem weitaus größeren Komplex nicht beschäftigen. Marschall wurde auf Grund des Urteils vielmehr in Haft genommen, und Graebe und Maria Bobrow reisten in die USA zurück in dem Glauben, zumindest das Kapitel des einen Mordes an dem Tischler sei abgeschlossen, und es habe sich immerhin gelohnt, in schier unerträglicher Weise den Tätern von damals, darunter den Polizisten, in demselben Hotel begegnen zu müssen. Aber sie irrten sich.

Vermutlich mit Hilfe der Organisation ehemaliger Nationalsozialisten „Stille Hilfe" wechselte Marschall den Anwalt. Dr. Friedrich Schümann aus Stade setzte nun erfolgreich alles daran, eine Wiederaufnahme des Verfahrens zu erreichen. Seine Strategie bestand darin, den Hauptbelastungszeugen Graebe mit allen Mitteln als unglaubwürdig erscheinen zu lassen.

Dazu zog er im Zuge des Wiederaufnahmeverfahrens vor dem Oberlandesgericht Celle Graebes Lebenslauf und Charakter in Zweifel. Bei Graebe habe es sich „um den Prototyp eines Opportunisten" gehandelt, „d.h. um eine Persönlichkeit, die jede Möglichkeit einer Vergünstigung für sich ausschöpft". So habe Graebe u.a., „während Millionen deutscher Männer an den Fronten als Soldaten ihre Pflicht taten und die Frau entbehren mussten, keine Bedenken getragen, entgegen den damals bestehenden Gesetzen, eine Liebesbeziehung zu einer Jüdin aufzunehmen".

Marschall, ein Mensch mit „anständiger Gesinnung", habe Graebe erfolglos vor den Folgen der „Rassenschande" auf Grund seiner Beziehung zu Maria Bobrow gewarnt und sich schließlich dazu bewegen lassen, „die Jüdin zu arisieren" und ihr einen Pass auszuhändigen, der die Zeugin als Polin auswies. So die Einlassung des Stader Anwalts Dr. Schümann in den zahlreichen Wiederaufnahmeschreiben an das OLG Celle.

Schümann führt weiter aus, Graebe und Bobrow hätten sich bei Kriegsende den Amerikanern gegenüber als Gegner des Nazismus ausgegeben, um „die schweren Jahre der Nachkriegszeit unter den besonders günstigen Lebensbedingungen eines Helfers der Besatzungsmacht zu überdauern". Und nicht nur aus diesem Grund habe Graebe von der Judenverfolgung in den „Ostgebieten" berichtet, sondern auch, um seine Ausreise in die USA zu erwirken, „als es noch völlig offen stand, ob es dem deutschen Volk gelingen würde, sich aus dem Abgrund der Niederlage wieder hochzuarbeiten". Dazu musste er wohl seine vermeintliche Rolle als Retter in besonderer Weise herausstreichen, um seine Parteimitgliedschaft aufzuwiegen.

Neben dieser psychologischen Einstimmung des Gerichts gegen Graebe strengte Schümann im Laufe der Zeit noch drei Meineidsverfahren gegen Graebe an. Der Hauptvorwurf Schümanns liegt dabei an sich in einer Nebensächlichkeit begründet: Graebe habe behauptet, er sei von 1931 bis 1932 Parteimitglied gewesen, obwohl aus Unterlagen des Document Center in Berlin eine Mitgliedschaft mindestens noch im Jahr 1935 nachweisbar sei.

Hier habe der Zeuge bei der Angabe seiner persönlichen Verhältnisse offensichtlich gelogen. Habe er jedoch hier gelogen, so ist seine Glaubwürdigkeit aus den von Schümann dargelegten Gründen ohnehin in Zweifel zu ziehen und seine Rolle als Hauptbelastungszeuge im Nürnberger Kriegsverbrecherprozess von den Amerikanern erkauft worden.

Diese Verteidigungsstrategie Schümanns – so sehr sie an den Haaren herbeigezogen war – schlug mehrere Fliegen mit einer Klappe. Hatte der Zeuge Graebe einmal gelogen, war er in diesem Prozess insgesamt unglaubwürdig. War er aber insgesamt unglaubwürdig, so war er vor allen Dingen auch kein „Retter", so dass sich bei den weniger heldenhaften Figuren der NS-Zeit kein schlechtes Gewissen einstellen musste. War der Zeuge jedoch unglaubwürdig und war auch seine Zeugenstellung im Nürnberger Hauptkriegsverbrecherprozess durch die Amerikaner im Wege eines Unrechtspaktes erkauft worden, so zeigte dies einmal mehr, was von den Nürnberger Prozessen zu halten war.

Diese Verteidigungsstrategie ging über die herkömmliche Strategie eines geschulten Strafverteidigers auch im Zuge eines Wiederaufnahmeverfahrens weit hinaus. Hier stellt sich insbesondere die Frage, wie dieser Stader Anwalt an die Informationen und Halbwahrheiten gelangen konnte, die er dem Oberlandesgericht Celle im Rahmen des Wiederaufnahmeverfahrens präsentieren konnte. Dass diese komplexe Verteidigungsstrategie nicht alleine auf seinem Mist gewachsen sein konnte, wird noch durch mehrere parallel stattfindende Abläufe zu untermauern sein.

Zumindest einen Erfolg konnte der Stader Rechtsanwalt schon einmal verbuchen: Das Oberlandesgericht Celle ließ sich von den dargelegten Argumenten überzeugen und beschloss 1963 die Wiederaufnahme des Verfahrens gegen Georg Marschall zur erneuten Verhandlung vor dem Landgericht Stade.

Wer war also dieser Stader Rechtsanwalt Dr. Friedrich Schümann, der 1907 geboren wurde und 1989 in Stade gestorben ist?

Wir wollen uns hier lediglich mit seiner Biographie in den Jahren 1933 bis 1945 beschäftigen, ohne dass es, das sei betont, um die Verunglimpfung seiner Person geht. Doch sein Verhalten und seine Verteidigungsstrategie in dem gesamten Wiederaufnahmeverfahren ist nur mit seiner Biographie zu erklären.

Schümann studiert von 1926 bis 1930 Rechtswissenschaft an den Universitäten Hamburg, Rostock und Göttingen. Er macht sein Referendarexamen 1930 beim Oberlandesgericht Celle. Er promoviert am 1.8.1933 in Göttingen und legt sein Assessorexamen am 27.7.1934 in Berlin ab. Ergebnis beider juristischer Examina ist „ausreichend". Von 1934 bis 1938 arbeitet er als Hilfsrichter bei diversen Amts- und Landgerichten in Schleswig-Holstein. Von 1938 an ist er dann Gerichtsassessor beim Luftwaffengericht in Kiel und wird am 1.8.1939 zum Kriegsgerichtsrat ernannt.

Von da an wechseln seine Einsatzorte sehr häufig. U.a. ist er beschäftigt in Finnland, in Nordafrika und in der Bukowina. Gegen Ende des Krieges ist er dann zum Oberfeldrichter befördert. Schümann ist am 1.5.1933 in die NSDAP eingetreten. Über weitere politische Aktivitäten ist in der Personalakte nichts vermerkt.

Die sonstigen Beurteilungen in der Personalakte sind typisch und durchaus vergleichbar mit den Beurteilungen anderer Justizangehöriger zwischen 1939 und 1945; hier seien nur einige kurze Auszüge kursorisch zusammengestellt:

Beurteilung vom 13.9.1939:
„.... Dr. Schümann hat sich entschieden bewährt. Ein fleißiger und umsichtiger Dezernatsarbeiter, ein frischer Anklagevertreter und Verhandlungsleiter. Die ihm anfangs noch fehlende richterliche Erfahrung hat er sich nach und nach, seinem Alter entsprechend, angeeignet, so dass er zu den überdurchschnittlichen Richtern erster Instanz gezählt werden muss. In der Praxis etwas langsam. Seine Urteile sind mit Fleiß abgesetzt und verraten juristische Durchdringung des Stoffes. Die militärischen Belange werden von ihm gewahrt. Guter mündlicher Vortrag, volkstümliche schriftliche Ausdrucksweise. Durchschnittliche Allgemeinbildung.

Unter Berücksichtigung seiner früheren politischen Einstellung bietet er die unbedingte Gewähr, dass er jederzeit rückhaltlos für den nationalsozialistischen Staat eintritt und ihn wirksam vertritt. Er hat den urkundlichen Nachweis geführt, dass er und seine Ehefrau deutschen Blutes sind."

Eine weitere Beurteilung vom 1.3.1942 enthält folgende Angaben:
„.... Dr. Schümann ist eine offene, gerade Persönlichkeit mit ausgesprochenem Selbstbewusstsein, das ihn gelegentlich auch zur Selbstüberschätzung und allzu großer Selbständigkeit verleitet. Er besitzt gesunden, von Strebertum freien Ehrgeiz."

Eine weitere Beurteilung vom 14.3.1942:
„.... In seinem Wesen frisch und lebendig. Körperlich rüstig und beweglich. Flugfrisch. Tritt persönlich bemerkenswert gut soldatisch auf. Eine starke sich selbst regende Arbeitskraft. Er ist sehr initiativ. Sein frischer klarer Vortrag und die Begründung der Straffälle haben eine treffende Menschenkenntnis gezeigt und sein stetes Bestreben erkennen lassen, ein gerechtes, der Aufrechterhaltung der Disziplin bei der Truppe dienendes Urteil zu fällen... Kriegsgerichtsrat Dr. Schümann liebt die Geselligkeit und ist anregend in der Unterhaltung. Im Kameradenkreis sucht er gerne seine geistige Überlegenheit spielen zu lassen. Er ist manchmal etwas voreilig in der Kritik."

Schließlich noch ein Auszug aus der Beurteilung vom 7.2.1943:

„... Dr. Schümann ist eine Persönlichkeit mit ausgesprochenen Führereigenschaften. Das macht sich in der Leitung des Gesamtbetriebes des Feldgerichts und durch seinen ausgezeichneten Einfluss auf die anderen richterlichen Beamten und auch die Angestellten erkennbar. Das nationalsozialistische Gedankengut ist ihm wohl vertraut. Seine richterliche Tätigkeit beweist seine einwandfreie nationalsozialistische Einstellung."

Das ist alles, was die Personalakte über den Kriegsgerichtsrat Dr. Friedrich Schümann verrät. Irgendwelche Urteile, die er abgefasst hat oder an denen er beteiligt gewesen ist, sind nicht bekannt bzw. nicht erhalten. Es besteht jedoch auch keinerlei Anlass, ihn nicht in die Kategorie der NS-Richter einzuordnen, über die ich bereits umfangreich referiert habe. Wir werden im Anschluss noch erkennen, wenn wir uns den wörtlichen Ausführungen seines Schlussplädoyers im Wiederaufnahmeverfahren widmen, warum die Kenntnis dieser Teilbiographie zum Verstehen des gesamten Prozesses notwendig und erforderlich ist.

Wir befinden uns nunmehr im Wiederaufnahmeverfahren, was bedeutet, dass der gesamte Prozess gegen Georg Marschall durch das Landgericht Stade noch einmal aufgerollt und neu verhandelt werden muss. Zum Zwecke der erneuten Verhandlung müsste auch der Hauptbelastungszeuge Graebe noch einmal nach Stade reisen. Graebe lehnt dies jedoch ab, erklärt sich jedoch bereit, in San Francisco vor dem amerikanischen Konsulat in Anwesenheit eines Rechtsbeistandes gegenüber dem beisitzenden Landgerichtsrat Müller seine Aussage zu machen.

Grund für die Ablehnung einer Rückkehr nach Stade ist auf Seiten Graebes ein mittlerweile im Jahre 1963 beendeter Parallelprozess vor dem Landgericht Nürnberg-Fürth, in dem es um weitere Einzeltaten von Angehörigen des Gebietskommissariats Sdolbunow gegen jüdische Opfer ging. Angeklagt war u.a. der Stellvertreter Marschalls, Otto Köller. Auch in diesem Verfahren war Graebe als Hauptbelastungszeuge eingeplant. Als sich die Staatsanwaltschaft Nürnberg mit Graebe in Verbindung setzte, hatte Schümann jedoch bereits zwei seiner Meineidsanzeigen gegen Graebe erhoben. Graebe war deshalb nur bereit, nach Deutschland zu kommen, wenn man ihm freies Geleit zusicherte.
Wie auch seitens des Landgerichts Stade wurde ihm dieses freie Geleit ausdrücklich nur für die Einreise zugesichert. Doch die Richter in Nürnberg trieben diese Wende noch weiter, indem sie Graebe wegen der Ermittlungsverfahren wegen Meineids generell für nicht mehr glaubwürdig erklärten.

Schümann hingegen protestierte auch noch nach Abschluss des Prozesses in Nürnberg-Fürth gegen die Zusage eines freien Geleits und forderte, dass „ein Zeuge, der so viel Unheil angerichtet hat, bei jedem Betreten unseres Staates festgenommen und im Zuchthaus untergebracht werden sollte". „Ein Zeuge dieser Art verdient keine Rücksichtnahme."

So belastet und in die Enge getrieben erschien Graebe kein zweites Mal vor dem Stader Landgericht. Dies entsprach auch sicherlich der Intention Schümanns, denn der Zeuge Graebe war bestimmt auf Grund seiner gesamten Persönlichkeit geeignet, bei einem persönlichen Auftreten vor Gericht die Richter und weiteren Prozessbeteiligten für sich einzunehmen. Deshalb kam Schümann die lediglich protokollierte Aussage in San Francisco zugute, nahm er doch persönlich an dieser Vernehmung teil und konnte hinterher die nur schriftlich festgehaltenen Aussagen leichter in Zweifel ziehen. Erstaunlicherweise verweigerte die Staatsanwaltschaft Stade eine persönliche Teilnahme an der kommissarischen Vernehmung und erhob auch keine Einwendungen gegen die Außerkraftsetzung des Haftbefehls gegen Marschall mangels Fluchtverdachts.

Während des schwebenden Wiederaufnahmeverfahrens im Jahre 1965, kurze Zeit nach der Ehrung Graebes in der Holocaust-Gedenkstätte Yad Vashem als einer der Gerechten der Völker erhielt die Verteidigung in Person Dr. Schümanns noch eine nicht zu unterschätzende Hilfe von erstaunlicher Seite.

Im Dezember desselben Jahres erschien ein Artikel über Graebe in dem Nachrichtenmagazin „Der Spiegel". Unter der Überschrift „Bewegtes Leben" in der Rubrik „Affären" hatte der Autor Axel Jäschke alles ungeprüft wiedergegeben, was Schümann über Graebe an Verdrehungen und Unwahrheiten zu erzählen wusste. Dabei ist aus heutiger Sicht nicht ganz klar und kann wohl auch nicht mehr geklärt werden, ob Schümann mit Unterstützung gewisser Kreise des Spiegel an die Halbwahrheiten über Graebe gelangt ist oder ob der Spiegel über Schümann und dessen Kreise an die Informationen gelangte.

Ein Foto des Artikels zeigt Hermann Graebe, wie er einen kleinen Baum in der Allee der Gerechten pflanzte, nicht weit von dem Baum Oskar Schindlers entfernt; sie waren unter den ersten Deutschen. Unter dem Foto stand höhnisch „Gräber-Graebe", wodurch die Ehrung und seine Zeugenaussage in Nürnberg ins Lächerliche gezogen werden. Auch der Rest des Artikels, der vollständig abgedruckt in dem begleitenden Reader enthalten ist, ist von derart diffamierendem Charakter, dass er in dem Gesamtzusammenhang des Falles nur als ein Produkt von verbreiteten Klischees von Antisemitismus und Vaterlandsverrat betrachtet werden kann. Jäschkes Betonung, dass Graebe prominenter Zeuge der Nürnberger Prozesse war, ließ ihn geradezu als wohlfeilen, negativen Kronzeugen der Ausschwitzleugner erscheinen. Auch war mit diesem Artikel wieder einmal die fehlende Legitimation der Nürnberger Urteile scheinbar aufgedeckt.

Jäschkes Bericht ist zumindest das Beispiel für einen fatalen Sensationsjournalismus. Der Autor glaubte wohl, an der Aufdeckung eines Fehlurteils mitwirken zu können – zumal als Anwalt, der nebenbei in der Kanzlei von Otto Schily und Christian Ströbele arbeitete. Weiterhin enthält der Artikel die bodenlose Unterstellung, Graebe habe mit Gründung eines Ingenieur-Büros und mehrerer Baufirmen einen „rasanten wirtschaftlichen Aufstieg" in den USA vollführt, bei dem wohl deutsche Wiedergutmachungsleistungen an Juden keine geringe Rolle gespielt hätten. Weiterhin werden die Meineidsvorwürfe Schümanns ungeprüft zum Besten gegeben. Das widerwärtigste an dem Artikel ist jedoch die sexuelle Tendenz und die kaum zu überbietende Schwülstigkeit, mit der der Autor Graebe ein – angeblich offensichtliches – Verhältnis zu seiner Sekretärin Bobrow nachsagt, vor allem in Anbetracht der Tatsache, dass die Ehefrau Graebes zur Zeit der Rettungsaktionen in Sdolbunow im Jahre 1942 vor Ort gewesen ist und diese Entgleisung ins Private und Intime eines Menschen mit bloßer Sensationsgier kaum noch zu rechtfertigen ist.

Ich bin zumindest bei dem ersten Durchlesen des Spiegel-Artikels aus dem Jahre 1965 überrascht und schockiert gewesen, habe ich doch bei diesem Nachrichtenmagazin, welches sich selbst „Sturmgeschütz der Demokratie" nennt, zu keiner Zeit mit antisemitischen Inhalten, noch dazu nach der Spiegel-Affäre 1962, gerechnet.

Bei weiteren Recherchen bin ich jedoch auf die längst publizierten, aber offensichtlich der deutschen Öffentlichkeit nicht hinreichend bekannten Veröffentlichungen des ehemaligen Spiegel-Redakteurs Otto Köhler gestoßen, der wiederholt öffentlich und nachlesbar dokumentiert hat, dass es auch im Spiegel in der Nachkriegszeit mit den Redakteuren Mahnke und Wolff zwei ehemalige persönliche Referenten des berüchtigten SS-Brigadeführers und Chef des Vorauskommandos Moskau in der Einsatzgruppe B, Prof. Dr. Franz Alfred Six, zu Ressortleitern gebracht hatten und der Herausgeber Augstein in voller Kenntnis der Vergangenheit beider deren Aufstieg im Spiegel gefördert hatte.

Interessant wäre es nunmehr, weiter festzustellen, ob es Verbindungen dieser Ressortleiter auf Grund bestehender alter Seilschaften zu der Anlaufstelle von Verteidigungsstrategien in Prozessen gegen NS-Verbrecher in Person des ebenso berüchtigten Dr. Best als ehemaligen juristischen Chefberater der Gestapo in der Nachkriegszeit gegeben hat.

Mit dieser Verbindung ließe sich zwanglos das Vorhandensein des Diffamierungsmaterials seitens Schümanns und des Spiegel erklären. Dies bleibt jedoch mangels Beweisbarkeit und näherer Erkenntnisse Spekulation und soll hier auch nicht weiter vertieft werden.

Der Spiegel-Artikel zog jedenfalls – wie wohl auch beabsichtigt – ein weiteres diffamierendes Medienecho gegen Graebe nach sich. Auch die Solinger Tagespresse, aufmerksam gemacht auf einen Bürger ihrer Stadt, fiel nunmehr über Graebe her. Graebe galt von nun an in der deutschen Öffentlichkeit unwidersprochen als Lügner und Kriegsgewinnler.

Indessen ging der Wiederaufnahmeprozess vor dem Landgericht Stade gegen Marschall nach 34 Verhandlungstagen seinem Ende entgegen. Im folgenden zeige ich Ihnen bildlich einige Passagen des Schlussplädoyers Schümanns, die Sie bitte sprachlich und inhaltlich mit dem ebenfalls bildlich dargestellten Anweisungen Freislers aus dem Jahre 1942 zum Umgang mit polnischen und jüdischen Zeugen im Strafverfahren gegen Deutsche vergleichen wollen.

Hier sei nur angemerkt: **Die Sprache verrät ihre Herkunft.**

Mit Datum vom 9.5.1967 wird Marschall auf Antrag der Staatsanwaltschaft vom Landgericht Stade wegen Beihilfe zum Mord zu lediglich 5 Jahren Freiheitsstrafe verurteilt, wobei ihm die bisher verbüßte Haft angerechnet wird, so dass er als freier Mann den Gerichtssaal verlassen kann.
Die Urteilsbegründung ist im einzelnen zwar etwas umständlich, in Anbetracht des juristischen Zeitgeistes des Jahres 1967 jedoch nicht weiter verwunderlich. Auf Grund der bereits dargelegten Konstruktion von Mord/Totschlag und dem Wechselspiel zwischen Täter und Gehilfen – insbesondere repräsentiert und inspiriert durch die Rechtsprechung des Bundesgerichtshofes – konnte nicht ausgeschlossen werden, dass Marschall den Befehl zur Erhängung des Tischlers von dritter Seite, nämlich höherer Stelle, erhalten hatte.

Wie bereits im Auschwitz-Prozess waren die Deutschen auch hier – bis auf wenige Täter – ein Volk von allerdings vorsätzlich handelnden Gehilfen. Eigene niedrige Beweggründe waren nicht erforderlich. Weiteren Anlass zur Kritik bietet das Urteil des Landgerichts hingegen nicht. Auch der Strafrahmen von 5 Jahren, ausgehend von einer Mindeststrafe von 3 Jahren und einer Höchststrafe von 15 Jahren, bewegt sich zu dieser Zeit im durchaus Üblichen. Parallel abgeurteilte Gehilfen von Massenmorden sind ebenfalls nur mit 5 Jahren belegt worden.

Viel verwunderlicher muss es vor allem dem juristisch geschulten Betrachter erscheinen, dass neben der Verteidigung, die selbstverständlich immer noch den „anständigen Menschen" Marschall von jedem Schuldvorwurf reinwaschen wollte, auch die Staatsanwaltschaft Stade durch den Behördenleiter, den Leitenden Oberstaatsanwalt Schroiff, Revision gegen das Urteil einlegte, entsprach das Urteil doch haargenau dem Antrag des Sitzungsvertreters der Staatsanwaltschaft.

Nun könnte man annehmen, dass die Staatsanwaltschaft Stade zu Lasten des Angeklagten – wie in zahlreichen Parallelprozessen – aus der Gehilfenschaft doch noch die ursprünglich abgeurteilte Täterschaft Marschalls erreichen wollte. Dem war nicht so.

Der Stader Oberstaatsanwalt Schroiff legt die Revision vielmehr zu Gunsten des Angeklagten ein und forderte in der Revisionsbegründung unumwunden den Freispruch des Angeklagten. Dies führte zwangsläufig auf Seiten der Bearbeiter zu einer näheren und eingehenden Untersuchung der Person Schroiffs in dem zeitgeschichtlichen Kontext des Untersuchungsgegenstandes.

Ein Blick in das Braunbuch verrät bereits, dass Schroiff 1939 als Staatsanwalt bei dem Sondergericht Breslau beschäftigt war. Nach all dem, was man auch dank der Ausstellung über die Sondergerichte und deren Tätigkeit weiß, müsste Schroiff somit als ebenfalls belastet eingestuft werden.

Sein Werdegang in der Nachkriegsjustiz ist jedoch ebenfalls typisch und anhand der Angaben seiner Personalakte sinnbildlich für die personelle Kontinuität der Justiz der Nachkriegszeit.

Schroiff, Jahrgang 1908 und in Celle geboren, legt sein erstes Staatsexamen 1933 in Celle mit der Note „vollbefriedigend" ab, tritt in den Referendardienst ein und absolviert das Assessorexamen 1936 in Berlin mit der Note „befriedigend". 1937 wird er Hilfsrichter und 1938 Gerichtsassessor im OLG-Bezirk Breslau. Am 1.9.1939 erhält er dann die Ernennung zum Staatsanwalt bei der Staatsanwaltschaft Breslau. Laut eigenen Angaben in der Personalakte übt er diese Tätigkeit – u.a. bei dem Sondergericht Breslau – nur bis Ende 1940 aus und wird dann als Soldat zur Wehrmacht eingezogen. Er wird als Fahnenjunker der Reserve zu verschiedenen Innendiensttätigkeiten, u.a. in Nordnorwegen, herangezogen und verlegt und meldet sich Mitte April 1945 freiwillig zur Infanterie.

Am 9.5.1945 gerät er in polnische Kriegsgefangenschaft, aus der er erst 1949 wieder entlassen wird. Kurz nach der Entlassung beantragt er Wiedereinstellung in den Justizdienst bei der Generalstaatsanwaltschaft in Celle, seinem Heimatbezirk. Im vorangegangenen Entnazifizierungsverfahren ist er wegen zweier persönlicher Zeugnisse von unbelasteten Justizkollegen, als Unbelasteter in der Kategorie V eingestuft worden.

Bedenken und Rückfragen vor seiner Einstellung gibt es seitens des Justizministeriums in Hannover lediglich dahingehend, dass Schroiff selbst angegeben hatte, aus Gründen der Karriereplanung ehrenamtlich in der Gau-Propagandaabteilung der NSDAP mitgearbeitet zu haben. Schroiff ist 1937 in die NSDAP eingetreten. Da weitere Recherchen hinsichtlich der Propagandatätigkeit nicht von Erfolg gekrönt sind, wird er mit Datum vom 1.3.1950 zum Staatsanwalt in Hannover ernannt. Am 1.2.1958 wird er zum Oberstaatsanwalt in

Stade und vom 1.1.1963 bis zu seinem Ausscheiden im April 1972 Leitender Oberstaatsanwalt bei der Staatsanwaltschaft Stade. Schroiff stirbt 1987.

Die Revisionsbegründung enthält im wesentlichen neben den üblichen juristischen Feinheiten auch einen bemerkenswerten Passus, den ich wie folgt zitieren möchte:

„Die Beweiswürdigung des angefochtenen Urteils lässt erkennen, wie unendlich schwierig die Aufgabe des Gerichts war, Vorgänge aufzuklären, die 25 Jahre zurückliegen. Es ist ferner zu berücksichtigen, dass es sich um Vorgänge handelt, die im wesentlichen nur aus der damaligen Stellung des Angeklagten und seinen Äußerungen geschlossen werden. Auch das Gericht steht unter dem Einfluss der Zeitströmungen. Dass wir heute dahin gehen, die Schuld eines Menschen, der im Verdacht steht, unter dem Einfluss des Dritten Reiches gegenüber einem Juden schweres Unrecht begangen zu haben, bereitwilliger anzunehmen, dürfte nicht bestritten werden können. Ob das Gericht auch dann verurteilt hätte, wenn es sich nicht um ein NSG-Verbrechen gehandelt hätte?"

Auch der folgende Passus ist durchaus bemerkenswert:
„Es gibt aber keinen Erfahrungssatz, dass ein Exponent des Dritten Reiches, der an der Judenvernichtung mitgewirkt hat, in allen Fällen aus niedrigen Beweggründen gehandelt hat. Diner ist nicht das Opfer einer Massenexekution, sondern einer Einzelanordnung geworden."

In einer weiteren Revisionsbegründung vom 2.1.1968 vergleicht Schroiff das Stader Urteil mit einem zeitgleich ergangenen Beschluss des OLG Schleswig im Verfahren gegen einen angeklagten früheren Richter, der einen Juden zum Tode verurteilt hatte, der entgegen einer Anordnung für das Generalgouvernement den ihm zugewiesenen Wohnblock verlassen hätte. Schroiff zitiert einen Zeitungsartikel aus der „Welt", in dem der Beschluss des Oberlandesgerichts wiedergegeben ist. Der Richter wird darin von dem Vorwurf der Rechtsbeugung befreit, da er bei der Verhängung der Todesstrafe nur positives Recht angewandt habe.

Aus diesem Beschluss zugunsten eines Richters – typische „Selbstamnestierung" der Justiz jener Zeit – folgert Schroiff:
„Wäre der Tischler Diner also von einem Gericht zum Tode verurteilt worden, so hätten die Richter mit an Sicherheit grenzender Wahrscheinlichkeit nicht zur Verantwortung gezogen werden können. Ein an Ort und Stelle tätig gewordenes Gericht wäre damals zu keinem anderen Urteil als der Todesstrafe gekommen. Davon kann bei dem festgestellten Sachverhalt ausgegangen werden, ohne dass es sich um eine unzulässige Verallgemeinerung handelt. Ist es nun ein entscheidender Unterschied, wenn der Angeklagte „nur" einen Befehl des Dr. Pütz – nicht ein Urteil – weitergegeben haben sollte?"

Und schließlich:
„Das Gewissen des Durchschnittsmenschen war abgestumpft. Das war das Ergebnis des über 9-jährigen Regiments von Staat und Partei. Außerdem hatte der Krieg die Menschen brutalisiert. Für den Durchschnittsmenschen war kein Widerstand gegen dieses Regiment zu bemerken. Alle Exponenten dieses Staates – von den Ministerien bis zur kleinsten Dienststelle, die Justiz eingeschlossen, die Universitäten, die Wirtschaft, die Zeitungen, der Rundfunk usw. – vertraten das vom Staat verübte Unrecht. In dieser Situation muss dem Durchschnittsmenschen, der nur einen Befehl in einer Einzelsache weiterleitet oder ausführt, ein entschuldbarer Verbotsirrtum zugebilligt werden. ... Das Recht darf nur mit Maßstäben messen, die an den Möglichkeiten des Menschen orientiert sind."

An dieser Begründung zeigt sich das ganze Dilemma der deutschen Nachkriegsjustiz im Umgang mit den NS-Verbrechen gerade der eigenen Zunft. Konnte man nämlich Richter und Staatsanwälte nicht zur Verantwortung ziehen, konnte man Schreibtischtätern für geplanten und durchgeführten Massenmord auf Grund von Verjährung und mangels Nachweisbarkeit persönlicher Motive und Beweggründe nicht aburteilen, wie sollte man dann den von Schroiff so bezeichneten „Durchschnittsmenschen" für ein Unrecht büßen lassen, das von viel höherer Stelle als Unrecht nicht erkannt wurde.

Die angebliche „Rechtsblindheit" der Richter, das „Richterprivileg" sollte damit auch zu Gunsten des Einzeltäters auf niederer Ebene durchschlagen. Konsequenterweise führt Schroiff hier mit dieser Revisionsbegründung erneut die Diskussion der „Schlussstrichdebatte" und steht damit allerdings außerhalb der Zeit und des Zeitgeistes Ende der 60er-Jahre.

Diese „Schlussstrichmentalität" unterstreicht Schroiff noch einmal in einem persönlichen Schreiben an den damaligen Generalbundesanwalt vom 25.7.1968, in dem er auf ein leider nicht erhaltenes Schreiben des Generalbundesanwaltes wie folgt antwortet:
„.... Die Annahme, Diner wäre von einem Gericht nicht zum Tode verurteilt worden, kann ich nur als lebensfremd bezeichnen. Dieses Verfahren erweist einmal mehr die Problematik der NSG-Verfahren. Die Tatsachenfeststellung überfordert die Gerichte. Die Rechtsthesen gehen von einem Menschenbild aus, das es in der Realität nicht gibt."

Interessanterweise geht Schroiff dann auf den parallel laufenden „Rehse-Fall" gegen den ehemaligen Richter am Volksgerichtshof ein. Er vergleicht das Strafmaß des Landgerichts Berlin in der ersten Verurteilung, in der Rehse – wie bereits gesagt – wegen Beihilfe zum Mord in 3 Fällen und Beihilfe zum versuchten Mord in 4 Fällen zu 5 Jahren Zuchthaus verurteilt wurde. Schroiff führt aus:

„Ein Mann, der nicht das geschärfte Gewissen eines Richters hat, bekommt wegen Beihilfe zum Mord in einem Fall ebenfalls 5 Jahre Zuchthaus."

Gleichzeitig kommentiert Schroiff die Aufhebung des Urteils durch den BGH im Wege der Revision und referiert dessen Auffassung, ein richterlicher Beisitzer am Volksgerichtshof könne nur Täter sein. Nun soll der Tatrichter die unlösbare Aufgabe bewältigen festzustellen, ob Rehse vor mehr als 20 Jahren aus niedrigen Beweggründen gehandelt hat. Schroiff rechnet mit Freispruch. Schroiff hat also die Botschaft des Bundesgerichtshofs im Rehse-Fall sehr wohl verstanden. Das Landgericht Berlin auch. Es spricht den Volksrichter frei und richtet sich damit selbst.

Dabei versteigt sich das Landgericht sogar zu der ungeheuerlichen Sentenz, es habe sich bei dem Volksgerichtshof wohl um ein unabhängiges, nur dem Gesetz unterworfenes Gericht im Sinne des § 1 des Gerichtsverfassungsgesetzes gehandelt. Die Steilvorlage des BGH wurde durch einen unglaublichen Fallrückzieher des Landgerichts verwandelt. Im Herbst 1982 erklärte der seinerzeitige Präsident des Bundesgerichtshofs Pfeiffer, das Urteil des 5. Strafsenats aus dem Jahre 1968 sei missverstanden worden.

Dem ist zuzustimmen. Doch Missverständnisse, bei denen der Missverstandene 14 Jahre später mit der Sprache herausrückt, haben etwas ganz spezielles an sich. Der gleiche Senat des Bundesgerichtshofs kennt aber im Fall Marschall keine Gnade. Dieser genießt ja auch nicht das „Richterprivileg". Beide Revisionen werden verworfen. Bemerkenswert noch der letzte Satz Schroiffs: „Mein Gewissen hat mich veranlasst, mich in dieser Sache zu engagieren."

Wohl dem, der noch ein Gewissen hat.

Auch der Spiegel hatte ein Gewissen. Ein schlechtes Gewissen. Im Jahr 2001 erscheint ein Rehabilitationsartikel, in dem Graebe endlich als der „Retter" dargestellt wird, der er war:

„Ein Gerechter unter den Völkern."

Ich bedanke mich vielmals für Ihre Aufmerksamkeit.

B. Materialien

Der Landkreis Stade im Nationalsozialismus
Jürgen Bohmbach

Der erst 1932 gebildete Großkreis Stade war, abgesehen von den beiden Städten Stade und Buxtehude sowie kleinen industriellen Einsprengseln, agrarisch geprägt. Entsprechend fand die NSDAP in den landwirtschaftlichen Bereichen, insbesondere auf der Stader Geest, bereits früh Eingang in die bäuerliche Protestbewegung. In der Septemberwahl 1930 konnte sie in einzelnen Gemeinden bereits weit über 40% gewinnen. Die „Freiheitsgesetze" 1931 fanden hier teilweise schon eine Zustimmung von 90%. In der Juliwahl 1932 erhielt die NSDAP im gesamten Kreis schon mehr als 53% der Stimmen.

Säuberungen und Gleichschaltung

Nach der „Machtübernahme" und den Verboten und Verhaftungen aufgrund der Reichstagsbrandverordnung begannen im Anschluß an die letzten Wahlen im März 1933 die Säuberungen. Der Regierungspräsident Dr. Rose wurde abgelöst und durch den Parteigenossen Albert Leister ersetzt. Dagegen blieben in den meisten zumindest konservativ geprägten Gemeinden die Vorsteher im Amt. Auch der Stader Bürgermeister Dr. Meyer und der Landrat Dr. Schwering behielten ihre Posten. Abgelöst wurde der auf rechtsstaatlichen Normen beharrende Amtsgerichtsrat Paul Kannapke als Vorsitzender des Beamtenkartells.

Gleichzeitig setzten die Verfolgungen der „Marxisten" ein. Während die KPD-Organisation in Stade bereits im April 1933 zerschlagen worden war, blieb sie im Alten Land bis zum Herbst 1933, in Buxtehude-Altkloster sogar bis zum Herbst 1934 intakt. Erst nach einer Massenverhaftung in Harburg am 20. August 1934 gelang es der Polizei, Namen der Buxtehuder Kommunisten zu erzwingen. Gegen insgesamt 26 Angeklagte wurde im März 1935 der sog. Buxtehuder Hochverratsprozeß geführt, 23 von ihnen wurden verurteilt. Einer der Verhafteten, Julius Hey aus Steinkirchen, hatte sich vorher – nach der offiziellen Sterbeurkunde – im Stader Gefängnis erhängt. Die führenden Funktionäre der Sozialdemokratie wurden von ihren Arbeitsstellen verdrängt und zeitweise in „Schutzhaft" genommen.

Jüdische Schicksale

Im Landkreis Stade lebten nach der Volkszählung 1933 nur noch 30 Juden, außerdem noch eine Reihe von Menschen, die jüdischer Herkunft waren, aber bereits bei ihrer Geburt, vor der Heirat mit christlichen Partnern oder aus anderen Gründen getauft worden waren. Die Mehrzahl von ihnen lebte in Stade und Harsefeld, einige weitere in Kehdingen und Buxtehude.

Gegen sie richtete sich auch hier der sog. „Abwehrboykott gegen das Judentum" am 1. April 1933; auch wenn er offenbar von der Bevölkerung nicht vollständig befolgt wurde, war er im Umgang mit den in Stade lebenden Juden doch der erste Einschnitt, der sich vor allem auf den Schulen auswirkte. Nach dem Nürnberger Parteitag im September 1935 wurden die als Juden klassifizierten Menschen weiter diskriminiert, an den Ortseingängen wurden Schilder aufgestellt „Hier sind Juden nicht erwünscht".

Dennoch verließen nur die jüngeren Mitglieder der wenigen jüdischen Familien den Landkreis. In der Pogromnacht vom 9./10. November 1938 wurden eine Reihe von männlichen Juden verhaftet, allerdings bereits nach zwei Tagen wieder entlassen. Die nicht emigrierenden Menschen wurden ab 1940 gezwungen, nach Hamburg oder Bremen zu ziehen, und wurden von dort nach Theresienstadt und in die Vernichtungslager deportiert. Von 16 im März 1939 in der Stadt Stade lebenden Juden überlebten den Holocaust nur vier, drei weitere starben noch vor der Deportation eines natürlichen Todes.

„Deutsche Christen" und Bekenntnisbewegung

Der „Kirchenkampf" wurde auch im Landkreis geführt. Die „Deutschen Christen" hatten auch in Stade großen Zulauf erhalten, am 25. Juni 1933 sollten sich nach einem selbstverständlich positiven Bericht des „Tageblatts" der Bewegung bereits 200 Menschen angeschlossen haben. Bei den Kirchenwahlen vom 23. Juli erreichten die „Deutschen Christen" im Kirchenkreis Stade eine Zwei-Drittel-Mehrheit, in der Stadtgemeinde St. Cosmae-Nicolai waren auf der Einheitsliste sogar drei Viertel „Deutsche Christen".

Die „Deutschen Christen" wurden innerkirchlich gefördert durch den neuen Superintendenten Paul Crusius, der die Machtübernahme begrüßte und sie 1934 in einer „Feldpredigt" als göttliches Wunder bezeichnete, und den zweiten Pastor an St. Cosmae, Gustav Mohr. Ihnen von Beginn ablehnend gegenüber standen in Stade der erste Pastor an St. Cosmae und Senior, Friedrich Starcke, sowie der zweite Pastor an St. Wilhadi, Johann Gerhard Behrens. An einem ersten Treffen der späteren Bekenntnisbewegung im Mai 1933, von Senior Starcke organisiert, nahm auch der Pastor von Horst-Burweg teil. Die oppositionellen Pastoren, zu denen auch der Geistliche in Bargstedt gehörte, erreichten zum Teil sogar – in Bargstedt, Großenwörden und Krummendeich –, daß Deutsche Christen dem Kirchenvorstand gar nicht oder nur als Minderheit angehörten.

Dennoch waren die „Deutschen Christen" im Sommer 1933 eindeutig tonangebend. Mindestens ein Drittel der Pastoren im Kreis gehörte der Bewegung an. Die einsetzende Radikalisierung, die u.a. die Lösung vom Alten Testament und der jüdischen Lohnmoral forderte, führte jedoch schnell zur Ernüchterung und zu einer Austrittsbewegung, während die im Juni 1933 gegründete „Landeskirchliche Sammlung" stärker wurde. Im November 1933 fand in Stade die erste Bekenntnisversammlung statt. Am 17. August 1934 fand der erste – und in Stade einzige – Bekenntnisgottesdienst statt, der vom Landesbischof Marahrens gehalten wurde.

Der „Fall Behrens"

Einen tiefen Einschnitt bildete in Stade in doppelter Hinsicht der Nürnberger Parteitag im September 1935, einmal wie andernorts durch die Umsetzung des sog. Blutschutzgesetzes vom 15. September, zum anderen aber vor allem durch den sog. Fall Behrens, der nicht nur in Stade, sondern auch in der Spitze der Partei wie international Aufsehen erregte.

Johann Gerhard Behrens war 1889 in Ostfriesland geboren. Nach dem Abitur wollte er eigentlich Astronomie studieren, entschied sich dann aber auf Druck des Vaters für Theologie, betrieb Astronomie aber weiter – 1979 wurde ein Kleinstplanet nach ihm benannt. Nach Abschluß des Studiums diente er bis 1917 als Soldat, wurde dann Vikar in Ostfriesland und 1920 Pastor in Hittfeld. Noch relativ jung und berufsunerfahren wurde er 1924 zweiter Pastor an St. Wilhadi. Geprägt durch den Weltkrieg sah er sich selbst als national.

In Konflikt zur NSDAP geriet Behrens offenbar vor allem durch seinen Konfirmandenunterricht, wo er darauf beharrte, man müsse auch seine Feinde lieben und ein guter Jude sei ihm lieber als ein schlechter Christ. Er wurde von den Jugendlichen daraufhin bewußt provoziert und als „Jude" bezeichnet. Ein „Klärungsgespräch" mußte abgebrochen werden. Partei und SS beschlossen daraufhin, dem Pastor einen „Denkzettel" zu verpassen. Pappschilder mit der Aufschrift „Ich bin ein Judenknecht" wurden gemalt. Als Datum wurde die Rückkehr vom Nürnberger Parteitag am 16. September gewählt.

Johann Behrens und sein 11jähriger Sohn wurden an der Hohentorsbrücke von SA- und SS-Leuten überfallen, der Vater wurde einige Ecken weiter gebracht, wo eine SA-Musikkapelle und eine Schar von SA-Leuten auf ihn warteten. Von dort wurde er durch die Straßen der Altstadt geführt, beworfen und beschimpft von einer ständig wachsenden Menschenmenge, in einer engen, dunklen Straße wurde ihm Wasser über den Kopf geschüttet. Die Situation spitzte sich so zu, daß erst der Regierungspräsident Leister mit gezogener Waffe ihn von der Menge befreien konnte, die auf mehr als 300 Leute angewachsen war. Behrens wurde von der Landeskirche zunächst beurlaubt, nach Loccum in Sicherheit gebracht, zu Ostern 1936 schließlich nach Detern in Ostfriesland versetzt.

Der „Fall Behrens" erregte sofort auch Aufmerksamkeit im Ausland und wurde bis in die Reichskanzlei beobachtet. In einem durchaus mutigen Verfahren wurden die beteiligten SA-Leute verurteilt, auch wenn sie nach der Revision die Strafe nicht antreten mußten. Der Regierungspräsident wurde andererseits mit einem Parteigerichtsverfahren überzogen und bald versetzt.

Zeitzeugen haben immer wieder glaubhaft betont, daß sie die Verfolgung von Pastor Behrens, der viele von ihnen konfirmiert hatte, tief bewegt hat. Die beiden Stader Gemeinden riefen sogar eine Unterschriftenaktion für ihren Pastor ins Leben.

Remilitarisierung

Die Remilitarisierung Deutschlands war ein Teil des Programms der NSDAP. Sie wurde aber von der Stadt genutzt, um erneut eine Garnison für Stade – und damit selbstverständlich auch Arbeitsplätze – einzuwerben. Der im Amt gebliebene Bürgermeister Dr. Meyer begann damit bereits im Herbst 1933 und führte schon am 10. November ein Gespräch im Reichswehrministerium. Sein Mittelsmann war wiederum der Deutsch-Nationale Hans von Holleuffer, der seine alten Beziehungen zu hochrangigen Offizieren einbringen konnte.

Im Februar 1934 erreichten sie eine erste Zusage, am 12. November 1934 wurde festgelegt, eine Fliegerformation von weit über 1.000 Mann nach Stade zu verlegen. Die Stadt sollte das Gelände zur Verfügung stellen, das Luftfahrtministerium die Bauten errichten. Am 1. Oktober 1935 wurde die Fliegerersatzabteilung 14 offiziell nach Stade verlegt, im März 1936 waren die ersten Bauarbeiten abgeschlossen. Bis zum Kriegsbeginn wurden noch eine Flugzeugführerschule und ein Nachrichtenzug nach Stade verlegt.

Bis zum Kriegsbeginn wurde der Flugplatz fast pausenlos weiter ausgebaut. Danach wurde die Flugzeugführerschule verlegt, und der Fliegerhorst konzentrierte sich nun auf die Ausbildung von technischem Personal und den Betrieb einer Luftwerft, in der die Jagdflugzeuge repariert und wieder einsatzbereit gemacht wurden. Eine neue Aufgabe erhielt Stade ab Sommer 1941; als Folge der zunehmenden englischen Luftangriffe wurde

Stade nun Einsatzhafen der Nachtjagd, 1942 wurden der Divisionsgefechtsstand der 2. Nachtjäger-Division und eine Gruppe Nachtjäger nach Stade verlegt. Der Gefechtsstand der Luftnachrichten-Regimenter wurde an der Bremervörder Straße eingerichtet, die Luftnachrichtenhelferinnen wurden in Baracken am Pulverweg einquartiert. Ab Anfang 1943 wurde für die Einsatzleitung der Nachtjäger auf dem Schwarzen Berg ein Bunker mit dem Tarnnamen „Sokrates" errichtet, von dem aus die Nachtjagd in Norddeutschland organisiert werden sollte.

Eine nur sehr schwache Aufnahme des „Socrates" aus dem Militärarchiv in Koblenz

Zwangsarbeit

Auch Stadt und Kreis Stade waren im Laufe des Krieges zunehmend vom Einsatz von Zwangsarbeitskräften abhängig.

Abgesehen von einem ersten kleineren Transport polnischer „Zivilarbeiter" im September 1939 wurden zunächst ab November 1939 vor allem polnische Kriegsgefangene in den Landkreis gebracht, die in der Landwirtschaft eingesetzt werden sollten. Im Februar und März 1940 trafen dann die ersten größeren Transporte mit polnischen „Zivilarbeitern" ein. Mitte März sollen es bereits 1.500 gewesen sein. Im Sommer 1940 hatte der Landrat bereits etwa 1.600 Abzeichen mit dem violetten „P" ausgegeben.

Zur gleichen Zeit war auch eine erhebliche Zahl von Kriegsgefangenen im Landkreis beschäftigt. Ende Mai 1940 war beabsichtigt, etwa 1.000 Kriegsgefangenen insbesondere im Alten Land unterzubringen, wo sie im Laufe des Jahres auch bei der Obsternte eingesetzt werden sollten. Im Sommer 1940 sollen im Bezirk des Arbeitsamtes Stade – den Landkreisen Stade und Land Hadeln – mehr als 3.700 Kriegsgefangene eingesetzt worden sein, deren Aufgabe es vor allem auch war, die Ernte einzubringen.

Ab Oktober 1941 wurden sowjetische Kriegsgefangene in den Landkreis gebracht, und im Mai 1942 begannen die Transporte von „Zivilarbeitern" aus der Sowjetunion, insbesondere auch aus der Ukraine.

Die Gesamtzahl der im Landkreis beschäftigten Zwangsarbeiter läßt sich nur schätzen mit etwa 7.000 zivilen Arbeitern und 1.000 Kriegsgefangenen. Genauere Zahlen ließen sich allenfalls durch minutiöse Auswertung der Meldeunterlagen in den Gemeinden ermitteln.

In den offiziellen Verordnungen wurden mehrfach Polen und Juden gleichgesetzt. Zumindest ein Fall ist überliefert, daß am 7. Oktober 1943 in Stade ein polnischer Zwangsarbeiter wegen vermeintlicher Vergewaltigung gehängt wurde. Der Horneburger Landwirt

Heinrich Alpers wurde 1941 wegen seiner Beziehung zu einer polnischen Arbeiterin verhaftet und in das KZ Oranienburg eingeliefert, wo er umgekommen ist. Die schwangere polnische Arbeiterin wurde nach Polen abgeschoben. Zwei Stader Hausfrauen haben Selbstmord begangen, weil gegen sie wegen Beziehungen zu Kriegsgefangenen ermittelt wurde.

Die medizinische Versorgung insbesondere der polnischen und russischen Zwangsarbeiter war katastrophal. Erst 1943 wurde in Stade eine Krankenbaracke aufgestellt, Ende des Jahres eine zweite. Erst im Mai 1944 wurde ein ukrainischer Arzt für die ambulante Versorgung der Ostarbeiter und Polen aus Stade und Umgebung angestellt, die Zustände in den ohnehin überfüllten Baracken waren nach der Schilderung des Arztes katastrophal.

Schwangere Arbeiterinnen waren zunächst nach Hause abgeschoben worden. Da dies oft als Mittel genutzt wurde, vor der Zwangsarbeit zu fliehen, beschloß man Ende 1942, den Müttern die Kinder wegzunehmen und in „Kleinkinderbetreuungseinrichtungen einfachster Art" einzuliefern oder die Kinder, solange es diese Einrichtungen noch nicht gab, abtreiben zu lassen. Bis Mai 1944 wurden vier derartige „Heime" in Balje, Borstel, Nindorf und Fredenbeck eingerichtet, in denen, wie es auch gewollt war, die Sterblichkeit bei über 50% lag. In den „Heimen" selbst hat kein Kind überlebt.

Im Oktober 1944 wurde in fünf Holzbaracken im sog. „Bullenbruch" außerhalb Horneburgs ein Außenlager des KZ-Stammlagers Neuengamme eingerichtet. Die Einrichtung eines Lagers in Horneburg war schon seit Frühjahr 1944 geplant worden, nachdem die Valvo-Röhrenwerke ihren Betrieb 1943 von Hamburg nach Horneburg verlagert hatten. Im April 1944 waren schon massive Baracken, im Sommer die Baracken im „Bullenholz" aufgestellt worden. Für die Fabrik waren im übrigen holländische Facharbeiterinnen angeworben worden, die reguläre Arbeitsverträge hatten und in Horneburg bei Familien wohnten.

Aus dem KZ Ravensbrück wurden 100 Holländerinnen, wohl nicht nur Jüdinnen, nach Horneburg deportiert, die vor allem Erd- und Befestigungsarbeiten ausführen mußten, während etwa 300 Jüdinnen aus Auschwitz in der stillgelegten Lederfabrik Radioröhren und telefonische Geräte herstellten.

Das Kriegsende

Am 1. Mai 1945 zogen britische Soldaten in Stade ein. Der Landkreis Stade war im wesentlichen von Bombenangriffen, abgesehen von Tieffliegern zum Ende des Krieges und einigen Angriffen auf das Alte Land und Stade, verschont geblieben.

Das Erbgesundheitsgericht Stade

Jan Lokers

Zweifellos war die sogenannte „Rassenfrage" mit dem Ziel der „Reinerhaltung des deutschen Blutes" ein zentrales Element der nationalsozialistischen Weltanschauung. Dieser Rassenwahn richtete sich in erster Linie gegen die jüdische Bevölkerung, nahm gleichzeitig aber auch geistig und körperlich Behinderte sowie sogenannte „Asoziale" und alle sozialen Außenseiter in den Blick. Ziel der Verfolgungsmaßnahmen gegen diesen Personenkreis war deren Unfruchtbarmachung, in vielen Fällen später dann auch deren „Ausmerzung", also ihre Ermordung. Thema dieses Beitrags ist die sich gegen behinderte oder sonst als „minderwertig" angesehene Menschen richtende Erbgesundheitspolitik.

Die Geschichte der sogenannten „Erbgesundheitspflege" und ihrer Institutionen, vor allem das Schicksal ihrer Opfer, ist für den Stader Bereich erst in Ansätzen erforscht.[1] Gleiches gilt für den Umgang und die Aufarbeitung dieser Geschehnisse nach 1945, erst recht fast völlig unbekannt ist die Geschichte der in diesem Bereich auf lokaler Ebene agierenden Täter.[2]

Die ideologischen Hintergründe des neuzeitlichen Vernichtungsgedankens sind im sozialdarwinistischen Denkmodell zu suchen. Gesellschaftstheoretiker übertrugen den Sozialdarwinismus und dessen Lehre von der natürlichen Auslese („Überleben des Stärksten"), die so genannte „Selektionstheorie", auf die Entwicklung von Gesellschaften. Damit war durch den Sozialdarwinismus in den Augen der Nationalsozialisten im Dritten Reich eine Rechtfertigung für die Ideologie der Unfruchtbarmachung und des Tötens von „Schwächeren" gegeben. Die Einordnung von Menschen nach rassischen Kriterien exis-

---

[1] Grundlegend der Beitrag von Daniela Münkel, „Im Interesse der Volksgemeinschaft...": Zwangssterilisation im Bereich des Erbgesundheitsgerichts Stade. In: Stader Archiv, Neue Folge 81/82, (1991/92), S. 170 – 198. Jetzt auch Heike Schlichting, Die NS-Rassenpolitik und ihre Umsetzung im Landkreis Stade. In: Heike Schlichting/Jürgen Bohmbach, Alltag und Verfolgung. Der Landkreis Stade in der Zeit des Nationalsozialismus. Band 2. Stade 2003, S. 53 – 137, insbesondere S. 53 – 94.

[2] Für den Landgerichtsbezirk Verden und auch für Bremen sowie zahlreiche andere Regionen liegen inzwischen zum Teil ausführliche Darstellungen vor: Joachim Woock, Das Erbgesundheitsgericht Verden. In: NS-Justiz und NS-Justizkarrieren nach 1945 im Landgerichtsbezirk Verden, hg. vom Niedersächsischen Justizministerium. Vortrag von Joachim Woock am 19. März 2002 im Landgericht Verden. Anlässlich der Wanderausstellung „Justiz im Nationalsozialismus – Über Verbrechen im Namen des Deutschen Volkes" im Landgericht Verden. Norbert Schmacke/Hans-Georg Güse, Zwangssterilisiert, verleugnet – vergessen. Zur Geschichte der nationalsozialistischen Rassenhygiene am Beispiel Bremen. Bremen 1984. Sabine Kramer, "Ein ehrenhafter Verzicht auf Nachkommenschaft". Theoretische Grundlagen und Praxis der Zwangssterilisation im Dritten Reich am Beispiel der Rechtsprechung des Erbgesundheitsobergerichts Celle. Baden-Baden 1999 (Hannoversches Forum der Rechtswissenschaften, 10 (Zugl. Hannover, Univ., Diss., 1998). Johannes Vossen, Gesundheitsämter im Nationalsozialismus : Rassenhygiene und offene Gesundheitsfürsorge in Westfalen 1900 – 1950. Essen 2001 (Düsseldorfer Schriften zur neueren Landesgeschichte und zur Geschichte Nordrhein-Westfalens, 56) (Zugl. Bielefeld, Univ., Diss., 1999/2000).

tierte schon lange. Die Nationalsozialisten übernahmen diese im Zusammenhang mit dem Sozialdarwinismus als weitgehend fertige Ideologie, aus der das Bild des „arischen Menschen" als Vorbild geschaffen wurde.

Die Drohung des Untermenschen.

Es treffen auf:

Männliche Verbrecher

Eine kriminelle Ehe

Eltern von Hilfsschulkindern

4,9 Kinder

4,4 Kinder

3,5 Kinder

Die deutsche Familie

Ehe aus gebildeten Kreisen

2,2 Kinder

1,9 Kinder

„Drohung des Untermenschen"
Propagandadarstellung aus: Otto Helmut, Volk in Gefahr. Der Geburtenrückgang und seine Folgen für Deutschlands Zukunft, München 1937, S. 29.

Die gesetzliche Grundlage für ihre Erbgesundheitspolitik schufen die neuen Machthaber bereits kurz nach der „Machtergreifung". Wer als „erbunwürdig" unfruchtbar zu machen war, sollten nun sogenannte Erbgesundheitsgerichte auf der Grundlage des Gesetzes zur „Verhütung erbkranken Nachwuchses" vom 14. Juli 1933, das zum 1. Januar 1934 in Kraft trat, entscheiden.[3] Dieses Gesetz organisierte ein, wie sich zeigen sollte, beinahe perfektes Zusammenspiel von neu eingerichteten staatlichen Gesundheitsämtern und Erbgesundheitsgerichten. Sie wurden die zentralen Institutionen der nationalsozialistischen „Erbgesundheitspflege", in deren Mühlen eine Vielzahl von Menschen geriet. Obgleich den Ärzten bei der Durchführung der Zwangssterilisationen während der NS-Zeit die bedeutendste Rolle zukam, darf die Rolle der Juristen in diesem Zusammenhang nicht in Vergessenheit geraten. Zwangssterilisationen wurden auf der Basis eines Verfahrens durchgeführt, das den Anschein der Rechtsstaatlichkeit vermitteln sollte. Im Zusammenspiel von Ärzten und Juristen wurde über den Wert eines Menschen und über seine Möglichkeiten, sich fortpflanzen zu dürfen, entschieden, nicht selten wurde mit der Entscheidung über den angeblichen minderen „Fortpflanzungswert" eines Begutachteten auch die Vorentscheidung über weitergehendere, bis hin zu existenzauslöschenden Konsequenzen getroffen, weil das Auge der Staatsmacht fortan unerbittlich auf dieser Person lag.[4]

Parallel zum „Gesetz zur Verhütung erbkranken Nachwuchses" (GzVeN) entstanden in 1. Instanz bei den Amtsgerichten am Sitz eines jeden Landgerichts sogenannte „Erbgesundheitsgerichte", die mit der Durchsetzung der gesetzgeberischen Bestimmungen beauftragt waren.[5] Den Erbgesundheitsgerichten oblag die letztendliche Entscheidung über den Antrag auf Unfruchtbarmachung. Den Antrag selbst konnten sogenannte anzeigepflichtige Personen, ein beamteter Arzt, die Leiter der Kranken-, Heil-, Pflege- und Strafanstalten stellen, dieser konnte aber auch von den Betroffenen selbst bzw. ihren gesetzlichen Vertretern ausgehen. Gegen den Beschluss des Erbgesundheitsgerichts war Beschwerde beim Erbgesundheitsobergericht, dass für den Bereich Stade seinen Sitz in Celle hatte, möglich. Gegen dessen Entscheidung konnte kein Widerspruch erhoben werden. Nur 3,8 % aller Beschwerden beim Erbgesundheitsobergericht Celle waren erfolgreich.[6]

Das Erbgesundheitsgericht Stade, das vom 1. Januar 1934 ab dem Amtsgericht in Stade angegliedert war, hatte die Zuständigkeit für den gesamten Landgerichtsbezirk Stade. Den Vorsitz führte ein Amtsrichter. Als beamteter Arzt und Beisitzer wurde der Kreisarzt des Kreises Stade, Dr. Friedrich Klages (1887 - 1963) bestellt, die Besetzung der nichtbeamteten Ärzte wechselten in den folgenden Jahren. Klages war Leiter des Gesundheitsamtes Stade und zeichnete qua Amt in der Folgezeit für die weitaus meisten der Anträge auf Zwangssterilisierung für Menschen aus seinem Zuständigkeitsbereich verantwortlich.[7] Als weiterer Beisitzer im Erbgesundheitsgericht fungierte ein niedergelassener Arzt aus dem Landgerichtsbezirk, der mit der Erbgesundheitslehre besonders vertraut war.

Der Beschluss zur Unfruchtbarmachung erfolgte durch das Erbgesundheitsgericht auf der Basis des ärztlichen Gutachtens und des Antrags des Kreisarztes. Mit dem gutachterlichen

---

[3] RGBl 1933 I, S. 529.

[4] Zum Schicksal der Bewohner des „Versorgungsheims Krummmendeich", die 1934 größtenteils zwangssterilisiert wurden und von denen später eine unbekannte Zahl der Euthanasie „in Heil- und Pflegeanstalten" zum Opfer fielen: Münkel, S. 188; Schlichting, NS-Rassenpolitik (Anm.1), S. 127f.

[5] Zur Besetzung: Staatsarchiv Stade (im Folgenden: StaatsA Stade) Rep. 171a Stade, Nr. 1032.

[6] Kramer, S. 106.

[7] StaatsA Stade Rep. 180 B, Nr. 733 und Nr. 734.

Votum des Kreisarztes war in rund zwei Drittel der Fälle die Vorentscheidung zugunsten der Sterilisierung gefallen. Die Unfruchtbarmachung wurde auch gegen den Willen der Betroffenen bzw. ihrer Vertreter mit Zwangsmaßnahmen (polizeiliche Vorführung) vollzogen, selbst Schwangerschaftsabbrüche (bis zum 6. Monat) waren möglich.

„Ausgaben für Erbkranke – Soziale Auswirkung"
aus: Justiz im Nationalsozialismus. Über Verbrechen im Namen des deutschen Volkes. Wanderausstellung in niedersächsischen Gerichten seit Januar 2001. Hrsg.: Niedersächsisches Justizministerium, Referat für Presse- und Öffentlichkeitsarbeit und die Niedersächsische Landeszentrale für Politische Bildung, Dokumentation zur Ausstellung im Landgericht Verden 2002, S. 13.

Zwischen 1933 und 1945 wurden im Deutschen Reich Hunderttausende gegen ihren Willen sterilisiert. Durch Entscheidung des Erbgesundheitsgerichts Stade wurden mindestens 951 Personen aus dem Raum unfruchtbar gemacht. Genauere Zahlen müssen einer späteren Untersuchung vorbehalten bleiben, da die betreffenden Quellen erst vor kurzem komplett erschlossen worden sind.[8] Die tatsächliche Zahl der Zwangssterilisierten im Bereich Stade dürfte höher sein. Insgesamt wurden bei diesem Gericht nach augenblicklichem Forschungsstand mindestens 1.549 Anträge auf Unfruchtbarmachung gestellt. In 951 Fällen wurde eine Zwangssterilisation angeordnet, das waren rund zwei Drittel der Anträge des Kreisarztes auf Zwangssterilisierung.[9] Die Opfer kamen aus allen Schichten der Bevölkerung. Neben vermeintlich medizinischen Gründen („Erbgesundheit") flossen auch moralische Bewertungen[10] und Fragen der rassischen Zugehörigkeit in die Entscheidungen ein.[11]

Nur wenige Betroffene bzw. deren Vertreter wagten es, gegen das Urteil des Erbgesundheitsgerichts Einspruch einzulegen oder anderen Widerspruch zu äußern. In nur etwa 14 % der Fälle (132 Personen) wurde zwischen 1934 und 1939 förmlicher Einspruch gegen die Entscheidung des Stader Erbgesundheitsgericht beim Erbgesundheitsobergericht Celle erhoben. Die Celler Richter lehnten die große Mehrzahl dieser (wenigen) Widersprüche ab.[12]

Es erstaunt dagegen zunächst, dass bereits vor Ort, durch das Erbgesundheitsgericht in Stade selbst, eine relativ große Zahl von Anträgen auf Unfruchtbarmachung abgelehnt wurde. Nach jetzigem Zahlen wurde 471 mal einer Sterilisation nicht zugestimmt, das entsprach etwa einem Drittel der bislang bekannten Antragsverfahren. Dies war auch eine gegenüber dem Reichsdurchschnitt relativ hohe Quote (33 % in Stade gegenüber 11 % im Reich). Ein Grund für diese deutliche Abweichung ist nicht sofort erkennbar, ein Erklärungsansatz findet sich jedoch im vermutlichen Eifer der verfahrenseinleitenden Beamten.[13] Insbesondere der Leiter des Stader Gesundheitsamtes schoss mit einigen seiner Anträge offensichtlich deutlich „über das Ziel hinaus" und fand daher wiederholt beim Erbgesundheitsgericht Stade keine Zustimmung für die Unfruchtbarmachung.

Dies zeigt sich zum Beispiel an dem Fall eines siebenfachen Vaters aus dem Landkreis Stade, den der Stader Amtsarzt im Jahr 1940 wegen eines „Wolfsrachens" unfruchtbar machen lassen wollte und dafür auf dessen angebliche schwere erbliche Missbildung hinwies.[14] Das Stader Erbgesundheitsgericht lehnte den Antrag jedoch mit der Begrün-

---

[8] Vgl. dazu die Beständegruppe der Gesundheitsämter (Rep. 138) und der Erbgesundheitsgerichte (Rep. 172 E) im Staatsarchiv Stade.

[9] Münkel, S. 176f.

[10] Münkel, S. 185f.

[11] StaatsA Stade Rep. 138 Cuxhaven, Nr. 619; Rep. 138 Stade, Nr. 563.

[12] Kramer, S. 108.

[13] Vgl. auch Münkel, S. 177 – 181 zu den zu vermutenden Hintergründen und Ursachen, insbesondere zum Ermessensspielraum und „Eifer" der anzeigepflichtigen Personen. Abweichend zur Anzeigepflicht der Ärzte und dem daraus resultierenden Spielraum Kramer, S. 109.

[14] Vgl. auch Münkel, S. 179.

dung ab, dass sich eine Unfruchtbarmachung erst dann rechtfertigen ließe, „wenn eine Erblichkeit des Leidens festgestellt worden wäre. Diese Frage ist indessen im vorliegenden Fall zu verneinen." Auch andere Fälle, wie der des jüdischen Einwohners Otto Davids, auf den unten näher eingegangen wird, belegen die „Hartnäckigkeit" und den Eifer Klages.

Mit Beginn des Zweiten Weltkrieges wurde die Durchführung des Erbgesundheitsgesetzes erheblich eingeschränkt. Sterilisationsverfahren sollten nur noch bei „besonders großer Fortpflanzungsgefahr" angestrengt werden. Die laufenden Verfahren konnten nur auf besonderen Antrag des Amtsarztes unter Bezug auf die erwähnte besondere Gefahr fortgesetzt werden.[15] Im November 1944 wurde die Einstellung der Arbeit der Erbgesundheitsobergerichte angeordnet. Bis dahin hatte auch das Erbgesundheitsgerichtsbarkeit in Stade eine hohe Aktivität und hohe Anpassungsfähigkeit, zumal an eine ihnen bisher gänzlich fremde Rechts- und Sachmaterie, gezeigt. Sie erfüllte ihre neue Aufgabe voll und ganz im Sinne ihrer nationalsozialistischen „Erfinder".

Und nach dem Krieg? „Zum Glück für die spätere Zeit wurde das Gesundheitsamt nur wenig in die Politik des Dritten Reiches und gar nicht in den verbrecherischen Teil derselben hineingezogen."[16] Diese Worte eines leitenden Medizinalbeamten aus dem Jahr 1954 sind nicht untypisch für den Umgang sowohl der Ärzteschaft und des medizinischen Wissenschaftsbetriebes als auch der Richterschaft in der Erbgesundheitsgerichtsbarkeit mit der Rolle, die diese während der NS-Diktatur (freiwillig) übernommen hatten. Verdrängung und Zurückziehung auf einen angeblich medizinisch-wissenschaftlichen oder „legalistischen" juristischen Standpunkt, der angeblich völlig losgelöst von politischen, erst recht verbrecherischen Entscheidungen gewesen sei, kennzeichneten sowohl die Zeit nach 1933 als auch die nach dem Ende der braunen Diktatur.

Das 1933 erlassene Erbgesundheitsgesetz wurde erst in den 1980iger Jahren als „nationalsozialistisches Unrechtsgesetz" eingestuft. Durch diese späte Entscheidung wurde den meisten der Zwangssterilisierten nach 1945 die Anerkennung als „Opfer des Nationalsozialismus" verwehrt. Vergeblich versuchten seit den 1950iger Jahren einige wenige bei den Entschädigungsbehörden in Stade die Anerkennung des erlittenen Unrechts; diese wiesen die Anträge in aller Regel jedoch ab, wobei man sich nicht scheute, die Begründung aus der NS-Zeit beinahe wortwörtlich wieder aufzugreifen. Die Opfer „wurden weder politisch-moralisch rehabilitiert, noch wurde ihnen eine materielle Entschädigung zuerkannt."[17] Nach 1945 herrschte bei den Amtsärzten, wie das oben zitierte Zitat unter anderem belegt, keine Einsicht in das Unrecht ihres Tuns. Nicht untypisch für die „Karriere" der hauptverantwortlichen Kreisärzte dürfte die des Leiters des Gesundheitsamtes Stade, Kreisarzt Dr. Klages, sein.

---

[15] Kramer, S. 97f.

[16] Fritz Pürckhauer [Regierungsmedizinaldirektor Regensburg], Das Gesundheitsamt im Wandel der Zeit. Nach einem Vortrag auf dem Kongreß der Medizinalbeamten in Konstanz am 15.6.1954. Sonderdruck aus: Der Öffentliche Gesundheitsdienst. 16. Jg., November 1954, Heft 8, S. 279-296, S. 281f.

[17] Heike Schlichting/ Jürgen Bohmbach, Alltag und Verfolgung. Der Landkreis Stade in der Zeit des Nationalsozialismus, Stade 2003, S. 94.

Täter und Opfer

Ein Täter: Amtsarzt Dr. med. Friedrich Klages

Friedrich Klages, geboren 1887 in Nordstemmen, Kreis Gronau, erhielt nach dem Medizinstudium 1913 seine Approbation und war danach zunächst Assistent beim Medizinaluntersuchungsamt in Hannover. Nach Teilnahme am Weltkrieg, Entlassung aus dem Militärdienst und verschiedenen Tätigkeiten als Arzt nahm er mit der Ernennung zum Kreismedizinalrat des Kreises Wanzleben bei Magdeburg 1925 erstmalig eine medizinische Leitungsposition wahr; hier war in Nebentätigkeit auch als Schul-, Impf- sowie Hausarzt des Hospitals St. Nicolai für „Krüppel und Invalide" tätig. Bereits hier also begegneten ihm in seinem Beruf behinderte Menschen. Nachdem Klages vier Jahre in Wanzleben tätig gewesen war, stellte er aus privaten Gründen einen Versetzungsantrag, dem auch stattgegeben wurde. Klages ging nun nach Freiburg an der Elbe.

Was ihn ausgerechnet in den kleinen Ort im Regierungsbezirk Stade verschlug ist unbekannt, vielleicht war es der Zufall einer Stellenvakanz und die Dringlichkeit der Versetzung. Durch Erlass des Preußischen Ministers für Volkswohlfahrt wurde Klages zum 1. Mai 1930 als Kreisarzt (Medizinalrat) nach Freiburg an der Elbe im Regierungsbezirk Stade versetzt und fungierte hier seit 1931 als „Der Kreisarzt der Kreise Kehdingen und Neuhaus (Oste)" bzw. nach Neugliederung der preußischen Landkreise zum 1. Oktober 1932 als Kreisarzt für den neugeschaffenen Landkreis Stade.

Nach Hitlers Machtantritt wußte sich Klages mit den neuen Machtverhältnissen und Machthabern offenbar rasch anzufreunden; so trat er am 1.5.1933 der NSDAP mit der Nummer 2574535 bei und stellte wenig später einen Antrag auf Tätigkeit als Arzt der SA-Reserve, der am 11.7.1933 genehmigt wurde. Auch privat etablierte er sich rasch, wie die Verheiratung mit einer Einheimischen aus Freiburg/Elbe im Juni 1933 zeigt.

Mit dem „Gesetz zur Neuordnung des staatlichen Gesundheitswesen" vom 3.7.1934 wurden staatliche Gesundheitsämter eingerichtet. Klages wurde zum Leiter des Stader Gesundheitsamtes bestellt. Zu den Aufgaben des Gesundheitsamtes gehörte auch die „Erb- und Rassepflege", konkret die Feststellung anzeigepflichtiger Fälle und die folgende Antragstellung auf Sterilisation wegen „angeborenen Schwachsinns". Wie oben beschrieben zeigte Klage in dieser Funktion besonderes Engagement, was auch daran erkennbar wird, dass er nicht nur medizinische, sondern ganz im Sinne des nationalsozialistischen „Volksempfindens" in einigen Fällen auch den schlechten Lebenswandel und das angeblich amoralische Verhalten der Probanden zur Begründung seiner Anträge anführte.[18]

Nach Kriegsende wurde Klages am 30.10.1945 aus dem Staatsdienst entlassen. In der Begründung verwies der Regierungspräsident in Stade darauf, dass die Entlassung im Rahmen der Selbstreinigung der Behörden erfolgt sei. „Dass Sie überzeugter Nationalsozialist waren, werden Sie selbst nicht bestreiten wollen. Dazu kommt Ihre Tätigkeit als

---

[18] Münkel. S. 185.

SA-Sanitätsobersturmführer, als welcher Sie sehr häufig in der Öffentlichkeit in Erscheinung getreten sind." Im Rahmen der Entnazifizierung erging am 31.12.1947 der Einreihungsbescheid der britischen Militärregierung, der Klages in die Kategorie III (Minderbelastete mit Beschäftigungsbeschränkungen) einstufte, was untersagte, ihn als beamteten Arzt, im öffentlichen oder halböffentlichen Dienst zu beschäftigen.

Dieser Entnazifizierungsentscheid von 1947 und ein weiterer von 1949 wurden am 21.8.1950 durch den Berufungsausschuss für die Entnazifizierung im Regierungsbezirk Stade aufgehoben: Klages wurde nun in die Kategorie V („Entlastete") eingereiht und in der Begründung angeführt, dass „die Einstufung in Kategorie III völlig verfehlt" gewesen sei. Daraufhin erhielt Klages Wartegeld, eine Wiedereinstellung wurde ihm aber verweigert. Zum 1.9.1951 wechselte er in den Ruhestand. Am 15.8.1963 verstarb er nach „langem mit großer Geduld ertragenen Leiden", wie es in der Traueranzeige heißt.

Die Tätigkeit Klages als Erbgesundheitsarzt und seine Verantwortung für die von ihm initiierten Zwangssterilisationen wurden in der Nachkriegszeit mit keinem Wort erwähnt und spielten in der Nachkriegsöffentlichkeit nie eine Rolle.[19]

Die Opfer: Drei Beispiele

Im Folgenden soll anhand dreier Fälle der mehr oder weniger exemplarische Ablauf, der zu einer Zwangssterilisation führte, dargestellt werden.

Zwangssterilisierung des jüdischen Einwohners Otto Davids, Stade[20]

In mindestens einem Fall betrafen die Zwangssterilisationsmaßnahmen des Erbgesundheitsgerichts Stade auch einen jüdischen Bewohner des Kreises Stade. Wenn man so will, liegt hier eine doppelte planmäßige Diskriminierung und Verfolgung vor. Es ist dies der Fall Davids. Die Familie Davids[21] gehörte zu den fünf Familien, die in den 1930iger Jahren in der Stadt Stade zusammen mit einigen alleinstehenden jüdischen Einwohnern die kleine jüdische Gemeinde bildeten. Albert Davids, der als Viehhändler seinen Lebensunterhalt verdiente, war mit seiner Familie vor dem Ersten Weltkrieg in die Stadt gekommen und in der Geschäftswelt allgemein anerkannt. Trotz der zunehmenden Boykottaufrufe und Diskriminierungen durch die Nationalsozialisten, die die Verdrängung der jüdischen Viehhändler aus dem Geschäftsleben zum Ziel hatten, gelang es ihm zunächst noch, seine bäuerlichen Kunden zu behalten.

---

[19] StaatsA Stade Rep. 180 B, Nr. 733 und Nr. 734.
[20] StaatsA Stade Rep. 138 Stade, Nr. 563.
[21] Das Folgende nach: Heike Schlichting/Jürgen Bohmbach, Alltag und Verfolgung. Der Landkreis Stade in der Zeit des Nationalsozialismus. Bd. 2. Mit einem Beitrag von Barbara Burmeister. Stade, 2003 (Veröffentlichungen aus dem Stadtarchiv Stade, 23). S. 187ff.

Der Sohn von Albert Davids, Otto, geboren am 2. März 1898, geriet 1935 in das Räderwerk des Zwangssterilisierungsprogramms, als Amtsarzt Klages am 16. Mai 1935 einen Antrag auf Unfruchtbarmachung stellte. Zu diesem Zeitpunkt war Otto Davids 37 Jahre alt. Er hatte die Volksschule bis auf die oberste Klasse absolviert und arbeitete im elterlichen Viehhandelsgeschäft mit. Als Begründung für seinen Antrag gab Klages in seinem amtsärztlichen Gutachten an: „Angeborene[r] Schwachsinn mäßigen bis mittleren Grades". Neben die Religionsangabe („israelit.") setzte Klages dabei handschriftlich hinzu: „Rasse: jüdisch". Ein Merkmal, das ihm offenbar besonders hervorhebenswert zu sein schien.

Der im Rahmen des Verfahrens zu erstellende „Intelligenzprüfungsbogen" zeigt dem heutigen Betrachter, dass Otto Davids über eine gute allgemeine „Orientierung" verfügte – so hieß ein Teil dieser Prüfung — und sowohl im Bereich „Schulwissen" (politische Fragen, Rechnen) als auch bei dem Teil „Allgemeines Lebenswissen" und in den „Sittlichen Allgemeinvorstellungen" durchaus die gestellten Fragen zu beantworten wußte und auf viele Fragen „richtige" Auskünfte gab. Seine Auffälligkeit bestand offenbar eher darin, dass er zuvor an einer Form der Schizophrenie erkrankt gewesen war, die unter anderem die Behandlung in zwei Krankenhäusern notwendig gemacht hatte.

Das Stader Erbgesundheitsgericht mochte sich der Auffassung von Amtsarzt Klages nicht anschließen und entschied am 11. Juni 1935, dass der Antrag abgelehnt werde, „da angeborener Schwachsinn nicht genügend bewiesen ist." Gegen diese Entscheidung legte der Amtsarzt Beschwerde beim Erbgesundheitsobergericht Celle ein, dass darauf den Beschluss fasste: „Otto Davids soll in einer Anstalt beobachtet werden, zwecks Feststellung, ob er erbkrank ist."

Obwohl die Begründung ein Widerspruch in sich war — wie wollte man <u>beobachten</u>, ob jemand erbkrank ist? — wurde Otto Davids am 3. Januar 1936 in der Tat in die Heil- und Pflegeanstalt Lüneburg eingewiesen. Bis dahin hatte die Familie trotz mehrfachen energischen Drängens von Amtsarzt Klages („Der Genannte ist ein Jude") immer wieder eine Vertagung der Einlieferung ihres Sohnes hinauszögern können.

Unausgesprochen waren mit der Einweisung in Lüneburg die Würfel bereits zu Ungunsten Otto Davids gefallen, denn das Kriterium, „Jude zu sein" wurde nun beständiger Gegenstand seiner Beurteilung. Im Gutachten des Lüneburger Arztes Dr. Wensing hieß es: „Die Voraussetzungen zur Sterilisation erscheinen mir als hinreichend gegeben. (…) Das Gesicht zeigt stark semitische Bildung." Vorgeworfen wurde ihm nun auch, dass er das Mitglied des Stader Erbgesundheitsgerichts Dr. med. Grünhagen aus Stade nach dem Theaterstück „Esther", in dem „der Jude" als Mörder dargestellt wurde, mit dem Stock geschlagen habe. Auch führte man als negativ an, dass er sich von Nationalsozialisten verfolgt fühle.

Mit Beschluss des Erbgesundheitsobergerichts Celle vom 24. März 1936 wurde dann die Unfruchtbarmachung beschlossen und am 12. Mai 1936 im Krankenhaus Stade durchgeführt. Zuvor war Otto Davids bzw. sein als Pfleger bestellter Vater vom Amtsarzt darauf hingewiesen worden, „dass im Falle der Auswanderung von der Unfruchtbarmachung" abgesehen werde. Dies lehnte die Familie ab.

Otto Davids lebte nach der Zwangssterilisierung weiter bei seiner Familie in Stade. Nach dem Tode seines Vaters im Juni 1940 und im Zuge der verschärften Judenverfolgung wurde er am 8. Juni 1940 in das Israelitische Krankenhaus in Hamburg gebracht. Auf Anordnung des Reichsministeriums des Inneren wurden 1940 alle jüdischen Patienten und Patientinnen, die in Heil- und Pflegeanstalten des Deutschen Reiches untergebracht waren, in Bendorf-Sayn (Nähe Koblenz) zusammengefasst. Im August 1940 gelangte auch Otto Davids Sayn hierher. Anfang 1941 hielt er sich dort offenbar noch auf, dann verliert sich allmählich seine Spur. Von Sayn aus wurde er deportiert, er gilt als in Izbica, einem der polnischen Todeslager, verschollen.[22] Seine Mutter Bertha war bereits am 6.8.1940 nach Hamburg zwangsumgesiedelt worden; mit ihrer anschließenden Deportation in die Vernichtungslager endet die Geschichte der Stader Familie Davids in Stade.

Unfruchtbarmachung des landwirtschaftlichen Arbeiters Hermann B.[23]

Hermann B. entstammte einer kinderreichen Kehdinger Familie mit 10 Kindern. Sein Vater war in Stellung bei einem Bauern, über großen Reichtum dürfte die Familie B. damit nicht verfügt haben. Als Hermann B. in das Visier der Erbgesundheitswächter geriet, war er 15 Jahre alt und arbeitete ebenfalls als Landarbeiter.

Dokument 1: Aufgrund seines Gutachtens beantragt der Amtsarzt des Gesundheitsamtes Stade, Dr. Klages, am 9. Dezember 1938 die Unfruchtbarmachung von Hermann B. wegen „angeborenem Schwachsinn".

---

22 Izbica liegt etwa 18 km südlich der Kreishauptstadt Krasnystow im Distrikt Lublin/Polen.
23 StaatsA Stade Rep. 138 Stade, Nr. 128.

Das Erbgesundheitsgericht Stade.   S t a d e , den 1.Februar 1939.
    XIII Nr. 123/ 38.

Gegenwärtig:

Gerichtsassessor S t i e g e m e y e r
    als stellvertr. Vorsitzender,
Amtsarzt Medizinalrat Dr. L i c h t h o r n, Otterndorf,
Dr. med. S c h u l z, Buxtehude
  als ärztliche Beisitzer,
Justizangestellter Nottelmann
  als Protokollführer.

                    In der Erbgesundheitssache
                        Hermann B███████
        erschienen:
        1) der landw. Arbeiter Hermann B████████
        2) Hermann B█████ sen.
        3) Wilhelmine B█████ geb. █████████ sämtlich in
           W█████████████,
        4) Der Lehrer J. L█████ aus N█████████.

            Die Erschienenen wurden gehört. Alsdann wur-
        de nach mündlicher Beratung folgender Beschluss
        gefasst:

                Der am 6. Januar 1923 geborene landwirt-
                schaftliche Arbeiter Hermann B█████
                in W█████████████ ist unfruchtbar
                zu machen.

                    G r ü n d e :
                    _____

            Der Amtsarzt Medizinalrat Dr. Klages in Stade
        hat die Unfruchtbarmachung wegen angeborenen Schwach-
        sinns beantragt.
            Dem Antrage war auch zu entsprechen.

Dokument 2: Das Erbgesundheitsgericht Stade fasst am 1. Februar 1939 auf der Basis des ärztlichen Gutachtens den Beschluss zur Unfruchtbarmachung. Alle Bemühungen der Eltern des Betroffenen, die Umsetzung zu verhindern, scheitern.

Der Versuch der Familie, bei der Durchführung der Zwangsmaßnahme Zeit zu gewinnen, glückte nur ein halbes Jahr. Mehrfache Aufforderungen des Stader Amtsarztes, den Eingriff vornehmen zu lassen, ließen die Eltern unbeantwortet. Schließlich forderte Klages die Polizei des Kreises Stade bzw. den Landrat des Kreises auf, Hermann zwangsweise im Krankenhaus in Stade vorführen zu lassen. Dies geschah am 26. März 1940 durch einen Gendarmerie-Wachtmeister, der Eingriff wurde wie beschlossen durchgeführt.

Dokument 3: Die Eltern von Hermann B. ignorieren den festgesetzten Termin für den „Eingriff". Daraufhin veranlasst der Amtsarzt am 12. März 1940 die zwangsweise Einlieferung von Hermann B. in das städtische Krankenhaus Stade, wo die Zwangssterilisation durchgeführt wird.

Unfruchtbarmachung der Margarethe B., geb. 1907[24]

Obgleich die Quellen nur sehr spärlich sind, kann das letzte Fallbeispiel zeigen, dass – in wenigen Fällen – der Widerspruch gegen eine Zwangssterilisierung von Erfolg gekrönt sein konnte.

Die Untersuchung von Margarethe B. auf ihre „Erbgesundheit" beruhte auf einer Anzeige des Mulsumer Arztes Dr. Sarnighausen an den Stader Kreisarzt. Offenbar war ihr „Fall" dem Arzt aufgrund eigener Anschauung (Patientin?) bekannt. In seiner Anzeige vom 6. Februar 1938 gab Sarnighausen an, dass Margarethe „verdächtig" sei an erblicher Fallsucht zu leiden. Gegen die aufgrund der Anzeige ausgestellte Vorladung in Stade erhob

---

[24] StaatsA Stade Rep. 138 Stade, Nr. 521.

die Mutter, die verwitwete Frau B., am 11. März und 13. September 1938 Widerspruch (siehe die Abbildung).

Sie wies darin auf die schwere und akute Erkrankung ihrer Tochter hin und dass diese häufig bettlägerig sei. Entscheidend für den Ausgang des Verfahrens war mit Sicherheit die Aussage der Mutter, dass die „Gehirnkrämpfe" ihrer Tochter nach einer Masernerkrankung im Alter von acht Monaten eingetreten seien.

Daraufhin entschied der Kreisarzt, offenbar ohne noch eine eigene Untersuchung der jungen Frau vorzunehmen, dass das Leiden nicht dem „gewöhnlichen Beginn bei erbl. Fallsucht" entspreche. „Der Antrag wird nicht gestellt."

Antwort der Mutter der Margarethe B. vom September 1938 auf die Vorladung des Kreisarztes:

„Teile hierdurch mit, das ich nicht mit meiner Tochter am 17. Septbr. nach Stade komme, denn ich habe doch im vorigen Brief schon geschrieben, das meine Tochter an Herz und Gehirnkrämpfen leidet, die sie als acht Monate altes Kind in Masern gekricht hat, und die Ärzte in Bremerhafen haben zu mir gesagt, ihre Krämpfe wären unheilbar, deshalb war eine Ärztliche Behandlung doch zwecklos. Ich nehme nun an nach dieser Vorladung, das die arzliche [sic] Untersuchung doch nur wegen der Sterilisierung ist, dazu gebe ich meine kranke Tochter doch nicht her, weil sie so schon schwach ist und hat ihr schweres Leiden zu tragen, denn die Sterilisierung finde ich für meine Tochter doch ganz für unnütz, denn Sie geht nie aus in Herren und Damen Gesellschaft und schläft bei mir im Schlafzimmer.

Der Fall „Pastor Behrens"
Wolfgang Rühle

Der Fall des Pastor Behrens machte Stade in den Anfängen der nationalsozialistischen Bewegung deutschlandweit bekannt. Über ihn existiert bereits eine ausführliche Auswertung, insbesondere auch hinsichtlich seiner kirchlichen Verwicklungen[1]. Der Fall ereignete sich im September 1935, zur Zeit des sogenannten „Kirchenkampfes" in der evangelischen Kirche zwischen der eher eigenständig kirchlichen „Bekenntnisfront" und den nationalsozialistischen „Deutschen Christen". Anhand dieses Falles lassen sich die Einflüsse darstellen, unter denen die Exekutive und Judikative bereits in den Anfängen des Nationalsozialismus zu arbeiten hatten.

Zum eigentlichen Vorfall

Pastor Behrens war von Konfirmanden, durch deren Lehrer beeinflusst, im Unterricht am 13.09.1935 gezwungen worden, die Judenfrage zu thematisieren. Über den genauen Ablauf dieser Konfirmandenstunde existieren widersprüchliche Aussagen. Jedenfalls hielt der Pastor den Kindern vor, dass diese verhetzt seien, nannte den Stürmer, das Organ der NSDAP, ein Schmutzblatt und erklärte, dass auch deutsche Zeitungen nicht immer die Wahrheit schreiben würden. Der Pastor wurde noch am 13.09.1935 bei der Polizei angezeigt. Als diese sich am 16.09.1935 noch in den Ermittlungen befand, griffen Nationalsozialisten den Pastor auf, hängten ihm ein Schild mit der Aufschrift „Ich bin ein Judenknecht" um Brust und Rücken und trieben ihn, eingereiht in einen für die Rückkehrer des Nürnberger Parteitages organisierten Aufzugs der SA, durch die Stader Innenstadt. Nach einiger Zeit gelang es dem Polizeimeister Koschinsky, den Zug zur Wache zu dirigieren.

---

[1] Döscher, Der „Fall Behrens" in Stade in: Stader Jahrbuch 1976, S. 102 ff.

Dort zerstreute der Regierungspräsident Leister die einige Hundert zählende Menge, indem er unter anderem Schusswaffengebrauch androhte. Der Vorgang erregte in Stade, aber auch national und international großes Aufsehen. Dies auch auf Seiten der National-sozialisten, da die offizielle Parteivorgabe lautete, von Einzelaktionen abzusehen, um der Bewegung nicht zu schaden.

Das Pastor Behrens umgehängte Schild, immer noch Teil der Prozeßakten

Es kam nun zum Prozess gegen die Nationalsozialisten. Anhand der Akten der Staatsan-waltschaft[2] und der Presseberichterstattung des Stader Tageblatts[3] lässt sich der Ablauf des Prozesses nachvollziehen.

Die Staatsanwaltschaft
Die Stader Staatsanwaltschaft hatte die Brisanz der Aktion umgehend erkannt. Bereits am 17.09.1935, einen Tag nach der Tat, berichtete sie an die Zentralstaatsanwaltschaft beim Reichsjustizministerium. Von dort forderte man die Stader Staatsanwaltschaft mit Schrei-ben vom 21.09.1935 auf, die Aufklärung mit „allen zur Verfügung stehenden Mitteln binnen kürzester Frist" anzustreben. Die Zentralstaatsanwaltschaft erhob am 07.11.1935 Anklage wegen Landfriedensbruchs und Freiheitsberaubung.

Das Schlussplädoyer erfolgte durch jeweils einen Vertreter der Zentralstaatsanwaltschaft Berlin, Dr. Meyer, und der Staatsanwaltschaft Stade, Piesker, am 14.12.1935 und ist im Stader Tageblatt vom 16.12.1935 wiedergegeben.

---

[2] Niedersächsisches Staatsarchiv Stade, Rep 171 A, Nr. 228
[3] Ausgaben vom 14./15. und 16. 12 1935

Zunächst stellte der Zentralstaatsanwalt klar, dass die lautere Gesinnung der Täter nicht unberücksichtigt bleiben dürfe. Es handele sich um aktive Kämpfer, die sich in der Kampfzeit Verdienste erworben hätten und zum Kämpfen erzogen seinen. Gleichwohl sei der Landfrieden gestört worden und der Staat habe die Verpflichtung, diesen wieder herzustellen. Dies könne nur durch eine Verurteilung der Täter geschehen. Auch in diesem besonderen Fall wolle die Staatsanwaltschaft „Beraterin eines 'Friedensgerichts' sein."

Zweites Blatt
Montag, den 16. Dezember 1935

Stader Tageblatt

Der Fall Behrens vor Gericht
Abschluß der Verhandlung — Die Plädoyers und das Urteil

Große Strafkammer

Sitzung am 14. Dezember 1935.

Vorsitzender: Landgerichtsdirektor Quittel; Beisitzer: Landgerichtsrat Dr. Kremin und Gerichtsassessor Hübner; Schöffen: Brennereibesitzer Georg Freese-Osten, Schmied Johann Freese-Assel.

Die Sonnabendsitzung in dem Prozeß, dem die Vorgänge vom 16. September in Stade (Fall Behrens) zugrundeliegen, begann mit der Verkündung der Beschlüsse des Gerichts bezüglich der von der Verteidigung eingebrachten Beweisanträge, von denen der größte Teil vom Gericht als wahr unterstellt wurde oder teilweise auch nach Ansicht des Gerichts als für die Entscheidung ohne Bedeutung erachtet wurden. Ueber einen weiteren eingebrachten Beweisantrag wurde in nicht öffentlicher Sitzung verhandelt.

Gegen eine Beeidigung des Zeugen Pastor Behrens äußerte die Verteidigung Bedenken und es sei nochmals die bisher noch nicht restlos geklärte rechtswidrig erfolgte öffentliche Verbreitung der von Pastor B. verfaßten Schriften über die Vorgänge im Konfirmandensaal und die Geschehnisse am 16. September zur Sprache.

Im Verlauf der Beratung über die Beeidigung des Zeugen Behrens erfolgte eine

Erklärung der Verteidigung.

Dem Gericht wurde der Verhandlungsbericht des „Hamburger Fremdenblatt" vom Freitag abend überreicht mit dem Bemerken, daß er offensichtlich Unrichtigkeiten enthalte. Dieser Bericht sei in ähnlichem Wortlaut in zahlreichen kleineren Zei-

fahr, gegen die das Deutschland Adolf Hitlers einen Pfeiler bilde, sei so groß, daß derjenige, der nicht zum nationalsozialistischen Staate stehe, kein deutscher Mann sei.

Die Erregung der Angeklagten sei daher zu verstehen. Die Angeklagten mußten nach Ueberzeugung der Staatsanwaltschaft das Gefühl haben, etwas Unrechtes zu tun. Er beantrage außer gegen die Angeklagten A. und W. die mildeste Strafe, die das Gesetz zulasse, und zwar seien zu verurteilen zu

Die Verteidigung hat das Wort

In der Nachmittagsverhandlung

ergriffen dann die Verteidiger das Wort zu außerordentlich eindrucksvollen Schlußausführungen, in denen sie eine Freisprechung sämtlicher Angeklagten von der Anklage des Landfriedensbruches begründeten. Zuerst sprach

Rechtsanwalt Dr. Hennings-Hamburg, der ausging von der Feststellung, daß Staat und Partei eins sind. Die hier auf der Anklagebank sitzenden Männer seien Mitglieder der Partei. Das Gesetz vom 1. Dez. der 1933 habe aus einer inneren natürlichen Notwendigkeit heraus die Einheit von Partei und Staat garantiert. Die NSDAP. ist Trägerin der Staatsgewalt und mit dem Staate unlösbar verbunden. Die Partei und ihre Gliederungen haben gesteigerte erhöhte Pflichten gegenüber Volk und Staat; unterstehen einer besonderen Verpflichtung und einer besonderen Parteigerichtsbarkeit.

folgenden Gefängnisstrafen: Der Angeklagte N. zu 6 Monaten, A. zu 7 Monaten, E. zu 6 Monaten, R. zu 6 Monaten, W. zu 7 Monaten, G. zu 4 Monaten, Sch., Gr. und B. zu 3 Monaten.

Im Auftrage des Landeskirchenamtes sprach als Verteidiger des Nebenklägers Rechtsanwalt Dr. Regula, der zu kirchlichen Fragen Stellung nahm, die Stellung des Nebenklägers zu rechtfertigen versuchte, aber zu der Frage der Schuld und des Strafmaßes keinerlei Ausführungen machte.

ten erfolge, dann gebe es für einen Nationalsozialisten irgendwo einen Gewissenszwang, nicht anders zu handeln und sich widensmäßig mit der Tat der Angeklagten zu identifizieren.

Die Voraussetzung des Gesetzes sei gegeben, daß einmal die Freiheit zu neuen strafbaren Handlungen mißbraucht werden könnte und mit Rücksicht auf die Schwere der Tat die öffentliche Erregung nicht mehr erträglich war. Denn das, was den Angeklagten als Rechtsbruch zur Last gelegt wird, diente nichts anderem, als was die Staatsanwaltschaft auch als Zweck hingestellt habe, nämlich den Frieden herzustellen. Die Angeklagten haben am 16. September gehandelt, um den Frieden in Stade herzustellen, und sind sowohl durch das Gesetz gedeckt, wie auch durch das Gebot des Nationalsozialismus.

Der Verteidiger führt dann u. a. etwa aus: Worin ist die Schwere des Verhaltens von Pastor Behrens zu erblicken? Ich stelle ihn einem Kommunisten gleich.

Zum eigentlichen Tatgeschehen plädierte dann der Vertreter der lokalen Staatsanwaltschaft. Dem mitangeklagten Lehrer der Konfirmanden sei eine Straftat nicht nachweisbar, die übrigen neun Täter seien zu verurteilen. Zwar hätten sich die Angeklagten wegen der mitgeteilten Äußerungen des Pastoren in eine verständlichen Erregung befunden, dies hätte sie jedoch nicht berechtigt, den Pastor zur Rechenschaft zu ziehen.

Zur Höhe der Strafe wurde das Plädoyer sodann wieder vom Zentralstaatsanwalt fortgeführt. Auch er billigte den Angeklagten zu, dass diese sich nach den von den Kindern übermittelten Äußerungen des Pastors in Maßloser Erregung befunden hätten. Sodann ging der Staatsanwalt auf den Pastor ein, der als Nebenkläger am Prozess teilnahm: Jeder, der Zweifel setze in den Nationalsozialismus sei schuldig und stehe außerhalb der Gemeinschaft. Kinder dürften in ihrer Entwicklung zu Nationalsozialisten nicht gestört werden. Nur dem Nationalsozialismus sei es zu verdanken, dass die Kirchen in Deutschland noch stehen würden .

Für die Angeklagten beantragte er, teilweise um einen Monat erhöht, die mildest möglichen Strafen, die sich zwischen drei und sieben Monaten Gefängnishaft bewegten.

Die Verteidigung

Bereits vor der ersten Hauptverhandlung hatte die Verteidigung ihre Strategie in einem Schriftsatz vom 09.12.1935 offenbart: Nach Auffassung des Gauleiters hätten die Angeklagten eine Misshandlung des Pastors verhütet und „in Verbundenheit der ihnen als Mitglied der NSDAP obliegenden erhöhten Pflichten gegenüber Führer, Volk und Staat gehandelt". Nach Maßgabe des Gesetzes zur Sicherung der Einheit von Partei und Staat vom 01.12.1933 seien „die ordentlichen Gerichte ausgeschaltet und die ausschließliche Zuständigkeit der Parteigerichte der NSDAP begründet".

DRES. SCHWARZ & HENNINGS
HAMBURG 36, KAISER WILHELM-STR. 47

Fernsprecher: Sammelnummer 34 87 67

Hamburg, den 9. Dezember 1935.

2/Wy/H.

42

An das

erhalten 10. XII. 35 - 12°

Landgericht in S t a d e .

Gr. Strafkammer 1

- - - - - - - - - - - - - - -

4 KLs 5/35.

B e w e i s a n t r ä g e

- - - - - - - - - - - - - - -

in der Strafsache

gegen

A ████ und Andere.

- - - - - - - - - -

Der Verteidigung - Vollmacht der Angeklagten werde ich nachreichen - scheint es geboten, folgende Beweisanträge vor dem Termin zur Hauptverhandlung zu stellen mit der Bitte,

die Zeugenladungen noch vor Beginn der Hauptverhandlung herausgehen zu lassen.

Die Gauleitung der NSDAP Ost-Hannover hat sich mitden vorliegenden Vorfällen bereits beschäftigt. Der Gauleiter hat erklärt, dass die SS-Männer , die den Pastor Behrens aufgegriffen, durch die Stadt geführt und auf der Polizeiwache abgeliefert hat, damit eine Misshandlung des Pastor Behrens verhütet hat. Er sieht hiermit die Vorkommnisse als nicht sehr schwerwiegend an - vgl. act. 100 . Ersichtlich haben die Beklagte^{und}n/r im Hinblick auf die Sonderstellung der Schutzstaffel der NSDAP deren Angehörige in den Massnahmen, die ihnen der Eröffnungsbeschluss zum Vorwurf macht, in der Verbundenheit der ihnen als Mitglied der NSDAP obliegenden erhöhten Pflichten gegenüber Führer, Volk und Staat gehandelt. Für die Entscheidung der Frage, ob in diesen Massnahmen ein Verstoss gegen das Strafgesetz zu erblicken ist, hat

Es wurden sodann diverse staatsfeindliche Handlungen des Pastors aufgezählt, unter anderem die Taufe von zwei Jüdinnen, die Weigerung einen Angehörigen der HJ zu konfirmieren, falls dieser sein Abzeichen nicht ablege sowie in provozierender Weise geselligen Verkehr zu eine jüdischen Familie unterhalten zu haben. Dadurch habe einer derartige Erregung geherrscht, dass die Angeklagten „als verantwortungsbewusste Kämpfer Adolf Hitler's" mit Angriffen auf den Pastor rechnen mussten. Daher hätten sie den Pastor nach „nationalsozialistischem Rechtsdenken" verhaften dürfen. Es komme daher für die Frage, ob sich die Angeklagten überhaupt strafbar gemacht hätten, jedenfalls jedoch für die Höhe der Strafe auf das geschilderte Verhalten des Pastors an. Dieser könne daher als eigentlicher Angeklagter nicht Nebenkläger sein worauf die Verteidigung „als verantwortungsbewusstes Organ der Rechtspflege" glaubte hinweisen zu müssen.

Den Plädoyers der Verteidigung widmet das Stader Tageblatt vom 16.12.1935 über eine halbe, eng bedruckte Seite: Es begann Rechtsanwalt Dr. Hennings, der erneut die Zuständigkeit des Gerichts rügte und Pastor Behrens als Staatsfeind bezeichnete. Die Angeklagten hätten am 16.09.1935, ebenso wie es jetzt nach dem Plädoyer der Staatsanwaltschaft Aufgabe des Gerichts sei, den Frieden wieder hergestellt. Der Pastor habe eine SA-Fahne nicht gegrüßt und die Angeklagten hätten ihn nur vor dem Volkszorn schützen wollen. Die Angeklagten wollten keine Einzelaktion, hätten sich jedoch durch den Bürgermeister bestärkt gesehen, der in der Nähe gestanden habe, ohne einzuschreiten.

Es folgten sodann die kurz wiedergegebenen Plädoyers der Verteidiger Dr. Aerxleben und Glang. Weitere Rückschlüsse auf die Rolle der Verteidigung lässt eine in der Akten enthaltene Revisionsbegründung vom 11.02.1936 zu:

Aufgrund der allgemeinen Erregung hätten die Angeklagten den Pastoren auch ohne richterlichen Haftbefehl festnehmen dürfen. In der Revisionsbegründung wird auf einen beigefügten Urteilsentwurf bezug genommen, den der Verteidiger „unmittelbar nach der Hauptverhandlung auf Betreiben einer Gliederung der NSDAP fertiggestellt hat, so wie er nach allgemeiner Auffassung der beteiligten Gliederung der NSDAP etwa lauten musste". Darin wird die Zuständigkeit der Parteigerichte wie folgt hergeleitet:

Zunächst wird festgestellt, dass der Staatsapparat noch nicht von „auf Herz und Nieren erprobten Gefolgsmannen Adolf Hitlers" durchdrungen ist. Dieser nicht vollständig durchdrungenen Staatsanwaltschaft, die die Verurteilung der Angeklagten betreibe, stellt die Verteidigung eine nationalsozialistische Bewegung gegenüber, die sich durch die Handlungen der Angeklagten gerade nicht zum Einschreiten veranlasst sah. Dieses Gegeneinander begründe Spannungen zwischen Partei und Staat. Dieser Zustand könne bis zur vollständigen Durchdringung des Staatsapparats nur durch die ausschließliche Zuständigkeit der staatlichen oder der Parteigerichte vermieden werden. Daher sei die Einführung der Parteigerichtsbarkeit mit dem Ausschluss der staatlichen Gerichte gegenüber Parteimitgliedern gleichzusetzen, da jeder Verstoß gegen Zucht und Ordnung - also auch jeder Gesetzesverstoß - die Zuständigkeit der Parteigerichte begründe.

Am Rande

Einer der Verteidiger sandte am Tag der Urteilsverkündung ein Telegramm mit folgendem Wortlaut an den Führer:

> *„An den Führer und Reichskanzler Adolf Hitler Berlin: Stader Pastor bezeichnete sie, mein Führer, als vom Teufel gesandt und verhöhnte am 13. September 1935 vor 50 Kindern heiligste Grundsätze der Bewegung. Als Anzeige erfolglos nahm wegen drohender Lynchjustiz empörter Bevölkerung SS-Männer den Schädling in ihre Mitte und führten ihn als Judenknecht durch die Stadt, schützten ihn, wie gerichtlich festgestellt, vor Mißhandlungen und brachten ihn zur Polizeiwache. Große Strafkammer Stade verurteilte gestern deswegen 9 Parteigenossen – SS- und HJ-Führer, mit einer Ausnahme alte Kämpfer teilweise seit 1929 – zusammen 46 Monate Gefängnis. Diese Strafe und die in mündlicher Urteilsbegründung erfolgte Wertung des als Nebenkläger zugelassenen Pastors als ‚Idealisten von lauterem Charakter‘ wird von allen Ihnen in unverbrüchlicher Treue ergebenen Volksgenossen insonderheit den Verurteilten als kaum faßbare Demütigung betrachtet. Als Verteidiger der Verurteilten halte ich mich zu dieser Meldung verpflichtet Heil dem Führer..."*

Der Verteidiger wurde deshalb vom Ehrengericht des Hamburger Oberlandesgerichts wegen Verstoßes gegen die anwaltlichen Pflichten, insbesondere der Pflicht zu rückhaltloser Wahrheit, verurteilt[4].

Die lokale Presse

Im Stader Tageblatt vom 16.12.1935 folgt der Wiedergabe des Urteils unter der Überschrift "Das Rechtsempfinden des Volkes" eine ausführliche Urteilskritik.

Das Gericht habe sein Ziel, den Frieden durch die Verurteilung der Täter wiederherzustellen nicht erreicht, da der nationalsozialistisch denkende und fühlende Teil der Bevölkerung das Urteil nicht verstehe. Das Volksempfinden folge vielmehr der "überzeugenden Beweisführung" der Verteidigung. Der Pastor könne auch nicht als Idealist angesehen werden, denn "Idealismus hört ... da auf, wo das Wohl und Wehe des Volkes auf dem Spiel steht". Als Idealisten seien vielmehr die Angeklagten anzusehen. Der Artikel schließt mit einer Drohung an die Anhänger des Pastors: „Diese Stimmen aus der Bevölkerung ... kommen von jenseits der Volksgemeinschaft. Aber wir wollen sie doch vernehmen, um endgültig zu wissen, wer zur großen Front der Aufbauwilligen gehört und wer darin nicht zu suchen hat."

Die Partei

Die Meinung innerhalb der NSDAP war keinesfalls einheitlich. Gegen die seitens der Verteidigung und durch das Stader Tageblatt verbreitete Version einer gerechtfertigten Festnahme des Pastors durch die Angeklagten wandte sich der Regierungspräsident Leister, NSDAP-Mitglied, mit Schreiben vom 23.12.1935 an den Innenminister[5]. Danach sei die Öffentlichkeit durch diesen Bericht „nicht etwa nur einseitig, sondern absolut falsch in einer die Vorgänge und den Verlauf der Verhandlung entstellenden Weise unterrichtet worden". Der Zeitungsbericht spiegele die Auffassung der Gauleitung und der örtlichen Parteileitung wieder, die „wider besseres Wissen propagiert" worden sei. Nicht sei unversucht gelassen worden „die Wahrheit in das Gegenteil zu verkehren und die

---

[4] Heiko Morisse, Rechtsanwälte im Nationalsozialismus, Hamburg 1995, Seite 77 ff.

[5] Niedersächsisches Staatsarchiv Stade, Rep 180 P., Nr. 1570, Seite 8 ff., siehe auch Döscher, a.a.O., Seite 102 ff., Dokument 13 auf Bl. 127

Rechtsbrecher vor der mit Sicherheit zu erwartenden sühnenden Strafe in Schutz zu nehmen."

Nach diesem Bericht wurden auch die Richter, allesamt Parteigenossen, innerparteilich heftig kritisiert. Am 17.12.1935, einen Tag nach der Veröffentlichung im Stader Tageblatt, fand eine Parteiversammlung in Stade statt. Dort soll den abwesenden Richtern ein Parteiaustritt nahegelegt worden sein, wie Leister „gerüchteweise und auch von zuverlässiger Seite zu Ohren gekommen" sei. Ein Zeuge, der die Angeklagten im Verfahren belastet hatte, sei aus der Versammlung geleitet worden, danach sein beabsichtigter Parteiausschluss mitgeteilt, seine Anstellung bei der örtlichen Leitung der Deutschen Arbeitsfront gekündigt. Insbesondere der Polizeimeister Koschinsky sei stark und durchaus einseitig kritisiert worden.

Die ambivalente Position der NSDAP im Fall Behrens lässt sich gut anhand zweier Parteiausschlussverfahren gegen den Polizeimeister Koschinsky und den Regierungspräsidenten Leister nachvollziehen[6].

Gegen den Regierungspräsidenten Leister wurde auf Antrag des Gauleiters Ost-Hannover, Telschow, ein Parteiausschlussverfahren eingeleitet. Leister hatte, als sich die Menge mit dem Pastor zur Polizeiwache begeben hatte, zunächst nach dem SA-Leiter des Aufzugs verlangt. Da dieser nicht zugegen war, rief er unter anderem: "Das ist Rebellion! Ihr wollt Nationalsozialisten sein, feiges Gesindel seid ihr, undisziplinierte Bande; wenn nicht in 5 Minuten der Platz geräumt ist, lasse ich von der Waffe Gebrauch machen."

Mit Beschluss vom 28.01.1936 stellte das Oberste Parteigericht in München das Verfahren mit deutlichen Worten ein: *"Wenn daher der Angeschuldigte gegen die sich völlig undiszipliniert benehmende und laut johlende Menschenansammlung einschritt und dabei auch Schimpfworte gebrauchte, so kann ihm ein Vorwurf nicht gemacht werden. Im Gegenteil muss festgestellt werden, dass der Angeschuldigte hier nur das getan hat, was der nationalsozialistische Staat von seinen Beamten fordern muss...Es muss dem Angeschuldigten als alten und verdienten Parteigenossen, der im Staat ein hohes Amt inne hat, das Recht zugebilligt werden, das Verhalten einer sich undiszipliniert und damit unnationalistisch gebärdenden, laut lärmenden und johlenden Personengruppe mit harten Worten zu Brandmarken, selbst wenn sich darunter Nationalsozialisten befinden."*

Weniger glimpflich kam der Polizeimeister Koschinsky davon. Er wurde durch den Gauleiter Telschow mit einstweiliger Verfügung am 14.12.1935, dem Tag der Urteilsverkündung, aus der Partei ausgeschlossen. Ihm wurde zur Last gelegt, in der Hauptverhandlung den Leumund vierer Angeklagter ohne Grund angegriffen zu haben, SS gegen SA ausgespielt zu haben, indem er behauptete, die SS habe sich den Pastor gegriffen, um der SA zuvorzukommen, den Verteidiger beleidigt zu haben und durch sein sonstiges Verhalten in und außer Dienst vor und nach der Machtübernahme das Ansehen der Partei geschädigt zu haben.

Am 18.12.1935 erhob der Polizeimeister Einspruch und bestritt alle Vorwürfe. Hierbei teilte er mit, dass er die Interessen der Partei nicht geschädigt habe, vielmehr sei er "vor der Machtübernahme der bestgehasste Polizeibeamte bei der K.P.D. und S.P.D." gewesen. In einem beim Regierungspräsidenten erstellten Bericht wird zu den Ausschlussgründen

---

[6] Niedersächsisches Staatsarchiv Stade, Rep 180 P, Nr. 1570

wie folgt Stellung genommen:

Koschinsky habe vor Gericht erklärt, bei dem angetroffenen Umzug habe es sich um eine Horde gehandelt. Über drei Angeklagte habe er ausgesagt, dass diese immer zusammen wären, wenn etwas los wäre. Im Rahmen eine heftigen Befragung durch einen Verteidiger habe Koschinsky erklärt, er sei nicht dessen Hund, der Verteidiger habe wohl verstanden, dass ihn Koschinsky als Hund bezeichnet habe.

Mit Urteil vom 18.11.1937 erteilte das Oberste Parteigericht dem Polizeimeister eine Verwarnung wegen eines Verstoßes gegen die Parteisatzung. Wegen der ursprünglichen Vorwürfe wurde er zwar freigesprochen. Ihm wurde nun jedoch vorgeworfen, falsche Angaben in polizeiliche Leistungszeugnisse seiner ihm unterstellten Polizeibeamten aufgenommen zu haben. Diesen Vorwurf räumte der Angeschuldigte ein. Das Gericht sah darin neben einem Dienstpflichtverstoß auch einen Verstoß gegen nationalsozialistische Pflichten. Dem Urteil ist zu entnehmen, dass dem Angeschuldigten durch das Gaugericht Ost-Hannover neben der Verwarnung noch die Fähigkeit zur Bekleidung eines Parteiamts für drei Jahre aberkannt worden war. Zu letzterem sah das Oberste Parteigericht keine Veranlassung, da der Angeschuldigte nicht ehrlos gehandelt habe.

Einem Vermerk des Regierungspräsidenten vom 09.11.1937 ist der Hintergrund dieses abgeurteilten Vorwurfs zu entnehmen: Der Polizeimeister hatte in die Polizeiblätter von sechs Beamten Schwimmleistungen eingetragen, obwohl diese Beamten entweder Nichtschwimmer waren oder die geforderte Strecke von 300 m nicht zurückgelegt hatten.
Der Regeierungspräsident teilt weiter mit, dass er dem Wunsch Koschinskys, ihn nach Wesermünde zu versetzen, bereits entsprochen habe.

Das Urteil
Die Strafkammer des Landgerichts Stade unter Vorsitz des Vizepräsidenten verurteilte, wie bereits erwähnt, neun der zehn Angeklagten zu Freiheitsstrafen zwischen 3 und 7 Monaten und folgte somit den Vorgaben der Staatsanwaltschaft.

Die eigene Zuständigkeit sah das Gericht unzweifelhaft als gegeben an: Die Aburteilung von Straftaten erfolge auch bei Angehörigen der SA oder SS durch die ordentlichen Gerichte, die Parteigerichte hätten nur darüber zu befinden, ob darüber hinaus ein Verstoß gegen die Parteisatzung vorliege.

Die Angeklagten seien nicht berechtigt gewesen, den Pastor in Haft zu nehmen „denn ein Haftbefehl lag nicht vor und ohne einen solchen wären, mangels Betreffens oder Verfolgens auf frischer Tat, nur die Staatsanwaltschaft oder die Polizei- und Sicherheitsbeamten zur vorläufigen Festnahme befugt. Die Angeklagten haben auch derartige Rechte garnicht wahrnehmen wollen. Es handelt sich hier vielmehr nur um Konstruktionen der Verteidigung." Am 16.09.1035 habe eine verzögerte Bearbeitung der erst drei Tage zuvor erhobenen Anzeige nicht vorgelegen. Auch sei die Verhaftung nicht erfolgt, nachdem unter den Anwesenden Unruhe bestanden habe: „Erst durch die Festnahme des Pastors und den nachfolgenden Umzug wurde die akute Erregung im Publikum hervorgerufen und aufgepeitscht. Alle diesem Sachverhalt entgegenstehenden Darlegungen der Angeklagten sind nur als nachträglich unternommene, untaugliche Versuche anzusehen, den klaren Sachverhalt zu verwirren."

Die Angeklagten hätten „es gerade darauf angelegt, ihn [den Pastor] durch die Stadt zu führen und ihn möglichst vielen Menschen zu zeigen. Wollte man den Pastor Behrens schützen, so hätte man ihn in das nächste Haus bringen und dessen Eingang bewachen können oder man hätte ihn auf dem nächsten Wege zur Wache gebracht."

Auch im Rahmen der Strafzumessung griff die Kammer die Linie der Staatsanwaltschaft auf: "Bei der Strafzumessung hat das Gericht den durch Pastor Behrens gesetzten Anlass zu der von den Angeklagten begangenen Tat nicht übersehen können. Das Verhalten des Pastors Behrens in der Konfirmandenstunde ... ist vom Standpunkt des Nationalsozialismus aus durchaus zu missbilligen, worüber sich weitere Ausführungen erübrigen". Das Verhalten des Pastors habe den Angeklagten Anlass zu berechtigter Erregung gegeben. Mildernd sei auch zu berücksichtigen, dass sich bei einigen Angeklagten " das alte Kämpferblut" gerührt haben mag.

Die Angeklagten hätten nicht verwerflich sondern in der Absicht gehandelt, dem Nationalsozialismus zu dienen. Und weiter: "Tatsache ist jedoch, dass sie dieser Sache keinen guten Dienst erwiesen haben. Die Mehrzahl der Volksgenossen lehnt, wie immer der Anlass sei, derartige Taten, bei deren Ausführung naturgemäß stets der Mob die Oberhand gewinnt, grundsätzlich ab. Dazu komme noch, „dass jedwede Einzelaktion den Angeklagten auch als Nationalsozialisten strengstens untersagt" sei.

Das Gericht sah sich jedoch veranlasst „größte Milde walten zu lassen" und den Rädelsführern, bei denen ansonsten Zuchthaus zu verhängen gewesen wäre, mildernde Umstände mit einer daraus folgenden Mindestgefängnisstrafe von sechs Monaten zuzubilligen.
Insgesamt erhöhte das Gericht die Mindeststrafen für Rädelsführer (sechs Monate) und die sonstigen Täter (drei Monate) in fünf Fällen um einen Monat auf sieben bzw. vier Monate.

Fazit
Das Gerichtsverfahren zum Fall "Pastor Behrens" zeigt eindrucksvoll die Rahmenbedingungen richterlicher Tätigkeit in den ersten Jahren des Nationalsozialismus.

Für eine faktische Einflussnahme der Staatsanwaltschaft als "Lenkungsbehörde" auf das Gericht spricht die Übereinstimmung des Urteils in Schuldspruch und Strafzumessung mit dem in der Zeitung widergegebenen staatsanwaltschaftlichen Plädoyer.

Weiter ist bereits in diesem frühen Stadium das Bestreben der Nationalsozialisten in Form der Verteidigung, der örtlichen Parteileitung und der Presse zu erkennen, Rechtsprechung von den dogmatischen Vorgaben zu befreien und Recht, losgelöst vom Wortlaut, ausschließlich im völkischen Sinne zu begreifen. Hinzu kommen Angaben in einem Bericht des Regierungspräsidenten Leister vom 23.12.1935 [7] über tatsächliche Versuche der Einflussnahme auf das Gericht im Verfahren:

> *„Als einmal der Regierungspräsident erwähnt wurde, ging durch die Reihen der Anhänger der Angeklagten im Saal, die die Mehrheit des Publikums bildeten, ein höhnisches Lachen und Murren. Derselbe Teil des Publikums nahm es sich heraus, bei bestimmten Anlässen den Saal demonstrativ laut zu verlassen, so zuletzt unmittelbar nach Verkündung des Urteilsspruchs vor der Verlesung der Urteilsgründe. Zur selben Zeit stellte*

---

[7] siehe Fußnote 6

sich die junge Ehefrau eines Angeklagten frech vor den vorsitzenden Richter hin und starrte ihm ins Gesicht. Auf seine Frage, was sie wolle, forderte sie ich auf, ihr einmal in die Augen zu sehen."

Im Fall „Pastor Behrens" haben Gericht und Staatsanwaltschaft diesen Einflüssen und dem Ansinnen der Verteidigung, Recht losgelöst vom Wortlaut zu betrachten, bei der Feststellung des strafbaren Verhaltens widerstanden. In späteren Jahren war dies insbesondere bei den durch die nationalsozialistische Gesetzgebung eingeführten, sehr allgemein gehaltenen Straftatbeständen zunehmend weniger der Fall.

Die Strafzumessungserwägungen und die, nach damaligen Verhältnissen, milde Strafe zeigen jedoch, dass sich bereits damals, wenn auch an juristisch korrekter Stelle nämlich bei der Bewertung des Unrechtsgehalts der Tat, nationalsozialistische Anschauungen in der Rechtsprechung niederschlugen. Dies verdeutlicht auch das Stader Tageblatt vom 14.12.1935 in einem - wegen der eindeutigen nationalsozialistischen Einstellung des Journalisten hinsichtlich des Wahrheitsgehalts mit aller Vorsicht zu betrachtenden - Bericht über die Hauptverhandlung:

„Der Vorsitzende des Gerichts sah sich nach diesen Bekundungen von Pastor B. veranlasst, seinerseits ein Werturteil abzugeben. Er müsse sagen, ob nicht gerade nach der Aussage, die heute von Pastor B. gemacht sei, die Konfirmandenstunde doch recht unnatürlich gestaltet wurde. Es sei doch wohl nicht die Aufgabe des Pastoren gewesen, den Konfliktstoff in der Weise zu behandeln, wie er es getan habe. In jeder Nation gebe es Zeiten, wo die Existenz des Volkes im Vordergrund stehe, der sich alles andere unterzuordnen habe. In keinem Krieg habe sich noch irgendeine Religion beispielsweise erfolgreich gegen die nationalen Gefühle stellen können. Es gebe dann kein höheres Recht, als das der Selbsterhaltung der Nation. Auch Deutschland kämpfe um seine Stellung in der Welt. Auch die Religion habe nur einen Sinn in einem in seinem Bestand gesicherten Volke."

Parteigerichtsurteil gegen Polizeimeister Koschinsky

Im Namen des Führers

Geschäfts-Nr. Z/HO/72/36 Ri./L.

In Sachen des Pg.Wilhelm Koschinsky in Bremerhaven, Keilstr. 31/I,

Mitglieds-Nummer 2.623.802 hat die Z. Kammer des Obersten

Parteigerichtes der NSDAP auf die am 28.August 1937 eingegangene

Beschwerde des Angeschuldigten vom 26.August 1937

gegen das Urteil des Gaugerichtes Ost-Hannover vom 15.Juli 1937, zugestellt
am 20.August 1937,

in der Sitzung vom 18.November 1937 unter Mitwirkung

des Richters

~~Reichsleiters~~ Pg. S c h n e i d e r als Vorsitzenden

und der Richter Pg. Dr. V o l k m a n n

Pg. Koch-Schweisfurth

Pg.

Pg. als Beisitzer

Für Recht erkannt:

Das Urteil des Gaugerichts Ost-Hannover wird
dahin abgeändert:

1.) Der Pg. Koschinsky ist schuldig eines Verstosses gegen
§ 4 Abs. 2 b der Satzung.

2.) Das Oberste Parteigericht erteilt dem Pg. Koschinsky
eine V e r w a r n u n g .

- 2 -

B e g r ü n d u n g :

Der Angeschuldigte ist durch einstweilige Verfügung des Gauleiters Ost-Hannover vom 14.12.1935 aus der Partei ausgeschlossen worden. Auf seinen Einspruch hat das Gaugericht Ost-Hannover beantragt, dem Angeschuldigten unter Aufhebung der einstweiligen Verfügung eine Verwarnung zu erteilen und ihm die Fähigkeit zur Bekleidung eines Parteiamtes auf die Dauer von drei Jahren abzuerkennen. Der Angeschuldigte hat gegen dieses Urteil weitere Beschwerde eingelegt. Die Beschwerde ist zulässig, frist- und formgerecht eingereicht und auch teilweise begründet.

Dem Angeschuldigten wird zur Last gelegt, wider besseres Wissen ein falsches Leumundszeugnis über den Pg. E ▉▉▉▉▉▉ abgegeben zu haben.

Der Angeschuldigte war Polizeimeister in Stade. In dieser Eigenschaft ist er in einem Ermittlungsverfahren tätig geworden, das zu einem Strafverfahren wegen Landfriedensbruch gegen mehrere Parteigenossen und SS.-Männer führte. Bei der Übersendung der polizeilichen Ermittlungsergebnisse hat der Angeschuldigte zur Persönlichkeit der einzelnen Täter Stellung genommen. Die Richtigkeit dieser Angaben hat er sodann in der Hauptverhandlung vor der Grossen Strafkammer in Stade am 13.12.1935 beschworen.

In seiner Stellungnahme zur Person des Angeklagten Pg. E▉▉▉▉ hat der Angeschuldigte die Behauptung aufgestellt, derselbe sei arbeitsscheu. Nach den durch das Gaugericht Ost-Hannover in eingehender Beweiserhebung getroffenen Feststellungen ist diese Beurteilung des Pg. E▉▉▉▉ objektiv falsch. Der Angeschuldigte hat demgegenüber unwiderlegbar behauptet, er habe sein Urteil über Pg. E▉▉▉▉ nach bestem Wissen und Gewissen abgegeben. Mit Rücksicht darauf hat ihm das Gaugericht nur zur Last

- 3 -

gelegt, bei Bildung seiner Überzeugung nicht genügend
sorgfältig gewesen zu sein. Diese Feststellung kann mit
Sicherheit nicht getroffen werden, da der Angeschuldigte
ebenfalls unwiderlegt behauptet hat, dass der Vater des
E███████ oft über seinen Sohn bitter geklagt und ihm vorgeworfen habe, dass er das Geschäft heruntergewirtschaftet
und ihn mit Schulden im Stich gelassen habe. Eine gegen
den Angeschuldigten wegen seiner Aussage vor der Grossen
Strafkammer in Stade erstattete Meineidsanzeige hat auf
Grund der von der Staatsanwaltschaft angestellten Ermittlungen nicht zur Anklageerhebung geführt. Es liegt deshalb für eine parteigerichtliche Ahndung keine ausreichende Veranlassung vor. Die Frage, ob sich der Angeschuldigte bei seiner Urteilsbildung über die angeklagten Parteigenossen von einer inneren Einstellung gegen den Nationalsozialismus hat leiten lassen, hat auch das Gaugericht
nach eingehender Beweiserhebung verneinen müssen. Es kann
daher auch nicht als erwiesen angesehen werden, dass der
Angeschuldigte bei Abgabe des Leumundszeugnisses wissentlich falsche oder auch nur grob fahrlässig falsche Angaben gemacht hat, zumal es sich um ein Werturteil handelt. Er war deshalb insoweit freizusprechen.

Der Angeschuldigte soll ferner parteischädi-
gend gehandelt haben, indem er SA. und SS. gegeneinander auszuspielen versucht habe. Der Angeschuldigte hat
in der Verhandlung vor der Grossen Strafkammer in Stade
am 13.12.1935 unter seinem Zeugeneid bekundet, dass ihm
der Angeklagte SS.-Mann A ███████ am Abend der dem
Landfriedensbruchprozess zugrunde liegenden Tat gesagt
habe, die SS. hätte die Aktion unternommen, um der SA.,
die das gleiche geplant habe, zuvorzukommen. Pg. A███
hat demgegenüber behauptet, nicht er, sondern der Angeschuldigte selbst habe seinerzeit sich in diesem Sinn
geäussert. Auch die wegen dieser Aussage des Angeschuldigten gegen ihn erstattete Meineidsanzeige hat zu keiner

- 4 -

Anklageerhebung geführt. Für die parteigerichtliche Beurteilung der Aussage des Angeschuldigten ist es auch
unerheblich, ob seinerzeit von ihm oder von dem Pg. A█████
die Frage, ob die SS.-Männer der SA. zuvorkommen wollten,
aufgeworfen worden ist. Denn selbst wenn der Angeschuldigte der Ansicht gewesen ist, dass die SS. der SA. zuvorkommen wollte, und wenn er dieser Meinung vor Gericht
Ausdruck gegeben hat, so liegt darin kein Ausspielen der
einen Gliederung der Partei gegen die andere, zumal er
als Zeuge verpflichtet war, diese Äusserung zu erwähnen.
Der Angeschuldigte kann durch seine Aussage das Ansehen
der Bewegung somit auch nicht absichtlich geschädigt haben. Er war daher auch insoweit freizusprechen.

Dem Angeschuldigten ist ausserdem eine
dienstliche Verfehlung, die er sich als Polizeimeister in
Stade zuschulden kommen liess, zur Last gelegt worden.
Der Angeschuldigte hat zugegeben, wider besseres Wissen
den Tatsachen nicht entsprechende sportliche Leistungszeugnisse über ihm unterstellte Polizeibeamte unterschrieben und seiner vorgesetzten Behörde eingereicht zu haben.
Er ist wegen dieser Handlungsweise von Stade nach Wesermünde versetzt worden. Eine Strafverfolgung ist wegen
inzwischen eingetretener Verjährung unterblieben.

Der Angeschuldigte hat behauptet, aus Ka-
meradschaftlichkeit gegenüber den ihm unterstellten Beamten gehandelt zu haben. Er hat auch zugegeben, dass
er selbst ein Interesse daran hatte, möglichst gute Lei-
stungsblätter über seine Beamten der vorgesetzten Stelle
vorlegen zu können.

Der Angeschuldigte hat durch die falschen
Eintragungen in die Personalnachweise der ihm unterstellten Beamten nicht nur gegen seine Dienstpflicht, sondern
auch gegen seine Pflichten als Nationalsozialist versto-
ßen. Er hat damit den Bestrebungen der Partei zuwider gehandelt und war daher zu bestrafen. Mildernde Umstände wa-

- 5 -

112

ren dem Angeschuldigten jedoch zuzubilligen, da es sich
um eine einmalige Verfehlung, die bereits disziplinär geahndet ist, handelt und keine ehrlose Gesinnung vorliegt.
Eine Verwarnung erschien daher als ausreichende Sühne.

gez.: Schneider
Vorsitzender

gez.: Dr. Volkmann
Beisitzer

gez.: Koch-Schweis-
Beisitzer   furth

Ausgefertigt:
München, den   22. Dez. 1937

Der Geschäftsstellenleiter des
Zentralamtes:

(Kießling)

Zuzustellen an: Pg. Wilhelm Koschinsky, Zustellungsurkunde
Reichsschatzmeister
Gaugericht Ost-Hannover
Gauleitung Ost-Hannover
Regierungspräsident in Stade
Kreisleitung Wesermünde zur Bekanntgabe
an die Ortsgruppe Bremerhaven
Kreisleitung Stade.

113

Parteigerichtsurteil gegen Albert Leister

Nationalsozialistische Deutsche Arbeiterpartei
Oberstes Parteigericht

Akt.No. I/4o81/35 Te.   München 43, Brieffach 8o
                                    den 28. Januar 1936.

                    B E S C H L U S S .

In Sachen gegen den Pg. Albert L e i s t e r , Regierungspräsident
in Stade/Hann.- Mitgliedsnummer 18132 - wird das Verfahren eingestellt

                    B e g r ü n d u n g :

        Der Gauleiter des Gaues Ost-Hannover hat gegen den Angeschul-
digten Antrag auf Eröffnung eines parteigerichtlichen Verfahrens gestellt und diesen wie folgt begründet:

        "Am 13. September 1935, in der Mittagsstunde, erteilte der
zur Bekenntnisfront gehörende Pastor B e h r e n s in Stade einen
Konfirmationsunterricht, in dem es - wie schon früher wiederholt - zu
tumultuarischen Auftritten gekommen ist. Der Pastor verlas nach den
übereinstimmenden Bekundungen der Konfirmanden einen Bibeltext, der
vom Teufel und Juden sprach. Aus diesem Anlass kam es zwischen dem
Pastor und den Konfirmanden zu einer Aussprache, deren Verlauf einer
"Judenschule" gleichkam. Der Pastor erklärte: "Der Stürmer" ist ein
Schmutzblatt ersten Ranges, durch den Lehrer H████, durch die "Stürmer
Kästen" und durch die H.-J. würde die Jugend aufgehetzt. Der New-Yorker
Flaggenskandal sei falsch berichtet, die deutsche Presse lügt. Die
Deutschen bilden sich jetzt ein, das auserwählte Volk zu sein, es käme
nicht auf die Rasse an, sondern auf das Herz, ein Neger könnte besser
sein, als ein Deutscher."

        Die Kinder erklärten mir auf Befragen, dass der Lehrer
H████ nicht hetze, sondern im Geschichtsunterricht ihnen die Juden-
und Rassenfrage ans Herz lege. Der Pastor B e h r e n s ist wiederholt polizeilich verwarnt worden, im Konfirmandenunterricht nicht
Politik zu treiben, sondern seinen Gottesglauben zu lehren.

        Am 16. September abends wurden die Nürnbergfahrer von einem
SA-Sturm abgeholt. In dem Augenblick, in dem die Fahne fortgebracht
worden war, erschienen plötzlich etwa 5-6 SS-Männer umgeben von einer
grösseren Menschenmenge und schoben einen Zivilisten, nämlich den
Pastor B e h r e n s , zwischen Musik und SA-Führer. Pastor B e h -
r e n s hatte ein Schild umgehängt mit der Aufschrift: "Ich bin ein
Judenknecht" ! Die SA marschierte nach dem Sammelplatz und löste sich
dort auf. Die SS-Männer, umstanden von einer johlenden Menschenmenge,
mussten den Pastor Behrens gegen die Wut der Menschen schützen und

                                                    übergaben

übergaben schliesslich den Pastor der herbeigekommenen Polizei. Der Abtransport nach der Polizeiwache wurde wiederum begleitet von einer grösseren Menschenmenge, unter der sich auch etwa 15 SA-Männer befanden. Vor der Polizeiwache war plötzlich der Regierungspräsident, Pg. L e i s t e r , erschienen, der nun nach der Führung der SA schrie, die aber, wie er selber sehen musste, gar nicht vorhanden war, weil die SA sich bereits vorher aufgelöst hatte. Als sich niemand meldete, rief Pg. L e i s t e r u.a.: "Das ist Rebellion, Ihr wollt Nationalsozialisten sein, feiges Gesindel seid Ihr, undisziplinierte Bande; wenn nicht in 5 Minuten der Platz geräumt ist, lasse ich von der Waffe Gebrauch machen." Es ertönten laute Pfuirufe und aus der Menge rief jemand dem Regierungspräsidenten Leister zu: "Der Nächste, der durch die Strassen geführt wird, bist Du !"

Der Gauleiter von Ost-Hannover wirft dem Angeschuldigten vor, durch sein Verhalten die SA beleidigt und das Ansehen der Partei schwer geschädigt zu haben. Beide Vorwürfe bestehen nicht zu Recht.

Selbst wenn der Vorfall sich im einzelnen genau so zugetragen hätte, wie er vom Gauleiter, dem ein einwandfreies Untersuchungsergebnis bei Stellung seines Antrages noch nicht vorlag, geschildert worden ist, kann das Verhalten des Angeschuldigten vom Standpunkte der Partei aus nicht beanstandet werden. Der Angeschuldigte sah sich als Regierungspräsident einer johlenden undisziplinierten Menschenmenge gegenüber, die in ihrer Mitte einen Pastor unter Gewaltanwendung mit sich führte. Was lag unter solchen Umständen für den Angeschuldigten als höchstes Polizeiorgan des Regierungsbezirkes Stade näher, als unter Einsatz seiner Autorität einzugreifen, um zunächst Ruhe und Ordnung in dem Gebiet wieder herzustellen, für das er verantwortlich war. Im nationalsozialistischen Staate sind die Polizeiorgane und Gerichte dazu da, diejenigen, die ein staatsfeindliches Gebaren an den Tag legen, mit allen gesetzlich zu Gebote stehenden Mitteln zur Verantwortung zu ziehen. Niemals kann aber hierzu eine wild zusammengelaufene Menge, die ohne Führung ist und erfahrungsgemäss ohne Ueberlegung handelt, berufen sein. Wenn daher der Angeschuldigte gegen die sich völlig undiszipliniert benehmende und laut johlende Menschenansammlung einschritt und dabei auch Schimpfworte gebrauchte, so kann ihm ein Vorwurf nicht gemacht werden. Im Gegenteil muss festgestellt werden, dass der Angeschuldigte hier nur das getan hat, was der nationalsozialistische Staat von seinen Beamten fordern muss: er hat verantwortungsfreudig unter Einsatz seiner Person eine zum Teil unpopuläre notwendige Massnahme sofort selbst getroffen, ohne die Verantwortung hierfür auf die ihm unterstellten Beamten abzuwälzen.

Eine Beschimpfung der SA und eine Schädigung des Ansehens der
Bewegung

Bewegung kann dem Angeschuldigten unter diesen Umständen nicht zur Last gelegt werden. Nach Darstellung des Gauleiters hat der Angeschuldigte zunächst den Führer der SA aufgefordert, sich zu melden. Erst als sich niemand meldete, hat der Angeschuldigte die ihm zum Vorwurf gemachten Aeusserungen getan. Diese stellen schon deshalb keine Beschimpfung der SA dar, weil diese als Formation an dem Umzug überhaupt nicht beteiligt war. Es muss dem Angeschuldigten als alten und verdienten Parteigenossen, der im Staat ein hohes Amt inne hat, das Recht zugebilligt werden, das Verhalten einer sich undiszipliniert und damit unnationalsozialistisch gebärdenden, laut lärmenden und johlenden Personengruppe mit harten Worten zu brandmarken, selbst wenn sich darunter Nationalsozialisten befinden. Niemals kann in einem solchen Verhalten eine Beschimpfung der Partei erblickt werden. Im Gegenteil, es muss angenommen werden, dass der Angeschuldigte als ein von der NSDAP. herausgestellter hoher Beamter bemüht gewesen ist, zu verhindern, dass Partei oder Staat für diesen unwürdigen Umzug verantwortlich gemacht werden konnten.

Wenn man diesem Verfahren nicht den Bericht des Gauleiters, sondern die von ihm in wesentlichen Punkten abweichenden Ermittlungen des Reichsministers der Justiz (vergl. Schreiben vom 30.9.35 an den Stellvertreter des Führers) und die Feststellungen der Grossen Strafkammer des Landgerichtes in Stade, die die an dem Umzug vornehmlich Beteiligten wegen Landfriedensbruch zu hohen Gefängnisstrafen verurteilt hat, zu Grunde legen würde, so erscheinen die für den Umzug Verantwortlichen schwer belastet und das Verhalten des Angeschuldigten in noch wesentlich günstigerem Lichte.

Da jedoch bereits das Vorbringen des Gauleiters von Ost-Hannover eine Bestrafung des Angeschuldigten nicht begründet, konnte von einer parteigerichtlichen Untersuchung der Angelegenheit Abstand genommen und das Verfahren unter Zugrundelegung des Vorbringens des zuständigen Politischen Leiters eingestellt werden.

gez. : Schneider
Vorsitzender

gez.: Knop-
Beisitzer

gez.: Runge.
Beisitzer.

Ausgefertigt:
München, den 30. Januar 36.
Beglaubigt:
Der Leiter der Geschäftsstelle der I. Kammer:
gez. Maier.

Zuzustellen an: Reg. Präsident Leister, Zustellungsurkunde,
Gauleistung Ost-Hannover;
Stellvertreter des Führers.

Das Standgericht in Stade im März / April 1945
Volker Friedrich Drecktrah

Mit Schreiben vom 28. März 1945 teilte der Stader Landgerichtspräsident Dr. Hans Roth dem Präsidenten des Oberlandesgerichts in Celle mit: „Durch Anordnung des Gauleiters vom 24. März 1945 bin ich zum Vorsitzenden des für den Gau 24 eingesetzten Gerichts des Deutschen Volkssturms bestellt worden." Dass er auch zur gleichen Zeit Vorsitzender des vom zuständigen Reichsverteidigungskommissar, dies war in Personalunion der Gauleiter Otto Telschow, neu eingerichteten Standgerichts Stade wurde, ergibt sich aus seiner Personalakte nicht.[1]

Erst im Stader Tageblatt vom 16. April 1945 wurde in der Rubrik „Aus dem Lande zwischen Meer und Heide – Gau Osthannover" unter der Überschrift „Standgericht gebildet" von dessen Einrichtung und Aufgaben berichtet:

> *„Auf Grund eines Führerbefehls und in Verfolg der Verordnung vom 15. 2. 1945 habe ich für das Gebiet des Gaues Osthannover Standgerichte gebildet. Sie haben ihren Sitz in Celle (...), Lüneburg (...), Stade (für die Kreise Stade, Bremervörde, Rotenburg und Verden) sowie Wesermünde (für die Kreise Wesermünde, Cuxhaven, Land Hadeln und Osterholz). Die Standgerichte sind für alle Straftaten zuständig, durch die die deutsche Kampfkraft und Kampfentschlossenheit gefährdet wird. Der Reichsverteidigungskommissar. Otto Telschow, Gauleiter."*

Diese Standgerichte entsprachen der erwähnten Verordnung vom 15. Februar 1945 (Reichsgesetzblatt Teil I, S. 30), deren Präambel und ersten Abschnitte lauteten:

> *„Die Härte des Ringens um den Bestand des Reiches erfordert von jedem Deutschen Kampfentschlossenheit und Hingabe bis zum Äußersten. Wer versucht, sich seinen Pflichten gegenüber der Allgemeinheit zu entziehen, insbesondere, wer dies aus Feigheit oder Eigennutz tut, muß sofort mit der notwendigen Härte zur Rechenschaft gezogen werden, damit nicht aus dem Versagen eines einzelnen dem Reich Schaden erwächst. Es wird deshalb auf Befehl des Führers im Einvernehmen mit dem Reichsminister und Chef der Reichskanzlei, dem Reichsminister des Innern und dem Leiter der Partei-Kanzlei angeordnet:*
> *I. In feindbedrohten Reichsverteidigungsbezirken werden Standgerichte gebildet.*
> *II. (1) Das Standgericht besteht aus einem Strafrichter als Vorsitzer sowie einem Politischen Leiter oder Gliederungsführer der NSDAP. und einem Offizier der Wehrmacht, der Waffen-SS oder der Polizei als Beisitzern.*
> *(2) Der Reichsverteidigungskommissar ernennt die Mitglieder des Gerichts und bestimmt einen Staatsanwalt als Anklagevertreter."*

Damit waren geradezu handverlesene Personen Mitglieder des Gerichts, von einer unabhängigen Justiz konnte unter diesen Umständen keine Rede sein. Die Gerichte durften nach dieser Verordnung nur erkennen auf „Todesstrafe, Freisprechung oder Überweisung an die ordentliche Gerichtsbarkeit."

---

[1] Nds. Hauptstaatsarchiv Hannover Rep. 173 acc. 57/98 Nrn. 299/1 bis 299/4.

Die Tätigkeit dieses in Stade eingesetzten Gerichts ist offenbar vollständig erhalten geblieben. Es liegen nämlich für vier Verfahren unter den Aktenzeichen „St. 1/45" bis „St. 4/45" im Nds. Staatsarchiv Stade Akten vor.[2] Dabei endet das Verfahren St. 4/45 mit einer Verfügung vom 30. April 1945, in der „Weglegen" der Akte angeordnet war. Das dürfte die letzte Handlung des Standgerichts gewesen sein, weil Stade am 1. Mai 1945 von britischen Truppen besetzt wurde.[3] Damit steht m. E. fest, dass es nicht mehr als diese vier Verfahren gegeben hat. Es überrascht, dass in keinem der Fälle eine Verurteilung erfolgte.[4]

Im einzelnen ging es um folgende „Taten", wobei die Fälle 1/45 und 3/45 zunächst dargestellt werden, weil es nur hier zu einer Anklageerhebung gekommen ist:

Der Fall St. 1/45

Am 7. April 1945 zogen zwei Bauern aus Ritzenbergen im Kreis Verden, der eine, Friedrich Wulfers, geboren am 8. Juni 1890, war der Bürgermeister, der andere, Hermann Wolters, geboren am 6. Oktober 1887, war sein Vertreter, mit einem weißen Tuch, das der eine von ihnen eingesteckt hatte, in Richtung ihres Nachbarortes Amdorf. Ritzenbergen stand nämlich unter Beschuß der deutschen und britischen Truppen und beide hatten keine telefonische Verbindung nach Verden bekommen, um mitzuteilen, dass „unsere Artillerie" zu kurz schieße. Sie wurden von deutschen Soldaten angetroffen, „als sie mit einer 5 – 6 m langen Stange auf der Straße standen, an welcher sie das weiße Tuch befestigt hatten", so hieß es später in der Anklageschrift vom 22. April 1945.

Sie wurden von diesen Soldaten festgenommen und zunächst in das Landgerichtsgefängnis Verden gebracht. Das Verdener Gefangenenbuch hat beide unter den laufenden Nummern 7 und 8 mit dem „Aufnahmetag und Tageszeit 9. 4. 45, 9 Uhr 30 Min." vermerkt. Als „Vollstreckungsbehörde" ist bei beiden fehlerhaft das zu keiner Zeit existente „Standgericht Verden" verzeichnet. Unter „Austrittstag und Tageszeit" heißt es bei beiden „12.4.45 13 Uhr". Als „Grund des Austritts" war angegeben „Nach Stade überführt".[5] Hier waren Wulfers und Wolters in das Stader Landgerichtsgefängnis gebracht worden.

„Sie haben daher im Inland es als Deutsche unternommen, während des Krieges gegen das Reich der feindlichen Macht Vorschub zu leisten und der Kriegsmacht des Reiches einen Nachteil zuzufügen. ... Es wird beantragt, das Standgericht zusammentreten zu lassen" so formulierte es der Anklagevertreter des Standgerichts, Erster Staatsanwalt Mollenhauer, in seiner Anklageschrift vom 22. April 1945 in dem ersten Verfahren dieser Art in Stade. Diese Anklage wurde den beiden im Stader Landgerichtsgefängnis einsit-

---

[2] Nds. Staatsarchiv Stade, Rep. 171a Stade Nrn. 552 bis 555. Diese Akten befanden sich im April 1947 nicht in der Verwahrung des Landgerichts Stade, auch über deren Verbleib konnte nichts angegeben werden, so der Stader Landgerichtspräsident in einem Schreiben vom 9. April 1947 an den in Internierungshaft befindlichen ehemaligen Kreisleiter Eduard Kühl, vgl. Nds. Staatsarchiv Stade, Rep. 171 acc. 40/82, Bl. 131. Es kann nur vermutet werden, dass sie sich im Besitz der Witwe des Stader Landgerichtspräsidenten Dr. Hans Roth befunden haben, s. den Beitrag in diesem Buch.

[3] Vgl. Jürgen Bohmbach, Der Wiederaufbau Stades 1945 – 1949, in: Stade. Von den Anfängen bis zur Gegenwart, Stade 1994, S. 503 – 513.

[4] Hartmut Lohmann, „Hier war doch alles nicht so schlimm" – Der Landkreis Stade in der Zeit des Nationalsozialismus, Stade 1991, S. 378f., hat über das Standgericht Stade bereits zusammenfassend berichtet.

[5] Nds. Staatsarchiv Stade Rep. 86 Verden Nr. 11.

zenden Beschuldigten um 9.20 Uhr dieses Tages mit dem Hinweis ausgehändigt, „daß das Standgericht um 11 Uhr zusammentreten wird."

Das Standgericht Stade tagte unter dem Vorsitz des Landgerichtspräsidenten Dr. Roth und mit den Beisitzern Major Maaß und dem Stader NSDAP-Kreisleiter Kühl[6], die beiden Angeklagten verteidigte der Stader Rechtsanwalt Dr. Sachse. Nach Vernehmung der Angeklagten, Zeugen waren nicht geladen, beantragte Staatsanwalt Mollenhauer für beide die Todesstrafe, der Verteidiger Freispruch oder Verweisung an die ordentlichen Gerichte.

„Im Namen des Deutschen Volkes" wurde noch am selben Tag für Recht erkannt: „Die Angeklagten werden auf Kosten der Reichskasse freigesprochen."

```
Kreisleitung Stade.
Der Kreisleiter.                    Stade, den 23.4.1945.


               An den
               Herrn Reichsverteidigungskommissar
               für den Gau Ost-Hannover
               in L ü n e b u r g .


Betr.: Standgericht in Stade.
- - - - - - - - - - - - - - - - - - - - - - -
       Am 22.4.1945 hat das Standgericht in Stade gegen den Bürgermeist:
und Bauer Friedrich Aulfers und gegen den Bauer und stellv. Bürgermei-
ster Hermann Wolters aus Ritzenbergen verhandelt. Die Angeklagten wur-
den auf Kosten der Reichskasse freigesprochen. Ihnen konnte keine un-
ehrenhafte Handlung und lumpige Gesinnung zur Last gelegt werden.
       Der Vorsitzende des Standgerichts hat mir die Akten überreicht
mit der Bitte, die Bestätigung des Urteils durch den Reichsverteidi-
gungskommissar herbeiführen zu wollen.


                          Heil Hitler!
                          A.Kreisleiter.
```

Weil sie lediglich die Einwohner ihres Dorfes „vor einem weiteren Blutbad" bewahren wollten, konnte ihnen subjektiv nicht nachgewiesen werden, den Feind begünstigen zu wollen, so das Urteil. Dieses Urteil wurde an den Gauleiter als Reichsverteidigungskommissar zur Bestätigung weitergeleitet, der diese erteilte und die Akten mit dem Vermerk „Das Urteil wurde bestätigt. Der Reichsverteidigungskommissar i. V. Hermann" zurückreichte. Damit war dieses erste Verfahren des Standgerichts rechtskräftig abgeschlossen, Mollenhauer verfügte am 30. April 1945 das „Weglegen" der Akte.

---

[6] Nach Hartmut Lohmann, S. 418, wurde Eduard Kühl 1896 geboren; er war seit April 1935 Bürgermeister in Drochtersen, Landkreis Stade, und seit Mai 1943 Kreisleiter der NSDAP in Stade. Am 10. Mai 1945 kam er in Internierungshaft und wurde am 16. Juli 1948 vom Spruchgericht Bergedorf zu 18 Monaten Gefängnis verurteilt, die durch die Haft als verbüßt galten. Danach lebte er wieder in Drochtersen.

Gau Osthannover

Wegen Feigheit mit dem Tode bestraft

Der Gauleiter und Reichsverteidigungskommissar des Gaues Osthannover erläßt folgende Anordnung: Zwei Bürgermeister im Kreise Verden haben bei Annäherung des Feindes die weiße Flagge gezogen. Sie wurden mit dem Tode bestraft.

Ich ordne an, daß jedes Haus, welches die weiße Flagge zieht, zerstört wird. Jeder, der die weiße Flagge zieht, wird mit dem Tode bestraft.

Plünderer und Feiglinge sind auf frischer Tat, ohne daß das Standgericht zusammengetreten ist, zu erhängen oder zu schließen.

Wir glauben an die Zukunft eines freien Deutschlands. Der Feind, der unsere Freiheit bedroht, wird nicht durch weiße Flaggen, sondern durch kämpferischen Einsatz vertrieben.

10. April 1945.

Otto Telschow,
Gauleiter und Reichsverteidigungskommissar.

„Der Gauleiter und Reichsverteidigungskommissar des Gaues Osthannover erläßt folgende Anordnung: Zwei Bürgermeister im Kreise Verden haben bei Annäherung des Feindes die weiße Flagge gezogen. Sie wurden mit dem Tode bestraft. Ich ordne an, daß jedes Haus, welches die weiße Flagge zieht, zerstört wird. Jeder, der die weiße Flagge zieht, wird mit dem Tode bestraft. Plünderer und Feiglinge sind auf frischer Tat, ohne daß das Standgericht zusammengetreten ist, zu erhängen oder zu erschießen.

Wir glauben an die Zukunft eines freien Deutschlands. Der Feind, der unsere Freiheit bedroht, wird nicht durch weiße Flaggen, sondern durch kämpferischen Einsatz vertrieben.

10. April 1945

Otto Telschow, Gauleiter und Reichsverteidigungskommissar"

Bemerkenswert ist demgegenüber die propagandistische Auswertung dieses Verfahrens. Das Stader Tageblatt meldete in seiner Rubrik „Aus dem Lande zwischen Meer und Heide – Gau Osthannover" bereits am 12. April 1945, also an dem Tag, an dem Wulfers und Wolters von Verden nach Stade gebracht wurden, unter der Überschrift „Wegen Feigheit mit dem Tode bestraft".

Diese Veröffentlichung dürfte nicht nur zur Abschreckung der Bevölkerung gedient haben, vielmehr kann insbesondere aus dem zeitlichen Zusammenhang durchaus der Schluß gezogen werden, dass Einfluß auf das Gericht ausgeübt werden sollte. Bemerkenswert ist zudem, dass sie vier Tage vor der Bekanntmachung über die Einrichtung eines Standgerichts erfolgte und das Standgericht wie selbstverständlich erwähnt.

Telschow, der „an die Zukunft eines freien Deutschlands" glaubte, setzte seinem Leben keine vier Wochen später ein Ende[7]. Friedrich Wulfers und Hermann Wolters verstarben beide im Jahr 1970 in ihrem Heimatdorf.[8]

Der Fall St. 3/45

Die Mühle des Harsefelder Müllers Hugo Rolff geriet am Morgen des 25. April 1945 unter „Feindbeschuß". Kurz darauf setzte er sich an seine Schreibmaschine und schrieb eigenhändig folgenden Text auf englisch: „Morgens etwa 9 Uhr haben Sie mit einer Kanone geschossen. Der Schuß war zu kurz. Mein Lehrling, der sich in der Nähe der Wassermühle befand, verlor durch die Granate seinen Arm." Den Zettel wollte er ursprünglich den vor Harsefeld stehenden Engländern zukommen lassen, überlegte es sich dann aber anders und steckte ihn in seine Jacke. Am Nachmittag dieses Tages begab er sich zu seiner Wassermühle, an der von deutschen Soldaten eine Sprengung der Brücke vorgenommen werden sollte. Die Soldaten fanden den Zettel bei ihm, nahmen ihn fest und lieferten ihn

---

[7] Vgl. Hartmut Lohmann, S. 427.

[8] Otto Voigt, Die Höfe des alten Amtes Verden, in: Robert Kienzle (Hrsg.), Heimatkalender für den Landkreis Verden 1980, Verden 1979, S. 254 und 256. – Ich danke Joachim Woock, Verden, für diesen Hinweis.

um 22.00 Uhr in das Stader Landgerichtsgefängnis ein. Ein Grund dafür, dass Rolff von den Soldaten körperlich durchsucht wurde, ist nicht zu erkennen, möglicherweise hatte er sich wegen der beabsichtigten Sprengung negativ über dieses Vorhaben geäußert.

Die Anklageschrift der Staatsanwaltschaft vom 26. April 1945 erhob gegen ihn den Vorwurf der „Feindbegünstigung" nach § 91b StGB. Der Antrag des Staatsanwaltes Mollenhauer in der Hauptverhandlung am folgenden Tag lautete jedoch auf „Freispruch", ebenso erkannte das Standgericht. Ein schriftliches Urteil ist in diesem Verfahren offenbar nicht mehr ergangen.

In den beiden weiteren vorhandenen Verfahren kam es nicht zu einer Anklage. Hier lagen folgende Sachverhalte vor:

Der Fall St. 2/45
Diese Akte besteht aus fünf Blättern, die alle vom 22. April 1945 stammen. An diesem Tag vernahm der Anklagevertreter des Standgerichts, Erster Staatsanwalt Mollenhauer, den am Vortag vom Fliegerhorst Stade in das Stader Landgerichtsgefängnis eingelieferten Bauern und Bürgermeister Hein Bredehöft, geboren 1888, sowie den Bauern Peter Schnackenberg, geboren 1890, beide aus Ahlerstedt. Dort standen am Nachmittag des 20. April 1945 „feindl. Panzer" am Ortseingang, mit denen Anwohner bereits verhandelten. Bredehöft erhielt unmittelbar danach vom „Wehrmeldeamt Stade" die Weisung, in Ahlerstedt „die Panzersperren sofort zu schließen." Er antwortete, dass es hierfür zu spät sei, weil die Panzer bereits im Ort seien und die Panzersperre nicht besetzt gewesen war.

Bredehöft begab sich in die Ortsmitte zur Panzersperre, wo die britischen Panzer standen, und erhielt von deren Kommandeur auf deutsch die Weisung, dass alle im Besitz der Bevölkerung befindlichen Waffen bei ihm, dem Bürgermeister, abzuliefern seien. Inzwischen hatten etliche Bewohner an ihren Häusern sowie an der Schule, in der Holländer untergebracht waren, weiße Flaggen gehißt und lieferten Waffen bei Bredehöft ab. Die britischen Panzer zogen sich zurück, und ein Spähtrupp der Wehrmacht auf einem Motorrad mit einem Hauptmann Meyer sowie einem Feldwebel erschien bei Bredehöft. Sie stellten ihn zur Rede, warum er das Dorf kampflos übergeben habe, ließen noch den Ortsgruppenleiter Schnackenberg holen, nahmen beide fest und brachten sie zum Fliegerhorst in Stade.

Danach vermerkte Mollenhauer in der Akte, dass „eine strafbare Feindbegünstigung ... nach dem ermittelten Sachverhalt nicht feststellbar" ist. „Beide Beschuldigten haben also nichts unternommen, um dem Feinde Vorschub zu leisten. ... Das Verfahren wird daher eingestellt." Danach übersandte Mollenhauer die Akte an den Reichsverteidigungskommissar Ost-Hannover, das war zu der Zeit der Kreisleiter Eduard Kühl mit dem Satz: „Das Verfahren ist auch dem Standgericht zur Kenntnis gebracht worden. Es schlägt ebenfalls die Einstellung des Verfahrens vor." Kühl zeichnete diese Verfügung als „gesehen" ab und am 24. April 1945 verfügte Mollenhauer in der Akte „Weglegen".

Der Fall St. 4/45
Die Akte beginnt mit einer Meldung des Leutnants Rudolf Kretz von der „3. Alarm Komp." vom 26. April 1945:
> *„Am 23.4.45 gegen 22 Uhr war ich zur Feindaufklärung mit einem Spähtrupp im Ort Nottensdorf. Als ich mich in das Haus des Marties begab, um Erkundung über den Feind einzuziehen, verwehrte mir dieser den Eintritt, indem er mir mit der Hand vor die Brust*

stieß und dabei aussagte: ‚Auf Befehl des Bürgermeisters darf die Zivilbevölkerung [!] kei-
ne deutschen Soldaten aufnehmen, weil sonst der Tommy die Häuser in Brand schießt. Das
Haus gegenüber der Strasse ist bereits in Brand geschossen, weil sich dort zwei deutsche
Soldaten versteckt hielten.' Auf meine Einwendung auf sein feiges und unwürdiges Verhal-
ten äusserte er, er sei bereits einmal ausgebombt und wolle nicht noch sein letztes Hab und
Gut verlieren."

Am 26. April 1945 wurde der von Kretz festgenommene Hermann Matthies, geboren
1892, von dem Kriminalbeamten Kleine-Lögte[9] vernommen. Dabei äußerte er u. a.:

„Zusammenfassend muß ich also zugeben, daß ich dem Leutnant den Eintritt ins Haus
verwehrte, obwohl er gar nicht darum gebeten hatte eingelassen zu werden bezw. Quartier
zu erhalten. Meine Handlungsweise ist lediglich auf meine Angst zurück zu führen, daß
auch unser Haus beschossen wird."

Am 27. April 1945 übersandte Kleine-Lögte unter dem Briefkopf „Der Kommandeur der
Sicherheitspolizei Lüneburg Außendienststelle Stade" die Übersendungsverfügung an
das Standgericht mit dem bemerkenswerten Abschlußsatz:

„Bemerkenswert ist die Tatsache, daß die Bevölkerung im hiesigen Kampfgebiet eine feind-
liche Haltung unseren eigenen Truppen gegenüber einnimmt."

Er verstand wohl selbst zu dieser Zeit noch nicht, daß die Bevölkerung vom Krieg inzwischen einfach genug hatte, wie diese beiden Verfahren erkennen lassen. Am 28. April 1945
verfügte „Der Anklagevertreter des Standgerichts", daß eine „Begünstigung des Feindes"
nicht vorliege. „Mit dem Vorsitzer des Standgerichts, Landgerichtspräsident Dr. Roth, ist
Fühlung genommen worden. Auch er vertritt die oben dargelegte Auffassung." Die zweite Ziffer dieser Verfügung lautete „Nach 2 Tagen", am 30. April 1945 schrieb Mollenhauer
auch hier „Weglegen".

Die Tätigkeit dieses Gerichts zeichnet sich trotz des im ersten Verfahren beantragten To-
desurteils letztlich durch erhebliche Milde aus, wozu das als nah bevorstehend gesehene
Kriegsende wohl beigetragen hat. Es kann nur vermutet werden, dass sich die Einstellung
der an den Standgerichtsverfahren beteiligten Personen auch unter dem Eindruck der
nahezu vor der Tür stehenden britischen Truppen zu besserer Einsicht gewandelt hatte
oder aber, dass schließlich angesichts dieser neuen Lage der Opportunismus der Beteiligten die Oberhand behielt. Ein Vergleich mit den anderen Standgerichten der Region wäre
interessant, aber er ist nicht möglich, weil insoweit eine Aktenüberlieferung fehlt. Auf die
Meldungen der Tagespresse zurückzugreifen führt nicht weiter, wie gerade der erste
beschriebene Fall des Standgerichts Stade mit seiner zu Propagandazwecken umgeschrie-
benen Wirklichkeit gezeigt hat.

---

[9] Zu diesem bei Hartmut Lohmann, S. 417: Johann Kleine-Lögte, geboren 1905, war seit 1928 Polizei-
beamter. Seit März 1938 war er Kriminalassistent bei der Staatspolizeileitstelle Wesermünde, danach
für einige Zeit bei der Gestapo in Oppeln und Kattowitz, seit April 1941 war er Leiter der Gestapo-
Außenstelle Stade. Am 7. Mai 1945 wurde er interniert und am 13. Januar 1948 vom Spruchgericht
Benefeld zu 30 Monaten Gefängnis verurteilt.

Die Einrichtung des Spruchgerichts Stade 1946/47[1]

Volker Friedrich Drecktrah

Die Alliierten hatten nach der Besetzung Deutschlands entsprechend einem im Jahr 1944 festgelegten Katalog[2] alle diejenigen Personen als „Zivilinternierte" festgenommen, die der SS, dem SD oder der Gestapo angehörten sowie solche, die Funktionsträger in der NSDAP oder in Verwaltung und Justiz („Korps der Politischen Leiter") waren. Allein in der britischen Zone befanden sich 27.000 Personen in sechs Internierungslagern im Gewahrsam. Im Bezirk des Oberlandesgerichts Celle lagen drei dieser Lager, nämlich in Sandbostel, Kreis Bremervörde, in Fallingbostel und in Staumühle/Hiddesen, gelegen in der Nähe von Detmold, dessen Landgerichtsbezirk zu jener Zeit noch zum OLG-Bezirk Celle zählte. Eingerichtet wurden im Celler Bezirk schließlich drei Spruchgerichte, nämlich in Stade, in Benefeld-Bomlitz (heute Kreis Soltau-Fallingbostel) sowie in Detmold, also jeweils ein Gericht für das in der Nähe befindliche Internierungslager.

In diesem Beitrag wird nur das Spruchgericht für die in Sandbostel internierten Personen, das seinen Sitz in Stade erhielt, vorgestellt. Gegenstand ist damit nicht die Entnazifizierung als solche, ebenso wenig werden einzelne Spruchgerichtsverfahren dargestellt, auch soll die sehr früh nach der Besetzung beginnende juristische Debatte über die Zulässigkeit der strafrechtlichen Verfolgung gemäß Kontrollratsgesetz Nr. 10 („Verbrechen gegen die Menschlichkeit"), die um das Thema der rückwirkenden Geltung dieser Normen kreiste, hier nicht erneut aufgerollt werden. Vielmehr geht es ausschließlich darum, wie in einer allgemeinen Mangelsituation die Aufgabe bewältigt wurde, neben den gerade wieder eröffneten ordentlichen Gerichten eine neue Gerichtsbarkeit für eine Übergangszeit zu etablieren. Dabei interessiert allein die Einrichtung dieses Gerichts bis zu seiner Arbeitsfähigkeit sowie dessen personelle Besetzung.

Am 23. Dezember 1946 ging beim Landgericht Stade ein Schreiben der Rechtsabteilung der britischen Militärregierung („Legal Division, Control Commission for Germany, British Element") aus Herford vom 30. November 1946 in deutscher Übersetzung ein. Als „Betreff" war genannt „Deutsche Justiz-Verwaltung. Knappheit an Richtern und Staatsanwälten", und gleich eingangs des Schreibens wurde ausgeführt, dass beabsichtigt sei, für die „etwa 27.000 Mitglieder der verbrecherischen Organisationen, die sich z.Zt. in Internierungslagern befinden, ... besondere deutsche Gerichtshöfe erster und zweiter Instanz (Spruchkammern und Spruchsenate) ... einzurichten."

---

[1] Der Darstellung liegen die Akten Nds. Staatsarchiv Stade Rep. 171 Stade acc. 40/82 Nr. 16 (Az. 3234) zugrunde. - Bemerkenswert an dieser früher im Landgericht Stade unter „Generalakten" geführten Sammlung ist, dass sie bis Blatt 16 von der Einrichtung des 1942 eingerichteten Sondergerichts für den LG-Bezirk handelt, die letzte Verfügung insoweit datiert vom 19. April 1945, und dass ab Blatt 17 die Einrichtung von Spruchgerichten für Zivilinternierte Inhalt ist, beginnend mit einem Schreiben der britischen Militärregierung vom 30. November 1946. Kontinuität in der Justiz lässt sich gelegentlich auch an der Aktenführung erkennen.

[2] Hierzu eingehend Joachim Reinhold Wenzlau, Der Wiederaufbau der Justiz in Nordwestdeutschland 1945 bis 1949, Königstein/Taunus 1979, S. 44f. und S. 99; auszugsweise ist der Katalog der Belasteten, der im Kern den Vorgaben von 1944 entspricht, enthalten in Bundesministerium der Justiz (Hrsg.), Im Namen des Deutschen Volkes. Justiz und Nationalsozialismus, Köln 1989, S. 319f.

Gewünscht wurde einerseits eine schnelle Justiz für die Internierten, andererseits wurde beklagt, dass gerade im Celler OLG-Bezirk die Neueinstellung von Richtern und Staatsanwälten eher zögerlich behandelt werde:

> „Viele Mitglieder der verbrecherischen Organisationen, die in NÜRNBERG verurteilt wurden, befinden sich seit langem in Haft, was ihnen bei ihrer persönlichen Verurteilung anzurechnen ist, und im Interesse der Gerechtigkeit, wie auch der allgemeinen deutschen Moral ist es wichtig, dass diese Verfahren so schnell wie möglich durchgeführt werden. Die Abwickelung dieser Gerichtsverfahren wird eine schwere, zusätzliche Belastung der deutschen Justiz-Verwaltung darstellen und es ist notwendig, dass die vorhandenen Justiz-Stellen ... ohne Aufschub ausgefüllt werden. Es sei zugestanden, dass die Knappheit an Justiz-Beamten zum Teil auf die Denazifizierung ... (zurückzuführen) ist. Es ist jedoch klar, dass diese Knappheit in einigen Bezirken, besonders in KÖLN, DÜSSELDORF und CELLE ganz besonders verschlimmert wird durch die Weigerungen der Oberlandesgerichtspräsidenten und der General-Staatsanwälte, im Justizdienst Flüchtlinge aus dem Osten oder aus England oder sonstige nicht in der britischen Zone beheimatet gewesene Personen, die den betreffenden aufsichtsführenden Justizbeamten unbekannt sind, einzustellen."

Auf diesem Schreiben hatte der amtierende Stader Landgerichtspräsident Georg Quittel vermerkt, dass die „Besetzung der Fehlstellen ... voraussichtlich in Kürze möglich sein (werde), wenn weitere noch ausstehende Entnazifizierungsergebnisse vorliegen. Es dürfte im hiesigen Bereich möglich sein, eine Spruchkammer, sobald es erforderlich ist, einzurichten. Die streitige Gerichtsbarkeit ist im übrigen überall durchweg auf dem Laufenden."

Das von der britischen Militärregierung eingesetzte Zentral-Justizamt für die britische Zone mit Sitz in Hamburg hatte durch seinen Präsidenten Dr. Kiesselbach bereits im Dezember 1946 den bisherigen Oldenburger Generalstaatsanwalt Dr. Meyer-Abich zum „Generalinspekteur zur Aburteilung von Mitgliedern verbrecherischer Organisationen" ernannt. Sein Aufgabenkreis bestimmte sich wie folgt:

> „a) die genaue Erkundung der Strafanstalten, Gerichtsgebäude und Unterkunftsmöglichkeiten in der Nähe der 6 Zivilinterniertenlager in der britischen Zone zwecks Durchführung der Strafverfahren,
> b) die Vorbereitung der Anklageschriften und die strafrechtliche Verfolgung der Angeklagten,
> c) die Zusammenfassung und Leitung des gesamten Unternehmens innerhalb der ganzen britischen Zone."

Ein Gespräch beim Stader Regierungspräsidenten Thies am 15. Januar 1947 in Anwesenheit des örtlichen Kommandeurs der Militärregierung sowie des amtierenden Landgerichtspräsidenten Quittel sollte das weitere Vorgehen festlegen. Meyer-Abich verlangte die Einrichtung von 16 Spruchkammern, die im Regierungsbezirk Stade unterzubringen seien und die die anstehenden Verfahren bis Ende des Jahres 1947 zum Abschluß bringen sollten. Hierfür seien an ständigem Personal ca. 100 Personen erforderlich, zudem seien 60 Büroräume und sechs Sitzungssäle bereitzustellen, weil „jede der 16 Spruchkammern zweimal in der Woche tagen soll."

Diese Vorgaben waren sehr konkret und ihre Umsetzung besonders eilbedürftig, weil die „Internierten der Zivilinternierungslager ... binnen 1 Jahre abgeurteilt sein" sollten. Diese zeitliche Vorgabe betraf die gesamte britische Zone, also insgesamt 27.000 zu bewältigende Verfahren, eine wahrhaft riesige Aufgabe. Immerhin waren sich alle Beteiligten einig, dass diese Aufgabe „keineswegs von der Justizverwaltung allein" zu schaffen war. In Erwägung gezogen wurde auch, die Stader Justizbehörden völlig auszulagern und das Spruchgericht in dessen Räumen unterzubringen, dies scheiterte jedoch daran, dass im Gerichtsgebäude lediglich zwei Sitzungssäle und 42 Büroräume vorhanden waren. Für die 100 Beschäftigten sei zudem „eine wohnungsmäßige Unterbringung" zu finden, „darunter für etwa 50 Personen eine Einzelzimmerunterbringung, während die übrigen Personen zusammengelegt werden könnten."

Seinen Vermerk über das Gespräch schloss Quittel mit den Worten:

> *„Der Generalinspekteur trat mit ziemlich kategorischen Bedingungen an uns heran und bestand auf sofortiger Einleitung durchgreifender Maßnahmen, die es ihm ermöglichen, am 22. d. Mts. dem Hauptquartier in Lübbecke zu berichten, in welcher Weise die Organisation der Spruchkammern bezgl. des Internierungslagers Sandbostel durchzuführen sei."*

Nachdem sich der vom Regierungspräsidenten beauftragte Oberregierungsrat Blümke und der vom Landgerichtspräsidenten beauftragte Oberlandesgerichtsrat Brumm am 17. Januar 1947 in Bremervörde und Zeven zur Gewinnung von Büro- und Wohnräumen umgesehen hatten, waren sie dort jedoch nicht erfolgreich, denn auch in diesen Orten waren in der gewünschten Zeit nicht die benötigten Räume zu beschaffen, auch nicht mit der Vorstellung, in Bremervörde sowohl Amtsgericht wie Finanzamt auszuquartieren und dort das Spruchgericht einzurichten. OLG-Rat Brumm schloss seinen Aktenvermerk nach der Besichtigungsfahrt dahin, dass „unter den Widerständen, die in Bremervörde und Zeven zu erwarten sind", insbesondere das Personal zu leiden habe: „Es wird unter ganz unzureichenden Lebensbedingungen seinen Dienst versehen müssen und kaum Entgegenkommen und Förderung finden."

Damit waren diese Orte als Sitz des Spruchgerichts ausgeschieden, auch das ehemalige „Sperrgutlager der Marine" in Heinschenwalde im Kreis Wesermünde erwies sich als ungeeignet. Dagegen kam bei Gesprächen zwischen Quittel und dem Vertreter der britischen Militärregierung in Stade, T. S. Sanderson, am 1. und 4. Februar 1947 eine Übereinstimmung dahin zustande, dass das „Projekt Flughafen Stade" noch näher erörtert werden solle.

Inzwischen war vom Zentraljustizamt festgelegt worden, dass die Vorsitzenden der Spruchkammern als Landgerichtsdirektoren besoldet werden und zudem hinsichtlich der Lebensmittelversorgung die „Schwerarbeiterzulage" erhalten sollten, in Zeiten knapper Lebensmittel wohl ein durchaus lockendes Extra zur Besoldung. Auch insoweit vermerkte Quittel in seinen in der Akte niedergelegten Überlegungen durchaus positiv, *„daß die Spruchkammervorsitzenden ein schweres, undankbares, verantwortungsvolles und unter Umständen auch gefährliches Amt übernehmen und daß etwa gebotene Vorteile nichts anderes darstellen, als eine sehr unvollkommene Entschädigung für die vielen Nachteile, zu denen sich auch noch die Trennung von der Familie, primitive Unterkunft und dergl. gesellen. Wenn man für ein schwieriges, gefährliches und unbequemes Amt gar keine Vorteile zu bieten vermag, verläßt man den Boden der Wirklichkeit, da die Forderung, daß der glühende Idealismus allein eine genügende Zahl von Männern zusammenbringe, doch wohl etwas utopisch sein dürfte. Damit ist aber nicht die geringste Schlußfolgerung gerechtfertigt, daß die materiellen Vorteile eine entgegenstehende Überzeugung zu beugen vermöchten. Wir haben keinen Anlaß, deutschen Richtern so etwas zuzutrauen."*

Der letzte Satz dürfte angesichts der von „deutschen Richtern" in den Jahren zuvor gezeigten Haltung eine doch sehr gewagte Behauptung gewesen sein. Insgesamt kommen bei Quittel erhebliche Vorbehalte zum Ausdruck, er hält den Spruchkammervorsitz für ein „mit Odium verbundenes" Amt.

Am 20. Februar 1947 schlug Quittel dem OLG-Präsidenten zwei Richter des Bezirks als Spruchkammervorsitzende vor und nahm Stellung zu zwei weiteren Kandidaten. An erster Stelle seiner Vorschlagsliste stand „Oberamtsrichter Arthur Schulz, geboren 30.3.1882, z.Zt. Hilfsrichter bei dem Amtsgericht in Bremervörde." Er hatte zuvor nur der NS-Volkswohlfahrt und dem Reichskriegerbund angehört und „kein Amt inne gehabt." Es folgte der „Oberamtsrichter Paul Kannapke, planmäßiger Oberamtsrichter des Amtsgerichts in Stade, geboren am 30.10.1878",[3] der lediglich Mitglied im NSRB und der NSV gewesen war. Bei ihm fügte er hinzu:

> „Er ist auch deshalb besonders geeignet, weil er als überzeugter Demokrat auch das nötige politische Ansehen besitzt. Auch zu seiner Persönlichkeit und zu seinem Charakter habe ich Vertrauen und auch ihm eignet, unbeschadet der Tatsache, dass er als Demokrat 1933 auf Grund des § 5 des Gesetzes zur Wiederherstellung des Berufsbeamtentums v. 7.4.1933 zwangsversetzt worden ist, die nötige Objektivität und politische Mäßigung. Auch bei Kannapke bin ich der festen Überzeugung, dass er seinen Entschluss aus rein sachlichen Erwägungen und aus Pflichtgefühl gegenüber dem Vaterland gefasst hat."

Ein leichter Vorbehalt gegenüber Kannapke lässt sich daraus ablesen, obgleich die Tatsache, die dies in Quittels Augen begründet, ihn eher als für ein solches Amt unbedingt geeignet ausweisen sollte. Gleiches kann von dem ebenfalls im Bericht genannten Amtsgerichtsrat Scheer, geboren am 1.4.1889, nicht gesagt werden, der sich nachträglich mit Quittels positiver Bewertung für das Amt zur Verfügung stellte. Scheer war lediglich Mitglied im NSRB, der NSV und dem Reichsluftschutzbund, jeweils ohne ein Amt zu bekleiden.

Wenn auch damit die formellen Voraussetzungen erfüllt waren, so hatte Quittel doch übersehen, dass Scheer in eben dieser Akte auf Blatt 16 mit Verfügung des Stader Landgerichtspräsidenten Dr. Hans Roth vom 19. April 1945 zum Richter am Sondergericht im Stader Landgerichtsbezirk bestimmt worden war. Er hätte damit selbst zum Kreis der zu internierenden Personen gehört, wohl keine optimale Voraussetzung zur Tätigkeit als Spruchkammervorsitzender.

Zudem war bereits am 2. Januar 1947 bei Quittel der „Regierungsvizepräsident a. D. Dr. Kurt Wiesner, geboren am 27.4.1882 in Görlitz, wohnhaft in Stade" erschienen und hatte seine Bereitschaft erklärt, in demnächst zu bildenden Spruchkammern „als Vorsitzender oder als Beisitzer tätig zu sein. Er sei Volljurist und vielleicht auch mit Rücksicht auf sein Alter und seine Lebenserfahrung zu einer solchen Funktion irgendwie disponiert." Quittel vermerkte weiter, Wiesner sei „1933 wegen seiner politischen Haltung – er ist alter Demokrat und, soweit ich glaube, auch z.Zt. in Stade örtlicher Vorsitzender der FDP – zwangspensioniert worden. Er ist zweifellos intelligent und nach seiner Persönlichkeit geeignet."

---

[3] Zu diesem Näheres bei Hartmut Lohmann, „Hier war doch alles nicht so schlimm" – Der Landkreis Stade in der Zeit des Nationalsozialismus, Stade 1991, S. 417.

Diesen letzten Satz seines Vermerks schwächte Quittel im Bericht an den OLG-Präsidenten vom 20. Februar 1947 dahin ab, dass Wiesner „nach seiner Persönlichkeit an sich durchaus geeignet sei." Er schränkte seine Einschätzung zudem weiter dahin ein, „ob nicht aus der Tatsache, dass Wiesner keine richterliche Praxis besitzt, in seinem Leben lediglich als Verwaltungsbeamter tätig gewesen ist und das verwaltungsmäßige Denken nun doch mal ein anderes ist als das des Richters, entscheidende Bedenken gegen seine Einsetzung als Spruchkammervorsitzender herzuleiten wären." Im abschließenden Bericht äußerte er zudem, dass „bei aller persönlichen Wertschätzung Wiesners" er doch annehme, „dass sein Mangel an richterlicher Praxis das Interesse der Justizverwaltung an seiner Verwendung nicht als vordringlich erscheinen lassen wird."

Hier hatte Quittel seine Vorbehalte gegenüber einem „alten Demokraten" hinter der fehlenden richterlichen Erfahrung verbergen können, was bei Kannapke ersichtlich nicht möglich war. Angesichts der Tatsache, dass an unbelasteten Richtern ein ganz eklatanter Mangel herrschte, eine objektiv nur schwer nachzuvollziehende Bemerkung. Die „Verwendung früherer Mitglieder der NSDAP. im höheren Justizdienst" war bei der Auseinandersetzung zwischen dem Celler OLG-Präsidenten und der britischen Militärregierung bereits seit längerem Gegenstand gewesen. So hatte eine Zählung in Celle ergeben, „dass von den vorhandenen 469 Richtern und Staatsanwälten des Oberlandesgerichtsbezirks Celle 409 Mitglieder der Partei waren, außerdem 11 Mitglieder einer Gliederung (SA oder SS)."[4] Schließlich nahm Quittel gegen einen vom Zentraljustizamt vorgeschlagenen Richter Stellung, es handelte sich um den beim Amtsgericht Cuxhaven tätigen Gerichtsassessor Günter Hoffmann:

> „Hoffmann ist für die Übernahme eines Spruchkammervorsitzes m.E. nicht geeignet. Er ist ein ganz junger Richter, nicht nur bezüglich seines Lebensalters – geboren 11.4.1913 –, sondern insbesondere auch hinsichtlich seiner richterlichen Erfahrung, da er erst zu Beginn des Krieges die große Staatsprüfung abgelegt hat, während des Krieges Soldat war und eine praktische richterliche Tätigkeit erst am 1.6.1946 begonnen hat. Es kann m.E. nicht verantwortet werden, einem so jungen und unerfahrenen Richter ein solch verantwortliches Amt anzuvertrauen, das nicht in die Hand einer werdenden, sondern einer fertigen Persönlichkeit gelegt werden sollte."

Breiten Raum nahm in Quittels Bericht die Stellung der nicht-richterlichen Beisitzer in den Spruchkammern ein. Hier teilte er die wohl allgemein in der Stader Richterschaft bestehenden Vorbehalte:

> „Nach der Stimmung, die unter den Richtern des hiesigen Bezirks anzutreffen war, bestehen nach wie vor bei den Richtern große und kaum zu beseitigende Bedenken gegen die Art der Beteiligung des Laien-Elements in den Spruchkammern. ... Vermutlich werden doch die politischen Parteien nach dem Verhältnis ihrer Stärke Beisitzer nominieren und aus diesem Kreis wird dann wiederum im Verhältnis der Parteistärke der Landesjustizminister die Auswahl zu treffen haben. Sehr objektive Menschen pflegen im allgemeinen auch in politischer Hinsicht sich eine gewisse Zurückhaltung aufzuerlegen. Sie stehen daher meist nicht im Brennpunkt des politischen Interesses und in Anwendung dieses Gedankens besteht kaum eine große Wahrscheinlichkeit, dass die politischen Parteien gerade ihre objektivsten Anhänger nominieren werden.

---

[4] Bundesministerium der Justiz (Fn. 2), S. 359.

*Jedenfalls wird es den Spruchkammervorsitzenden außerordentlich schwer und nicht in ge-
ringen Fällen unmöglich sein, die politischen Beisitzer auf die erforderliche Linie rein objek-
tiver Beurteilung zurückzuführen; denn politische Maßstäbe trüben nach aller Erfahrung,
jedenfalls bei der gegenwärtigen Mentalität der Deutschen, in einem mehr oder weniger
großen Umfange die Fähigkeit zu einer ruhigen rechtlichen Beurteilung, u.U. selbst zu einer wohlwollend humanen. Es muss hierbei im übrigen auch berücksichtigt werden, dass
erfahrungsgemäß die politischen Exponenten gegenüber den hinter ihnen stehenden Partei-
en nicht immer frei von einer gewissen Furchtsamkeit sind. Ebenfalls kann d.E.[5] nicht ü-
bersehen werden, dass die wirklich in Frage kommenden geeigneten Laienbesitzer nicht in
übergroßer Zahl zu finden sein werden. Es müsste demnach daran gedacht werden, die Ga-
rantien für die Auswahl möglichst geeigneter Laienbeisitzer irgendwie zu verstärken zu
suchen. Am besten wäre es, wenn das politische Auswahlprinzip nach Möglichkeit fallen
gelassen, wenigstens abgeschwächt würde."*

Damit war schließlich die Katze aus dem Sack: die ganze Richtung stimmte nicht, der
wirklich geeignete Beisitzer war zu finden, doch woher dieser zu nehmen sei, blieb offen,
konnte auch wohl nicht beantwortet werden. Die Ideologie des unpolitischen, nur objektiven Gegebenheiten folgenden Richters war bei Quittel trotz aller vorhergehenden Erfah-
rungen und Wirklichkeiten in der NS-Zeit ungebrochen, letztlich eine weitverbreitete
Lebenslüge der Justiz bis in unsere Tage. Eine gewisse Realitätsferne durchzieht Quittels
sehr lange Aktenvermerke und Berichte, die im Abschlusssatz des Berichts vom 4. Februar 1947 treffend zutage tritt:

*„Die Frage der Personalbesetzung der Spruchkammern ist die aller ernsteste, der gegen-
über die sonstigen organisatorischen Fragen m.E. als zweitrangig bezeichnet werden müssen."*

Hier wäre ein etwas stärkeres „verwaltungsmäßiges Denken" wohl eher angebracht gewesen.

Insgesamt 250 Schöffen und 125 Ergänzungsschöffen wurden vom Schöffenwahlausschuss gewählt, der sich entsprechend einem Erlass des Niedersächsischen Ministers der
Justiz vom 24. Februar 1947 zusammensetzte aus dem Landgerichtspräsidenten, zwei von
ihm zu bestimmenden Spruchkammervorsitzenden, zwei Vertretern der Gewerkschaft,
die in dem Umkreis des Spruchgerichts zu wohnen hatten und die von der „Allgemeinen
Gewerkschaft" in Hannover bestimmt wurden sowie zwei Bürgermeistern oder Gemein-
dedirektoren und zwei Landräten oder Kreisdirektoren, die ebenfalls im Umkreis des
Spruchgerichtes ihren Dienstsitz haben sollten. Bei der zu treffenden Auswahl hatte sich
der Justizminister im „Hinblick auf die schwierigen Verkehrs- und Wegeverhältnisse ...
auf Gemeinden beschränkt, die in der Nähe des Sitzes der Spruchkammern gelegen sind."
Der Schöffenwahlausschuss tagte letztlich erst am 10. Mai 1947 in dieser Besetzung:

> Landgerichtsdirektor Quittel, als Vorsitzender,
> Oberamtsrichter Kannapke, Stade,
> Oberamtsrichter Schulz, Bremervörde,
> Landrat Burfeindt, Bremervörde,
> Bürgermeister Gerken, Buxtehude,
> Bürgermeister Schrader, Bremervörde,
> Arbeitsamtsangestellter Schurich, Stade,
> Reichsbahnassistent Wollatz, Stade.

Der Landrat von Borstel, Stade, hatte sich entschuldigen lassen.

---

[5] d.E. = „diesseitigen Erachtens"

Quittel berichtete dem Justizminister am 14. Mai 1947 über die Wahl, dass wegen eines Zählfehlers nur 249 Schöffen gewählt worden seien, dass aber bei den Ergänzungsschöffen der Ausschuss alle gestrichen habe, die „Mitglieder eines entscheidenden ... Entnazifizierungsausschusses" seien und fügte hinzu, dass „man sich doch von einer Zusammensetzung der Vorschlagslisten nach parteimäßigen Gesichtspunkten nicht frei gemacht" habe. Nicht nur brauchte die Auswahl der über 300 Laienbeisitzer länger als ursprünglich erwartet, auch die Errichtung des Spruchgerichts verzögerte sich, bedingt u.a. „durch Verkehrsschwierigkeiten, Kohlenmangel etc.", so der Justizminister am 12. März 1947.

Leiter des Spruchgerichts wurde schließlich Paul Kannapke und Leiter der Anklagebehörde bei diesem Gericht Dr. Strunck, zuvor Behördenleiter der Staatsanwaltschaft in Bautzen/Sachsen, der sich am 28. März 1947 bei Quittel vorstellte. Dabei bat er auch um einen eigenen Arbeitsplatz im Landgericht, den er zwar nicht sehr nutzen, „an dem er aber dauernd, auch telephonisch, zu erreichen sei", was Quittel ihm sofort zusagte. Dagegen konnte er ihm nicht mit juristischer Literatur weiterhelfen, denn insoweit bestand ein „eigener Mangel an Büchern und Literatur."

Am 16. Juni 1947 zogen die Staatsanwaltschaft und der Leiter des Spruchgerichts, Kannapke, in die Räume am Stader Flughafen ein. Die Staatsanwälte hatten bereits einige Wochen zuvor im Lager Sandbostel mit ihrer Arbeit begonnen, sie waren jetzt, insgesamt etwa 30 Personen, in den Baracken am Flughafen untergebracht, wohnten dort und wurden „gemeinschaftlich verpflegt." Die Räume für die Gerichtssitzungen waren bei einer Besichtigung am 19. Juni 1947 noch nicht vollständig hergerichtet. An dieser Besichtigung nahmen der Präsident des Zentraljustizamtes Dr. Kiesselbach, der Generalinspekteur Dr. Meyer-Abich, Quittel, Kannapke, Dr. Strunck sowie „ein Dezernent des Zentraljustizamtes und eine englische Dame" teil. Anklagen waren dem Gericht zu diesem Zeitpunkt noch nicht zugegangen, damit sollte aber nach Struncks Worten Ende des Monats begonnen werden, mit einem Beginn der Gerichtssitzungen sei jedoch nicht vor Ende Juli/Anfang August zu rechnen.

Das Spruchgericht Stade nahm seine Arbeit schließlich am 4. August 1947 auf mit 10 Richtern, 25 Staatsanwälten sowie 85 Angestellten.[6] Die letzte Sitzung fand am 21. Dezember 1948 statt, also ein Jahr später als es die ursprüngliche Vorgabe des Generalinspekteurs vorsah. Etwa 4.000 Verfahren waren verhandelt worden, von denen etwa 3.500 mit einem „Strafbescheid" endeten, die höchste verhängte Strafe lautete auf sechs Jahre Gefängnis. Nach der letzten Sitzung gaben die jetzt noch vorhandenen zwei Richter, zwei Staatsanwälte und 18 Angestellte insgesamt 17 noch unerledigt gebliebene Verfahren an das nunmehr für die britische Zone allein zuständige Spruchgericht Bielefeld ab.

---

[6] Nach Christa Keller-Teske, Mangeljahre. Lebensverhältnisse und Lebensgefühl im Landkreis Stade 1945 – 1949, Stade 1989, S. 121f.

Der Fall Hermann Fritz Gräbe
Peter Meves

Für die Wanderausstellung des Niedersächsischen Justizministeriums über Verbrechen im Namen des deutschen Volkes wurden für Stade lokale Beiträge konzipiert. Auf Vorschlag gestattete der Landgerichtspräsident ein Poster, das eine Verhandlung über ein nationalsozialistisches Verbrechen vor dem Landgericht in Stade zwischen 1960 und 1968 beschreibt. Der Hauptzeuge Gräbe schrieb damals: „Ich bin der Ansicht, daß ich für viele ein unerwünschter Zeuge bin." So wurden die drei Tafeln überschrieben:
„Hermann Gräbe. Der angeklagte Zeuge: in Deutschland unerwünscht" und dazu von Hendrik Wegmann im Begleitprogramm ein Referat gehalten: *„Von Nürnberg nach Stade - oder: Die Kontinuität der NS-Funktionseliten nach 1945".*

Es sollte an diesem Fall, der sich in Stade in den 60iger Jahren zugetragen hat, gezeigt werden, wie damals der Umgang der Justiz mit den deutschen Verbrechen aus der Zeit des Nationalsozialismus ablief, so daß eine Präsentation im Rahmen dieser Ausstellung sinnvoll erschien. Häufig waren solche gerichtlichen Verhandlungen, wie sie auch an andere Landgerichten von Kleinstädten geführt sein dürften, relativ unbeachtet von der Bevölkerung abgelaufen, da ihnen nicht die gleiche publizistische Beleuchtung widerfuhr wie den spektakulären Prozessen über Maidanek, Auschwitz oder andere Vernichtungslager.

Denn wie Heinrich August Winkler feststellte, wurde das nationalsozialistische Regime schon in den ersten zwei Jahrzehnten der Bundesrepublik öffentlich durch den neuen Staat und die meisten Medien verurteilt, und Wissenschaftler begannen diese Vergangenheit aufzuarbeiten. So konnte von einer allgemeinen Verdrängung über die Zeit des Nationalsozialismus keine Rede sein. Aber es gab eine private Diskretion, nicht nur zur eigenen Person, sondern auch für diesen Abschnitt der Vergangenheit in der Biographie des Nächsten. Es kam zu einer breiten und allgemeinen Verweigerung, sich mit der Vergangenheit auseinander zu setzen.

Und daraus folgerte Winkler: *„Da viele Nachkriegskarrieren davon abhingen, daß bestimmte Taten und Aussagen nicht bekannt wurden, schlug eine solche Weigerung über kurz oder lang meist in individuelle Verdrängung um. Da dieses eine massenhafte und gesellschaftliche respektierte Erscheinung war, trugen ihr auch Politiker und Publizisten Rechnung, die selbst nicht belastet waren. Das Ergebnis war ein widerspruchvolles Verhältnis zum Nationalsozialismus: Wer sich öffentlich zum ‚Dritten Reich' bekannte, verletzte ein deutsches Tabu. Doch dasselbe tat, wer bohrende Fragen nach der Verantwortung der Zeitgenossen stellte."*

Darüber hinaus fühlten sich Richter und Staatsanwälte, die in der NS-Rechtsfindung beteiligt gewesen waren, als nicht oder wenig belastet, aus einer juristischen Überzeugung heraus, wie sie Filbinger - seinerzeit Ministerpräsident von Baden-Württemberg und früherer Marinerichter - in knappster Form prägnant so ausdrückte: *„Was früher Recht gewesen ist, kann jetzt nicht Unrecht sein".*

Diese kurz skizzierten drei Empfindungsstränge, die so damals nicht erkannt wurden, können durchgehend in dem Fall Gräbe, des angeklagten Zeugen, nachgewiesen werden.

Die Anregung, sich mit diesem Thema zu beschäftigten als Paradigma des Umgangs in den 60-er Jahren mit den deutschen nationalsozialistischen Verbrechen am Gericht einer Kleinstadt, wurde initiiert durch die Fernsehausstrahlung des Filmes „Hermann Gräbe, der Oskar Schindler von Rowno" von Wolfgang Heuer, in dem auch die idyllischen Ansichten von Stade mit dem Alten Hafen und der Cosmae Kirche gezeigt wurden.

Das Buch von Douglas K. Huneke: „In Deutschland unerwünscht. Hermann Gräbe. Biographie eines Judenretters" vermittelte eine ausführliche Lebensdarstellung mit besonderer Behandlung der Zeit vom September 1941 bis Kriegsende und seine Nachkriegserfahrung in Deutschland als Zeuge der deutschen Verbrechen in der Ukraine. Dieser Lebensabschnitt wurde durch Quellen belegt. Darüber hinaus wurde in diesem Buch in je einem eigenen Kapitel von Wolfgang Heuer und Horst Sassin eindringlich geschildert, welche diffamierende Behandlung Fritz Gräbe in Deutschland nach 1945 bis zu seinem Tode 1986 erfuhr. Des weiteren fanden sich in dem wissenschaftlichen Aufsatz von Horst R. Sassin: „Fritz Gräbe, ein Solinger Bauingenieur im wolhynischen Holocaust. Eine Dokumentation" neben historischen Erörterungen elf Zeugenaussagen von Jüdinnen, Polinnen und Polen. Mit Gräbes Sohn in den USA wurde Kontakt aufgenommen. Von ihm erhielten wir Informationen und Bildmaterial. Für die Untersuchung der beiden Prozesse in Stade sahen wir die Akten des Niedersächsischen Staatsarchivs in Stade durch.

Die Person Hermann Gräbe

Hermann Fritz Gräbe, ein Bauingenieur, arbeitete ab 1941 als Angestellter einer privaten Baufirma in der Ukraine für die Reichsbahnverwaltung, verpflichtet durch die Organisation Todt. Sehr bald sah und hörte er, welche Verbrechen vornehmlich an den Juden, dann aber auch an den Polen und Zigeunern begangen wurden. Aktiv und unter Einsatz seines Lebens, mit Zustimmung seiner Ehefrau, setzte er sich für die Verfolgten ein. Er rettete Menschen vor dem Tode. Wie viele es bis zum Kriegsende geworden waren, darüber hat er später mit seinem Sohn gesprochen. Es waren Hunderte, aber eine genaue Zahl wußte er nicht; denn sicher wurden einige der von ihm Geretteten von den unerbittlichen Verfolgern später wieder aufgegriffen und ermordet.

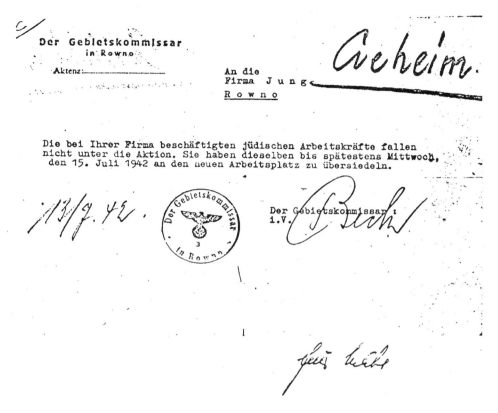

Eine vom Vertreter des Gebietskommissars unterzeichnete Verfügung, daß Juden der Firma Jung nicht unter die Aktion fallen, woraus dann auch eindeutig seine Mitverantwortung an den Massenerschießungen erkennbar wird. Mit dieser Bescheinigung holte Gräbe 73 jüdische Menschen aus dem Ghetto.

Die Rettung von Juden, die in einer Liste erfaßt waren und die er während einer „Judenaktion" in Rowno der SS im Ghetto mit vorgehaltener Maschinenpistole entriß, brachte ihm den Ehrentitel „Moses von Rowno" ein: Denn er hatte diese Juden danach an der brutalen ukrainischen Miliz vorbei aus dem Ghetto herausgeführt und sie weiterhin mit der Maschinenpistole im Anschlag ins nächste Städtchen geleitet.

Dieser Gruppe von 73 Personen schlossen sich bei einem 13 km langen Marsch in die vorläufige Sicherheit ungezählte, bis dahin versteckte Menschen an. Seine weiteren, mit unvorstellbarem Mut unter Einsatz seines Lebens durchgeführten Rettungsaktionen in der Ukraine und später in Deutschland wurden in der Literatur ausführlich beschrieben.

Die eine Seite der Liste der jüdischen Arbeiter. In der linken Spalte stehen die sieben bereits zum Sammelplatz getriebenen Juden, die nicht wieder herausgegeben, sondern ermordet wurden.

1946 wurden Gräbes eidesstattliche Versicherungen als einzige Zeugnisse eines nicht selbst angeklagten Deutschen für Verbrechen gegen die Menschlichkeit im Nürnberger Hauptkriegsverbrecherprozeß verwandt. Der britische Chefankläger Shawcross beendete sein Schlußplädoyer dort mit einer Gräbe Aussage, die auch in das Urteil des Gerichtshofes aufgenommen und wiedergegeben wurde:

„Ich habe während einer Viertelstunde, als ich bei den Gruben stand, keine Klagen oder Bitten um Schonung gehört ... Eine alte Frau mit schneeweißem Haar hielt das einjährige Kind auf dem Arm und sang ihm etwas vor und kitzelte es. Das Kind quietschte vor Vergnügen. Das Ehepaar schaute mit Tränen in den Augen zu. Der Vater hielt an der Hand einen Jungen von etwa 10 Jahren, sprach leise auf ihn ein. Der Junge kämpfte mit den Tränen. Der Vater zeigte mit dem Finger zum Himmel, streichelte ihn über den Kopf und schien ihm etwas zu erklären ...Ich entsinne mich genau, wie ein Mädchen, schwarzhaarig und schlank [sie hatten sich alle vor der Exekution entkleiden müssen. PM], als sie nahe an mir vorbeiging, mit der Hand an sich herunter zeigte und sagte: 23 Jahre!."

Gräbes Zeugnisse, seine Listen über getötete Arbeiter seiner Firma, Lagepläne von Massengräbern, die dann auch von den Ermittlungsbeamten gefunden wurden, und die Interna seiner Firma und die Namen von Deutschen, die vor Ort verantwortlich gewesen waren und Mordaktionen durchgeführt oder an ihnen teilgenommen hatten, ließen für die Anklagebehörden in Nürnberg ein Bild des Holocausts in der Ukraine, die Gräbe seinerzeit in dienstlichen Angelegenheiten bereist hatte, lebendig werden.

Diese öffentlichen Zeugnisse erregten in der Bevölkerung des Nachkriegs-Deutschlands großen Unmut. Gräbe und seine Familie hatten unter Denunziationen als Vaterlandsverräter oder „Nestbeschmutzer" zu leiden, selbst Morddrohungen wurden ausgestoßen. Hinzu kamen berufliche Behinderungen; denn ein Mensch wie er war der ständige Beweis für das Versagen der Bevölkerung und verkörperte das schlechte Gewissen, das man in Deutschland nicht wahrnehmen wollte. So entschloß sich Hermann Gräbe auf Anraten von Freunden zur Emigration in die USA. Nicht die Täter entwickelten Schuldgefühle, sondern die überlebenden Opfer, weil sie nicht umgebracht worden waren, und in diesem Fall auch Gräbe, der sich zeitlebens fragte, ob er nicht mehr Menschen hätte retten können.

Der Prozeß gegen Georg Marschall

Seine Alpträume und quälenden Erinnerungen brachen wieder auf, als er 1960 vor dem Landgericht in Stade im Prozeß gegen Georg Marschall, den ehemaligen zivilen Gebietskommissar von Sdobulnow, der nach dem Krieg in der Nähe Stades untergetaucht war, aussagen mußte. Marschall wurde dann allein wegen Erhängung des Juden Di[e]ners zu einer lebenslangen Haftstrafe wegen Mordes aus niedrigen Beweggründen verurteilt. Im Gebietskommissariat Sdobulnow lebten etwa 100.000 Einwohner, und es war etwa so groß wie das Saarland. Dort war Marschall unter anderem zuständig für die Errichtung der Ghettos, die Kontrolle der heimischen Bevölkerung - jüdische und nicht-jüdische. Ihm waren mehrere Gendarmerieposten mit Gendarmerie-Gebietsführern und 50 - 80 Mann ukrainischer Miliz unterstellt. Die Ghettos wurden später liquidiert. Er, wie auch die anderen 25 Gebietskommissare des Generalbezirks Wolhynien-Podolien, wurden wegen Beihilfe zum Mord an den dort ansässigen 200.000 Juden noch nicht einmal angeklagt.

1961 beantragte der Stader Rechtsanwalt Dr. Schümann, der der neue Verteidiger von Marschall geworden war, das Wiederaufnahmeverfahren. Wieso und auf wessen Veranlassung dieser Anwaltswechsel erfolgte, war den Akten nicht zu entnehmen. Aber es fand sich ein Hinweis, der eine Mitwirkung der „Stillen Hilfe" in den Prozessen zu den Morden in diesem Teil der Ukraine wahrscheinlich machte. Schümanns Strategie bestand darin, den Hauptbelastungszeugen Gräbe mit allen Mitteln als unglaubwürdig erscheinen zu lassen. Dazu zog er im Zuge des Wiederaufnahmeverfahrens vor dem Oberlandesgericht Celle Gräbes Lebenslauf und Charakter in Zweifel. Bei Gräbe habe es sich „um den Prototyp eines Opportunisten" gehandelt, „d.h. um eine Persönlichkeit, die jede Möglichkeit einer Vergünstigung für sich ausschöpft". So habe Gräbe u.a.,
„während Millionen deutscher Männer an den Fronten als Soldaten ihre
Pflicht taten und die Frau entbehren mußten, keine Bedenken getragen,
entgegen den damals bestehenden Gesetzen, eine Liebesbeziehung zu
einer Jüdin aufzunehmen".

So lautete die Einlassung des Stader Anwalts Dr. Schümann in den verschiedenen Wiederaufnahmeschreiben an das OLG Celle. Schümann führte weiter aus, Gräbe hätte sich bei Kriegsende den Amerikanern gegenüber als Gegner des Nazismus ausgegeben, um
„die schweren Jahre der Nachkriegszeit unter den besonders günstigen
Lebensbedingungen eines Helfers der Besatzungsmacht zu überdauern".

Und nicht nur aus diesem Grund habe Gräbe von der Judenverfolgung in den „Ostgebieten" berichtet, sondern auch, um seine Ausreise 1948 in die USA zu erwirken Dr. Schümann schreibt:
„als noch völlig offen stand, ob es dem deutschen Volk gelingen würde, sich
aus dem Abgrund der Niederlage wieder hochzuarbeiten, hat er es vorge-
zogen, in die Staaten auszuwandern".

Neben dieser psychologischen Einstimmung des Gerichts gegen Gräbe strengte Schümann im Laufe der Zeit noch drei Meineidsverfahren gegen ihn an. Der Hauptvorwurf Schümanns liegt dabei an sich in einer Nebensächlichkeit begründet: Gräbe habe behauptet, er sei von 1931 bis 1932 Parteimitglied gewesen, obwohl aus den Unterlagen des Document Center in Berlin eine Mitgliedschaft mindestens noch im Jahr 1935 nachweisbar gewesen sei. Hier habe der Zeuge Gräbe bei der Angabe seiner persönlichen Verhältnisse offensichtlich gelogen. Habe er jedoch hier gelogen, so sei seine Glaubwürdigkeit in Zweifel zu ziehen und seine Rolle als Hauptbelastungszeuge im Nürnberger Kriegsverbrecherprozeß von den Amerikanern erkauft worden.

Diese Verteidigungsstrategie Schümanns - so sehr sie an den Haaren herbeigezogen war - schlug mehrere Fliegen mit einer Klappe: Hatte der Zeuge Gräbe einmal gelogen, war er in diesem Prozeß insgesamt unglaubwürdig. War er aber insgesamt unglaubwürdig, so war er vor allen Dingen auch kein „Retter", so daß sich bei den weniger heldenhaften Figuren der NS-Zeit kein schlechtes Gewissen einstellen mußte. War der Zeuge jedoch unglaubwürdig und war auch seine Zeugenstellung im Nürnberger Hauptkriegsverbrecherprozeß durch die Amerikaner im Wege eines Unrechtspaktes erkauft worden, so zeigte dies einmal mehr, was von den Nürnberger Prozessen zu halten war.

Diese Verteidigungsstrategie ging über die herkömmliche Strategie eines geschulten Strafverteidigers auch im Zuge eines Wiederaufnahmeverfahrens weit hinaus. Hier stellt sich insbesondere die Frage, wie dieser Stader Anwalt an die Informationen und Halbwahrheiten gelangen konnte, die er dem Oberlandesgericht Celle im Rahmen des Wiederaufnahmeverfahrens präsentieren konnte. Daß diese komplexe Verteidigungsstrategie von Schümann selbst konzipiert wurde, war unwahrscheinlich. Zumindest einen Erfolg konnte der Stader Rechtsanwalt aber verbuchen. Das Oberlandesgericht Celle ließ sich von den dargelegten Argumenten überzeugen und beschloß 1963 die Wiederaufnahme des Verfahrens gegen Georg Marschall zur erneuten Verhandlung vor dem Landgericht Stade.

Der Anwalt Dr. Schümann

Dr. Friedrich Schümann (geb. 1907 in Berlin, gest. 1989 in Stade) war ab 1.10.1939 Kriegsgerichtsrat und später, ab 1.7.1944, Oberfeldrichter. Er war in Deutschland, Afrika und Finnland tätig, aber sechs Wochen nach dem Einmarsch in die Sowjetunion auch vom 1.8.1941 bis zum 29.12.1941 in der Südukraine in einem Bezirk zwischen Nikolajew und Balta, in dem die Einsatzgruppe D unter Otto Ohlendorf den Judenmord äußerst aktiv und brutal betrieb. An welchen Gerichtsverfahren Schümann damals im Osten beteiligt war, ist nicht bekannt.

Für den Grundtenor der Einlassungen des Dr. Schümann in seinen Schriftsätzen wurden schon drei Beispiele aufgeführt. Wie sehr er dabei auch seine fortdauernde Einbindung in die für ihn immer noch lebendige NS-Ideologie offenbart, wird in einem der Sätze deutlich: So habe Gräbe
    „keine Bedenken getragen, entgegen den damals bestehenden Gesetzen eine
    Liebesbeziehung zu einer Jüdin aufzunehmen".
Abgesehen davon, daß hierfür kein Beweis vorlag und also dieses in diffamierender Absicht vorgetragen wurde, empörte den Verteidiger offensichtlich die Verletzung des „Gesetzes zum Schutze des deutschen Blutes und der deutschen Ehre" vom 15.9.1935. In § 2 hieß es dort: „außerehelicher Verkehr zwischen Juden und Staatsangehörigen deutschen oder artverwandten Blutes ist verboten". Fast 30 Jahre nach Inkrafttreten dieses infamen Gesetzes benutzte es Schümann gegen einen ihm mißliebigen Zeugen. Dieses verdeutlicht, wie problemlos ein ungebrochener Gesetzespositivismus einem Juristen nach 1945 erlaubte, eine geistige Vergangenheitsbewältigung vor sich selber zu betreiben, und wie

dieser damals einer gängigen Vorstellung entsprach. Denn offenbar war eine solche Argumentationslinie mit Bezug selbst auf schlimmste NS-Gesetze dem Anliegen eines Verteidigers vor Gericht dienlich.

Weitere Ausführungen des Dr. Schümann belegen, wie unerschütterlich sein Verhältnis zur deutschen nationalsozialistischen Vergangenheit trotz des Eichmann-Prozesses 1961/62 war. Er schrieb 1967, als er in der Zwischenzeit Meineidsverfahren gegen 12 weitere Zeugen angestrengt hatte:
> „Es erweist sich immer wieder, daß unsere Strafverfolgungsbehörden jedem
> mehr glauben, als unseren deutschen Menschen, die während des Krieges an
> der Stelle, wo sie eingesetzt waren, ihre Pflicht getan haben."

Und weiter:
> „Gleiche Erfahrung machte man im Auschwitz-Prozeß und gleiche Erfah–
> rung wird man auch in dem in Hamburg demnächst anlaufenden Monster-
> prozeß gegen ehemalige SS-Führer in Lublin machen."

Er fährt fort:
> „Immer noch nicht hat man erkannt, daß jüdische Zeugen aus Haß und Ra-
> che heraus unverantwortlich aussagen."

Gerade dieser letzte Satz des ehemaligen Kriegsgerichtsrates erinnert an eine von Freisler unterzeichnete Anweisung des Justizministeriums vom 7.8.1942, die Anwendung der Polen- und Judenstrafrechtsverordnung im Auge zu behalten:
> „ 2. Aussagen von Polen und Juden müssen in Verfahren gegen Deutsche
> mit größter Zurückhaltung bewertet werden; das gilt besonders, wenn ande-
> re Beweismittel fehlen".

Dann war der Gedanke einer jüdischen Verschwörung zu Ungunsten seines Mandanten natürlich nicht mehr verwunderlich, und Schümann schrieb völlig unbefangen:

> „Es bestätigt sich weiterhin die Behauptung der Verteidigung, daß Gräbe
> nach dem Kriege ein willfähriges Werkzeug der Judenschaft geworden ist,
> indem er als maßgeblicher Zeuge für Judenverfolgungsmaßnahmen in den
> Vordergrund gestellt wird, um, wie die Tatsachen belegen, das Schuldbe-
> wußtsein im deutschen Volk wach zu halten und weitere Entschädigungs-
> zahlungen durchzusetzen."

Und nicht nur die Judenschaft im Allgemeinen verbindet sich mit Gräbe, sondern die jüdischen Weltorganisationen tun sich zusammen, um eine Verurteilung seines Mandanten zu erreichen:
> „Den jüdischen Weltorganisationen kommt es darauf an, diesen Prozeß un-
> ter allen Umständen durch Verurteilung von Marschall zu beenden."

Oder anders:
> „Der Hauptbelastungszeuge Gräbe handelt erkennbar nicht aus eigenem
> Antriebe. Er wird gesteuert von seinen jüdischen Freunden in Amerika und
> Israel, deren Renommierzeuge er seit der Kapitulation ist."

Und natürlich ist Gräbe auch jegliche moralische Qualifikation für seine Zeugenschaft abzusprechen:

„Als er das ungünstige Ende des Krieges voraussah, verbündete er sich mit den Juden, um deren Fürsprache für die spätere Zeit zu gewinnen."

Hermann Gräbe und seine Frau Elisabeth 1970. Sie war ihm eine Stütze: "Unser Sohn wird dich einmal fragen, was du getan hast, als alle wegsahen."

Ein „Spiegel-Artikel" von 1965 und seine Folgen

Diesem Schlußplädoyer des Marschall-Verteidigers Dr. Schümann von 1967 vorausgegangen war schon 1965 ein Artikel in „Der Spiegel", Nr. 53, von Axel Jäschke, der nebenbei als Anwalt in der Kanzlei von Otto Schily und Christian Ströbele arbeitete. Unter dem Titel: „Affären. NS-Prozesse. Bewegtes Leben" wurde die Glaubwürdigkeit Gräbes in jeder nur möglichen Weise durchgehend in Zweifel gezogen. Der Artikel enthielt den Satz: „Der Behauptung Gräbes, Marschall habe als Gebietskommissar in Sdolbunow ‚unbeschränkte Vollmacht' gehabt und sei ‚Herr über Leben und Tod sämtlicher Personen seines Amtsbezirkes' gewesen, stand die Gerichtserkenntnis gegenüber:

‚Als Gebietskommissar .... hatte der Angeklagte [Marschall - PM] vergleichsweise die Stellung eines früheren preußischen Landrats'."

Daß ihm in dieser Funktion auch die Einrichtung von Ghettos unterstand, die später alle liquidiert wurden, ist in diesem Artikel keiner Erwähnung wert (s.o.) Im „Spiegel" heißt es weiter:

„Aus den Schümann-Recherchen begann sich allmählich ein ganz anderes Bild des Mannes zu formen, der sich stets seit Kriegsende als makelloser Verfechter des Rechts und unerschrockener Helfer der Unterdrückten feiern ließ.“

Dann wird Schümanns Vermutung kolportiert,
„daß bei diesem rasanten wirtschaftlichen Aufstieg [in den USA - P.M.] Geld aus deutschen Wiedergutmachungsleistungen an Juden keine geringe Rolle gespielt hat.“

Über das Zustandekommen dieses „Spiegel“-Artikels unter Mitwirkung des Herausgebers fanden sich Einzelheiten im Buch von Huneke, das in den USA 1985, in Deutschland erst 2002 im zu Klampen Verlag verlegt wurde. Dann aber erschien 2001 ein „Spiegel“-Artikel von Christian Habbe: **Einer gegen die SS**. Hermann Friedrich Gräbe rettete Hunderten Juden in der Ukraine das Leben und wurde dafür in Jad Washem geehrt. In Deutschland aber wurde er nach dem Kriege erst denunziert und später vergessen.“ So der vollständige Titel. Ihn hat Gräbe nicht mehr lesen können, denn er starb 1986 in Kalifornien. In dem achtspaltigen Artikel von 2001 geht der Verfasser nur ganz kurz und indirekt auf den früheren „Spiegel“-Artikel ein, und so lautet die entsprechende Passage jetzt:
„Marschalls Verteidiger gab sogar die Spekulation zum Besten, daß bei Gräbes ‚rasantem wirtschaftlichen Aufstieg Geld aus deutschen Wiedergutmachungsleistungen an Juden keine geringe Rolle gespielt‘ habe.
Daß deutsche Medien solche Auslassungen unkritisch referierten - auch ‚Der Spiegel‘ - heizte die Kampagne gegen Gräbe an. ‚Aus dem Leiden der Juden schlug er Kapital‘, höhnte die ‚Deutsche Nationalzeitung‘, Lieblingsgazette von Altbraunen, über den ‚meineidigen Hauptbelastungszeugen vor dem Nürnberger Tribunal‘.“

Daß gerade die weitverbreitete, ehrabschneidende Darstellung im „Spiegel“ von 1965 die Quelle für die „Altbraunen“ gewesen war, läßt dieser „Spiegel“-Artikel 2001 im Dunkeln. Er war bei „Altbraunen“ so beliebt, daß er 1974 im E. Bierbaum Verlag ungekürzt im Heft des Autors Erwin Schönborn, „Fest und sein Zeuge“, abgedruckt wurde. Gleichzeitig wurde auch aus einem Brief von Jürgen Mechelhoff, Deutschland-Redaktion des „Spiegel“, zitiert: „Da ‚Der Spiegel‘ sich in der Vergangenheit bereits mehrmals mit dieser Geschichte befaßt hat, sehen wir keinen Anlaß, noch einmal den Sachverhalt aufzugreifen.“

Georg Marschall, der in Stade wegen Mordes zu lebenslänglicher Haft verurteilt worden war, wurde 1967 in zweiter Instanz zu fünf Jahren wegen Beihilfe verurteilt. Gegen dieses Urteil legten 1968 sowohl sein Verteidiger Dr. Schümann wie auch der Erste Oberstaatsanwalt des Landgerichts Stade, Schroiff, Berufung ein - und beide plädierten auf Freispruch!

Schroiff, vor 1945 u.a. Staatsanwalt beim Sondergericht in Breslau, wandte sich in dieser Sache am 25.7.1968 auch an den Generalbundesanwalt beim Bundesgerichtshof in Berlin, und seinen Brief schloß er: „Mein Gewissen hat mich veranlaßt, mich in dieser Sache zu engagieren. Mit Interesse sehe ich dem Spruch des 5. Strafsenats entgegen.“ Die Antwort ist nicht erhalten, das Urteil wurde rechtskräftig. Den juristischen Aspekt beleuchtet Hendrik Wegmann: „Von Nürnberg nach Stade - oder: Die Kontinuität der NS-Funktionseliten in der Justiz nach 1945.“

Halbherzige posthume Würdigung in Deutschland

In Israel trafen Retter und Gerettete zusammen. Hier wurde Gräbe geehrt, und in Yad Vashem pflanzte er in der „Allee der Gerechten" einen Baum, vor dem noch heute eine Plakette mit seinem Namen steht; dieses geschah im gleichen Jahr, in dem Dr. Schümann aus Stade und „Der Spiegel" das Material für die „Altbraunen" lieferten. In den USA wurde Gräbe auch geehrt, ein Bundesverdienstkreuz erhielt er in Deutschland nicht.

Die am 20. August 1965 von Yad Vashem verliehene Ehrenmedaille

Gräbes Zeugnisse über den tausendfachen Mord an den Juden, dann aber auch an den Sinti und Roma sowie an den Polen in der Ukraine wurden in der Literatur veröffentlicht. Erst spät wurde in Deutschland sein Leben auch unter Berücksichtigung der Nachkriegszeit bekannt, wozu besonders die Veröffentlichungen von Huneke, Heuer und Sassin beigetragen hatten. So hätte sich die erneute Darstellung dieses Falles erübrigen können. Aber in Stade sprudelte die Quelle, die die Integrität Gräbes beschädigt hatte. So schien die Darstellung hier in dieser Kleinstadt der geeignete Ort zu sein, im Zusammenhang mit der Wanderausstellung die nationalsozialistischen Verbrechen in Niedersachsen darzulegen und wie die Vergangenheit weiterwirkt.

Hätte Gräbe direkt nach dem Krieg nur den Holocaust in der Ukraine bezeugt, wäre das alleine eine mutige Tat gewesen. Denn damit verstieß er gegen den damaligen Verhaltenskodex, er verletzte auch ein deutsches Tabu. Deshalb ächtete man ihn. Er aber hatte zuvor schon mehr getan. Von seiner Frau bestärkt, rettete er Menschen unter Einsatz seines eigenen Lebens. Damit war er wiederum die Ausnahme und war ein Zeugnis für das Versagen der Anderen; denn Vergessen oder zumindest das Bedürfnis nach einem Schlußstrich war die vorherrschende Einstellung.

Die Verteidigung des Angeklagten Marschall jedoch diskreditierte das Zeugnis Gräbes wegen nicht ganz korrekt erinnerter Vorgänge, die sich 30 Jahre vorher zugetragen hatten. Das Muster für dieses Vorgehen hatte sich schon früher in den großen Prozessen über nationalsozialistische Verbrechen bewährt. In Stade wurden darüber hinaus ganz unverhüllt antisemitische Clichés vorgetragen, die auch im „Spiegel" kolportiert wurden.

Weiter unterschied der Verteidiger zwischen ihre Pflichten erfüllenden Deutschen und anderen Menschen. Dr. Schümann war seinerzeit als Kriegsgerichtsrat besonders in der

Ukraine mit den Rechtsverordnungen des nationalsozialistischen Vernichtungsapparates (s.o.) ständig beruflich befaßt gewesen. Denn auf sie wurde nicht nur von Freisler hingewiesen, sondern sie wurden fortlaufend bezüglich der Juden verschärft und dann im Reichsgesetzblatt veröffentlicht. Damals war festgestellt worden, daß Juden nicht eidesfähig waren; diese Auffassung wurde in dem in Stade verhandelten Prozeß 1965-67 noch immer vorgetragen. Die anderen Umstände des Prozesses gegen Marschall, einen früheren Bezirkskommissar in der Ukraine, der nach dem Kriege wohl nicht ohne Grund untergetaucht war, wurden nicht untersucht, sondern nur die Rolle des Verteidigers im Zusammenwirken mit dem „Spiegel", der sogar die Ehrungen Gräbes durch Yad Vashem abfällig darstellte.

So konnte in Stade 2003/04 gezeigt werden, daß Hermann Gräbe, der vor und nach 1945 zu seiner Verantwortung gegenüber seinen Mitmenschen - Verfolgten und Ermordeten – stand, keine Zustimmung, geschweige denn Anerkennung, in Deutschland fand. Hier in Stade wurden gegen ihn, den „Tabubrecher", persönlich diskriminierende Unterstellungen in die Welt gesetzt, die mit antisemitischen Stereotypien unterlegt waren. Dieses Fortbestehen einer NS-Ideologie, nicht nur bei den „Altbraunen" und Neonazis, war kennzeichnend für große Teile der Gesellschaft.

Quellen
Niedersächsisches Staatsarchiv in Stade, Rep.171a Stade acc. 43/1987.

Literatur
Christian Habbe: Einer gegen die SS. In: DER SPIEGEL, Nr. 30/2001, S. 132-137.

Wolfgang Heuer: Hermann Gräbe, der Oskar Schindler von Rowno. Audiobook. Der Hörverlag. München 1998.

Douglas K. Huneke: In Deutschland unerwünscht. Hermann Gräbe. Biographie eines Judenretters. Lüneburg 2002.

Axel Jäschke: Bewegtes Leben. In: DER SPIEGEL, Nr. 53/1965, S. 26-28.

Justiz und NS-Verbrechen. Sammlung deutscher Strafurteile wegen nationalsozialistischer Tötungsverbrechen 1945-1966. Redaktion: Fritz Bauer u.a. 22 Bände, Amsterdam 1968-1981, hier Bd. XIX bearb. von Irene Sagel-Grande u.a. 1978, S. 320-361.

Horst Sassin: Fritz Gräbe, ein Solinger Bauingenieur im wolhynischen Holocaust. In: Zeitschrift des Bergischen Geschichtsvereins, Bd. 97 (1995/96), S. 205-256.

Erwin Schönborn: Fest und sein Zeuge. Der Fall Gräbe - ein Fall Fest, Frankfurt/Main 1974.

Testimony of Hermann F. Graebe, Given in Israel. In: Yad Vashem Studies, Bd. 6 Jerusalem 1967, S. 283-313.

Heinrich August Winkler: Aus der Geschichte lernen? Zum Verhältnis von Historie und Politik in Deutschland nach 1945. In: Zeit-Punkte 01/2004: Helmut Schmidt. Ein Symposium zum 85. Geburtstag des Altbundeskanzlers. Hamburg 2004, S. 26-37.

Biographien
Volker Friedrich Drecktrah

Amtsgerichtsrat Ludwig Jacobi (1896 – 1940) – „auf der Flucht erschossen"[1]

Ludwig Jacobi wurde am 22. Mai 1896 in Northeim als Sohn eines Amtsanwaltschaftsrates geboren. Er heiratete 1935 die Schweizerin Marta Gammeter, deren Vater Lehrer in Langnau im Emmental/Kanton Bern war; aus dieser Ehe ging eine 1938 geborene Tochter hervor.

Nach dem Studium der Rechtswissenschaften in Göttingen und Leipzig wurde er Referendar im OLG-Bezirk Celle. Seine erste Station begann mit der Vereidigung auf den preußischen König beim Amtsgericht Einbeck am 20. Juli 1918; die dort erstellte und damit erste Beurteilung schließt mit den Worten: „Eine gewisse Weltfremdheit ist ihm eigen". Nach Bestehen der Großen Juristischen Staatsprüfung wurde Ludwig Jacobi im Jahr 1923 als Gerichtsassessor zunächst im OLG-Bezirk Celle beschäftigt, u.a. bei der Staatsanwaltschaft Hannover und danach neben vielen weiteren Stationen, u.a. in Osnabrück und in Stade, auch beim AG Schivelbein im LG-Bezirk Köslin, das zum Bezirk des OLG Stettin gehörte. Schließlich erhielt Jacobi am 1. September 1928 eine besoldete Planstelle als Staatsanwaltschaftsrat in Lüneburg. Nach zwei Monaten wurde er auf seinen Antrag in derselben Funktion nach Hildesheim versetzt. Eine Beurteilung zum Jahresende 1928 kennzeichnet ihn wie folgt:

> „Sein dienstliches und außerdienstliches Verhalten ist gut, sein Auftreten zurückhaltend und bescheiden. Eine gewisse gesellschaftliche Ungewandtheit scheint vorzuliegen."

In Hildesheim blieb er bis zum Sommer 1933, ohne dass er, wie die übrigen in diesem Band vorgestellten Justizjuristen, Mitglied in der NSDAP, dem NSRB oder einer anderen NS-Organisation geworden war. Möglicherweise war Jacobi deshalb am 19. Juli 1933 von der „Fachschaft Justiz der NSBO" (Nationalsozialistische Betriebsorganisation) beim Oberstaatsanwalt in Hildesheim angezeigt worden: er hatte in der Behörde den „deutschen Gruß" verweigert. Dazu hatte er zudem bemerkt, das Heben des rechten Armes sei nicht eigentlich deutsch, sondern stelle eine Nachahmung des italienischen Faschisten-Grußes dar, Jacobi unterstrich diese ablehnende Haltung mit den Worten: „... dann könnte ich mir ja auch einen Ring durch die Nase ziehen."

Bereits am folgenden Tag wurde gegen ihn vom Hildesheimer Behördenleiter wegen dieses Verhaltens ein Dienststrafverfahren eingeleitet, und am 22. Juli 1933 untersagte ihm der Generalstaatsanwalt in Celle die „Ausübung der Amtsverrichtungen" vorläufig. Für eine weitere Tätigkeit als Staatsanwalt war er nach damaligem Verständnis wegen solcher Bemerkungen offensichtlich nicht mehr tragbar, obwohl, wie auch der Oberstaatsanwalt in Hildesheim einräumen mußte, der „deutsche Gruß" in der preußischen Justizverwaltung noch nicht amtlich vorgeschrieben war.

---

[1] Der Darstellung liegen die Akten Nds. Staatsarchiv Stade, Rep. 171 Stade acc 40/82 Nr. 10 -1 J 15- sowie Generallandesarchiv Karlsruhe GLA 507 Nrn. 2930 bis 2932 zugrunde.

Jacobi wurde gleichwohl zum 1. September 1933 als Amtsgerichtsrat an das Amtsgericht Stade „strafversetzt". Hier wohnte er in einem möblierten Zimmer (Neue Straße 6), war mit dem Ort und der Witterung unzufrieden und hoffte auf eine Versetzung in eine größere Stadt, möglichst weit im Süden Deutschlands. Tätig war er als Straf- und Jugendrichter und als solcher auch Mitglied im Stadtjugendausschuss.

Am 6. November 1933 schrieb Ludwig Jacobi einen Brief an eine Tante in Chicago, in dem es u. a. hieß:

> „Viele, viele Beamte, Angestellte und Arbeiter sind einfach hinausgeworfen und arbeitslos gemacht, andere nach scheusslichen Gegenden oder in ein niedrigeres Amt versetzt oder pensioniert. Selbst die evangelischen Kirchen sind nicht verschont geblieben. Besonders schlimm sind die Juden dran. In einigen Jahren wird wohl kaum noch einer in Deutschland sein. Zu Zehntausenden sind die Sozialdemokraten, Kommunisten, Juden usw. nach Holland, Frankreich, Schweiz ausgewandert, auch nach Russland. Manche haben sich das Leben genommen. Es ist jetzt genau wie in Italien und – bloss in anderer Weise – wie in Russland."

Der Brief wurde von der Zollfahndungsstelle in Hannover festgehalten, geöffnet und anschließend der Polizei übergeben. Am 30. November 1933 wollte die Gestapo „Staatspolizeistelle Wesermünde"[2] Jacobi deshalb in Haft nehmen, jedoch unterblieb dies, weil sich der Stader Landgerichtspräsident Franz Wieacker entschieden für ihn einsetzte und sich mit seiner Amtsautorität vor ihn stellte. Jacobi wurde jedoch von Wieacker am selben Tag einstweilen vom Dienst beurlaubt, das konnte dieser wohl nicht verhindern.

Das „Niederelbische Tageblatt, amtliche nationalsozialistische Tageszeitung für die Kreise Harburg, Stade, Bremervörde und Lüneburg" berichtete über diesen Vorfall am 13. Dezember 1933 unter der Überschrift „Ein Amtsgerichtsrat als Volksverräter". In diesem Artikel heißt es: „ Der frühere Staatsanwalt Jacobi, der vor einigen Wochen als Amtsgerichtsrat an das Stader Amtsgericht versetzt worden ist, wurde jetzt vom Amt suspendiert. Der saubere Beamte hat versucht, eine volksverräterische Mitteilung an das Ausland gelangen zu lassen." Damit dürfte zumindest in der öffentlichen Meinung eine Vorverurteilung gegeben gewesen sein. Jacobi verließ, mit Genehmigung des Landgerichtspräsidenten, die Stadt und zog zunächst zu seiner inzwischen verwitweten Mutter nach Hannover.

Bereits am 13. Dezember 1933 erhob deshalb „Der Oberstaatsanwalt als Leiter der Anklagebehörde bei dem Sondergericht" gegen ihn Anklage (6 S J 1066/33) vor dem Sondergericht Hannover[3] wegen eines Verstoßes „strafbar nach § 3 der Verordnung zur Abwehr heimtückischer Angriffe gegen die Regierung der nationalen Erhebung vom 21. März 1933 (RGBl. I S. 135)" („Heimtückeverordnung"). Diese Norm lautete:

---

[2] Zu dieser Stelle Näheres bei Hans-Jürgen Döscher, Geheime Staatspolizei und allgemeine Verwaltung im Regierungsbezirk Stade, Stader Jahrbuch 1972, S. 70ff.

[3] Allgemein zu den Sondergerichten: Ingo Müller, Nationalsozialistische Sondergerichte. Ihre Stellung im System des deutschen Strafverfahrens, in: Martin Bennhold (Hrsg.), Spuren des Unrechts, Köln 1989, S. 17ff. Zum Sondergericht Hannover Näheres bei Wolf-Dieter Mechler, Kriegsalltag an der „Heimatfront". Das Sondergericht Hannover 1939-1945, Hannover 1997, der dort auch Stellung nimmt zur Entstehung dieses Gerichts (S. 31ff.) und zu seiner personellen Besetzung (S. 54ff.).

„(1) Wer vorsätzlich eine unwahre oder gröblich entstellte Behauptung tatsächlicher Art aufstellt oder verbreitet, die geeignet ist, das Wohl des Reiches oder eines Landes oder das Ansehen der Reichsregierung oder einer Landesregierung oder hinter diesen Regierungen stehenden Parteien oder Verbände schwer zu schädigen, wird, soweit nicht in anderen Vorschriften eine schwerere Strafe angedroht ist, mit Gefängnis bis zu zwei Jahren und, wenn er die Behauptung öffentlich aufstellt oder verbreitet, mit Gefängnis nicht unter drei Monaten bestraft. (2) Ist durch die Tat ein schwerer Schaden für das Reich oder ein Land entstanden, so kann auf Zuchthausstrafe erkannt werden. (3) Wer die Tat grob fahrlässig begeht, wird mit Gefängnis bis zu drei Monaten oder mit Geldstrafe bestraft"

Jacobi hatte im Ermittlungsverfahren eingeräumt, den Brief geschrieben zu haben. Er berief sich jedoch darauf, es habe sich lediglich um Mitteilungen allgemeiner Art gehandelt, die in den letzten Monaten in deutschen Tageszeitungen gestanden hätten. Demgegenüber führte die Anklageschrift aus, diese Äußerung enthalte die unwahre Behauptung, Beamte seien „ohne begründeten Anlass und ohne sachliche Prüfung, d.h. also kraft eines Willküraktes, aus ihren Stellen entfernt worden". Zudem müsse durch Jacobis Bemerkung über das Schicksal der Juden „besonders bei einem ausländischen Leser die Vorstellung entstehen, dass die im Auslande verbreiteten Greuelnachrichten über die Behandlung der Juden in Deutschland richtig seien. ... Dass diese tatsächlichen Behauptungen geeignet sind, das Wohl des Reichs und das Ansehen der Reichsregierung s c h w e r zu schädigen," so in der Anklage gesperrt gedruckt und damit besonders hervorgehoben, solle sich „ohne weiteres" aus ihrem Inhalt ergeben.

Am 7. Februar 1934 kam es, wohl zur Überraschung vieler in Justiz und Partei, zu einem Freispruch durch das Sondergericht Hannover unter dem Vorsitz des hannoverschen Landgerichtsdirektors Fahlbusch. Letztlich billigte das Gericht Jacobis Aussagen inhaltlich, denn dass „sehr viele der aufgeführten Personen aus Deutschland ausgewandert" seien und dass „manche sich auch das Leben genommen haben, ist keine unwahre Behauptung im Sinne des § 3" der Heimtücke-Verordnung hieß es im Urteil.

Jacobis Äußerungen über die Beamten und anderen Angehörigen des öffentlichen Dienstes seien zwar „unwahre Behauptungen tatsächlicher Art", aber hier hielt das Sondergericht dem Angeklagten seine Verhaltensweise zugute. Denn er war in der Hauptverhandlung „in seinem Auftreten und in seiner Ausdrucksweise oft unbeholfen und ungeschickt. Er gebrauchte auch in seinem mündlichen Vortrag ... an einer Stelle das Wort ‚einfach', wo es nach normalem Sprachgebrauch gar nicht anzuwenden war." Jacobi neige „trotz seiner Bildung und Stellung zu einer auffallend derben und burschikosen Ausdrucksweise". Nach diesem Freispruch wurde Fahlbusch vom Celler OLG-Präsidenten von Garßen zwar zunächst heftig angegriffen, aber Fahlbusch blieb standhaft, so dass von Garßen seine Angriffe zurücknehmen mußte.[4]

---

[4] Vgl. zu Einzelheiten dieser Auseinandersetzung Ulrich Hamann, Das Oberlandesgericht Celle im Dritten Reich – Justizverwaltung und Personalwesen –, in: Der Präsident des Oberlandesgerichts Celle (Hrsg.), Festschrift zum 275jährigen Bestehen des Oberlandesgerichts Celle, Celle 1986, S. 169ff. sowie Wolf-Dieter Mechler, (wie Fußn. 2), S. 56f., letzterer sieht in diesem Verhalten eher kollegiale Rücksicht als bessere Einsicht in die Lage.

Gleichwohl wurde Jacobi zum 1. April 1934 in den Ruhestand versetzt. Er erhielt eine geringe Pension in Höhe von mtl. 216,00 RM, ein beim OLG Celle anhängiges Dienststrafverfahren (X 15/33) gegen ihn wurde danach eingestellt. Im Jahr 1935 zog er nach Weil am Rhein an der deutsch-schweizerischen Grenze, wo er seine spätere Ehefrau Martha Gammeter durch eine Heiratsanzeige fand.

Im Juli 1938 wollte Jacobi in einer Drogerie in Weil am Rhein nach einem Einkauf (1/2 Liter Öl) Rabattmarken erhalten, was ihm jedoch verwehrt wurde mit der Begründung, dass dies bei der von ihm erworbenen Ware nicht zulässig sei. Danach kam es zwischen Jacobi einerseits sowie dem Ladeninhaber, dem Drogisten Hermann H. und dessen Sohn, dem Drogistenlehrling Helmut H. zu einer verbalen Auseinandersetzung, die zeitweilig auch von der Ehefrau des Inhabers, Elsa H., wahrgenommen wurde. Nach den Angaben des Geschäftsinhabers habe Jacobi u.a. geäußert, „die Bonzen in Berlin machen die Preise immer teurer". Dieses teilte der Drogist, Mitglied der NSDAP seit 1930, der Polizei mit, so dass Ludwig Jacobi erneut Beschuldigter in einem Sondergerichtsverfahren wurde.

Die Ermittlungen der Gestapo, „Grenzpolizeikommissariat Lörrach, Nebenstelle Weil/Rhein", führte der Kriminal-Oberassistent Nachtigal. Dessen die Ermittlungen abschließender Bericht vom 15. November 1938 ist erfüllt von Unterstellungen und Vermutungen:

> „Auf Grund der Aussagen der Zeugen H. ... kann Jacobi aber als schuldig angesprochen werden, besonders da er zugibt, wegen seiner seinerzeitigen Pensionierung erbittert zu sein. Bezgl. seiner Pensionierung wäre vielleicht noch zu prüfen, ob Jacobi nicht jüdischer Abstammung ist. Trotzdem er eine jüdische Abstammung abstreitet, bleibt in der hiesigen Umgegend die Ansicht bestehen, daß Jacobi ein Halbjude ist. Eine Anfrage beim Sondergericht Hannover dürfte hier Klarheit schaffen. Wenn es auch richtig ist, daß Jacobi im Juli oder August 1937 ein Ferienkind mehrere Wochen verpflegt und eingekleidet hat, so besteht doch demgegenüber die Tatsache, daß er keiner NS Organisation, ja nicht einmal der NSV als Mitglied angehört. Seine Zahlungen an Sammlungen pp sind ebenfalls sehr mäßig. Nach Aussagen des Ortsgruppenleiters der NSDAP von Weil/Rh. (Bürgermeister Schellenberg) ist Jacobi mitsamt seiner Ehefrau trotz mehrmaliger Aufforderung am 10. April 1938 der Wahl ferngeblieben. ... Die Zeugen H. sind als glaubhaft anzusehen. Der Vater ist langjähriger Parteigenosse, dagegen (sic!) ist sein Sohn längere Zeit in der Hitler Jugend von Weil/Rhein."

Die Ermittlungen hatten sich hingezogen, weil Jacobi mit Familie über mehrere Wochen bei seinen Schwiegereltern in der Schweiz und danach bei seiner Mutter in Hannover gewesen war. Am 14. Dezember 1938 ersuchte die Staatsanwaltschaft Mannheim (7 Js 782/38) das Reichsjustizministerium um Anordnung der Strafverfolgung, die gemäß § 2 Abs. 3 des Heimtückegesetzes als Verfolgungsvoraussetzung erforderlich war. Danach habe Jacobi in der Drogerie geäußert:

> „Es herrsche eine allgemeine Teuerung und verschiedene Waren seien 40 – 50% teurer als früher. Es gehe alles bergab und der kleine Mann könne überhaupt nichts mehr bezahlen. Die deutsche Bevölkerung habe Mitte des Monats kein Geld mehr, um leben zu können. Sie sei nicht einmal mehr in der Lage, die Strom- und Gasrechnungen zu bezahlen. In Berlin am grünen Tisch sitzen die Bonzen und schreiben die Preise vor und alles wird auf dem Rücken des kleinen Mannes aus-

gefochten. ... Die Bonzen in Berlin machen jeden Monat neue Gesetze und das Volk weiss nicht wie es dran ist und kommt nicht weiter. ... Ich spreche bewusst gegen den Staat."

Erst am 4. März 1939 ordnete das Reichsjustizministerium die Strafverfolgung gemäß § 2 des Heimtückegesetzes an (III p 12 J. 861/87). Bereits am 15. Februar 1939 hatte die Gestapo – Staatspolizeileitstelle Karlsruhe – „um Mitteilung über den Ausgang des Verfahrens" (II H – 5008/39) nachgesucht, ihr ging es wohl nicht schnell genug mit diesem Verfahren, möglicherweise waren sonst drei Monate nach Abschluss der Ermittlungen beim Sondergericht bereits Urteile ergangen. Die Staatsanwaltschaft in Mannheim klagte Jacobi schliesslich am 21. März 1939 wegen Verstoßes gegen § 2 Abs. 2 des Heimtückegesetzes vor dem Sondergericht Mannheim[5] an. Inzwischen war die bereits oben genannte „Heimtücke-Verordnung" - auch wegen des „Falles Jacobi" - aufgehoben und durch das „Heimtückegesetz" vom 1934 ersetzt worden. Dessen § 2 lautete in den Absätzen 1 und 2:

> „(1) Wer öffentlich gehässige, hetzerische oder von niedriger Gesinnung zeugende Äußerungen über leitende Persönlichkeiten des Staates oder der NSDAP., über ihre Anordnungen oder die von ihnen geschaffenen Einrichtungen macht, die geeignet sind, das Vertrauen des Volkes zur politischen Führung zu untergraben, wird mit Gefängnis bestraft. (2) Den öffentlichen Äußerungen stehen nichtöffentliche böswillige Äußerungen gleich, wenn der Täter damit rechnet oder damit rechnen muß, daß die Äußerung in die Öffentlichkeit dringen werde."

In der neuen Formulierung ist eine deutliche Erweiterung des Tatbestandes zu erkennen, denn jetzt kam es nicht mehr auf den möglichen Wahrheitsgehalt einer Behauptung an, sondern es ging nur noch darum, wie eine Äußerung von staatlicher Seite oder aus der Sicht der NS-Einrichtungen letztlich bewertet wurde.

Das Sondergericht Mannheim unter dem Vorsitz des Landgerichtsdirektors Mickel[6] terminierte am 27. März 1939 die Hauptverhandlung auf den 21. April 1939 und bestellte Jacobi einen Pflichtverteidiger, eine keineswegs zwingende Maßnahme. Das Verfahren (So K Ms 26/39) zog sich auch in diesem Stadium hin, weil der Gestapo-Beamte Nachtigal inzwischen nach Heinsberg im Rheinland versetzt worden war und sich zudem in der Hauptverhandlung ein Beisitzer für befangen erklärte, weil er „mit dem Angeklagten seinerzeit bei der Staatsanwaltschaft Hildesheim zusammen gearbeitet habe." Zwar wurde noch am selben Tag mit einem neuen Beisitzer weiter verhandelt, der Staatsanwalt beantragte in seinem Plädoyer „eine Gefängnisstrafe von 6 Monaten", der Verteidiger demgegenüber Freispruch, aber das Verfahren kam dennoch nicht zu einem Abschluss.

Denn Jacobi beantragte in seinem Schlußwort die „Vertagung der Verhandlung und Ladung des Zeugen Krim. Oberassistent Nachtigal zum Beweis dafür, daß ich von vornherein erklärt habe, daß die mir zur Last gelegten Äußerungen im Zusammenhang mit der Erörterung wirtschaftlicher Fragen gefallen sein können u. die Regierung nicht betroffen haben." Dem folgte das Sondergericht und vertagte „die Verhandlung auf unbestimmte Zeit." Mickel terminierte am 27. April 1939 auf den 12. Mai 1939, 8.30 Uhr. Bis dahin sollte

---

[5] Hierzu Näheres bei Christiane Oehler, Die Rechtsprechung des Sondergerichts Mannheim 1933-1945, Berlin 1997.

[6] Zu diesem bei Michael Kißener, Joachim Scholtyseck (Hrsg.), Die Führer der Provinz. NS-Biographien aus Baden und Württemberg, Konstanz 1997, S. 201ff.

zudem die Ehefrau des Drogisten durch die Gestapo vernommen werden, was bereits am 3. Mai 1939 durch den Kriminal-Oberassistenten Finger geschah. Aber nunmehr wandte sich der Drogist mit der Bitte an das Sondergericht, den Termin aufzuheben oder nur eine Person seiner Familie als Zeugen zu laden, denn er, seine Ehefrau und sein Sohn könnten nicht gleichzeitig einen ganzen Tag nach Mannheim fahren, er müsse dann die Drogerie schließen, „dadurch würden dem Staate verhältnismäßig hohe Kosten entstehen."

Neu terminiert wurde nunmehr auf den 2. Juni 1939 und zugleich angeordnet, dass die Ehefrau des Drogisten und Anzeigeerstatters zuvor beim Amtsgericht Lörrach richterlich zu vernehmen sei. Deren auf den 19. Mai angesetzte Vernehmung wurde auf Wunsch von Jacobis Verteidiger verlegt auf den 1. Juni, weil sich dieser zum „Tag des Deutschen Rechts" vom 18. bis 22. Mai 1939 in Leipzig „als Teilnehmer gemeldet" hatte. Zeitgleich hatte Ludwig Jacobi um die Verlegung des Termins gebeten und zudem darum ersucht, den neuen Termin nicht vor 10.00 Uhr anzusetzen, weil er von seinen Schwiegereltern in Langnau im Emmental in der Schweiz anreise und „erst mit der Eisenbahn um 9 Uhr in Basel" ankomme, so dass er nicht früher in Lörrach erscheinen könne.

Weil aber das Amtsgericht Lörrach übersehen hatte, dass in Mannheim bereits am folgenden Tag die neue Hauptverhandlung des Sondergerichts stattfinden sollte und die Akten unter diesen Umständen nicht rechtzeitig dort sein konnten, verlegte Amtsgerichtsrat Dr. Blum den Termin erneut, diesmal letztmalig, auf den 30. Mai. Die dort vernommene Zeugin Elsa H. vermochte sich an konkrete Äußerungen Jacobis nicht zu erinnern, aber „es wurde ein bißchen laut." Es seien Schimpfwörter gefallen, aber was gesagt wurde, könne sie nicht mehr genau erinnern. Schließlich fragte sie der Richter, warum ihr Mann überhaupt Jacobi angezeigt habe. „Ich habe meinen Mann dazu nicht veranlaßt. Er hat mir auch vorher nicht gesagt, daß er den Angeklagten anzeigen will. Nachher hat er es mir wohl erzählt; es kann aber auch sein, daß ich es erst dadurch erfahren habe, als Herr Jacobi einige Zeit später in den Laden kam und irgend etwas gesagt hat wie etwa, er bedanke sich auch schön für das Kompliment und so. ... Der Angeklagte hat auch früher schon öfter mal was auszusetzen gehabt. Mal hat es keine Zitronen gegeben und mal war sonst was nicht recht." Schließlich ließ sie auf einen Vorhalt des Verteidigers ihrer Meinung freien Lauf: „Ja, das muß ich sagen, ich habe immer angenommen, der Angeklagte sei Halbjude. Das habe ich so aus dem äußeren Benehmen nach geschlossen. Es war eben ein bißchen auffallend."

Das Sondergericht Mannheim, nunmehr unter Vorsitz des Landgerichtsdirektors Rost, verurteilte Ludwig Jacobi am 19. Juni 1939 zu drei Monaten Gefängnis; der Staatsanwalt hatte sechs Monate Gefängnis, der Verteidiger erneut Freisprechung beantragt. Ludwig Jacobi schloß sich in dieser Verhandlung den Ausführungen seines Verteidigers an. Zu Jacobis Persönlichkeit äußerte sich das Gericht im Urteil dahin, dass er „trotz seines Ausbildungsganges und seiner langjährigen Berufsausübung als Staatsanwalt und Richter nur bescheidenen Geistes, von erschreckender Unbeholfenheit, Schwerfälligkeit des Denkens und von unwahrscheinlich anmutender Weltfremdheit und Lebensferne ist." Er habe sich in der Verhandlung als „politisch neutral" bezeichnet und er „sei in keiner Weise gegen das nationalsozialistische Deutschland, ‚vor allem nicht gegen Herrn Hitler' eingestellt."

Bei der Strafzumessung berücksichtigte das Gericht zu seinen Gunsten, dass Ausgangspunkt ein letztlich unpolitischer Gesprächsgegenstand gewesen sei, nämlich die Rabattgewährung, und dass der Angeklagte sich und seine Familie mit bescheidensten Mitteln durchbringen müsse. Dass er bei diesen finanziellen Verhältnissen ein Ferienkind des

NSV aufgenommen habe, zeige, dass er kein Staatsfeind sei, auch wenn er „kein bejahendes Verhältnis zum Dritten Reich zu gewinnen vermochte". Er sei „ein verschrobener, querköpfiger und dem Leben recht unbeholfen und fremd gegenüberstehender Mensch, der nach der Überzeugung des Gerichts die Tragweite seines Geschwätzes nur unvollkommen übersehen hat. ... Der Angeklagte hat diese Äußerungen zudem im Grenzgebiet getan, in dem die Bevölkerung schon durch die gegnerische Propaganda ständigen feindlichen Einflüsterungen ausgesetzt ist und jeder Volksgenosse sich besonders davor hüten muss, durch Nörgeln oder Schimpfen auch nur möglicherweise der ausländischen Zersetzungsarbeit Vorschub zu leisten. Dieser Einsicht hat sich der Angeklagte verschlossen."

Die Verhandlung des Sondergerichts hatte von 15.00 bis 19.30 Uhr gedauert, von einem „kurzen Prozeß" kann mithin keine Rede sein, das Urteil umfaßt 16 Seiten und handelt die Argumente in geradezu schulmäßiger Weise ab. Laut Vollstreckungsheft der Staatsanwaltschaft beliefen sich die von Jacobi zu tragenden Kosten des Verfahrens auf 380,58 RM, immerhin mehr als das 1,5fache seines Bruttomonatseinkommens. Am 13. Juli 1939 erhielt die Gestapo Karlsruhe auf deren Anforderung vom Sondergericht eine Urteilsabschrift.

> „Mit Rücksicht auf meine Familie sowie die zahlreichen Schicksalsschläge seit 1933 (Einkommens- und Vermögensverluste aller Art, ewiger Druck, Angst und Sorgen um die Zukunft, dass man seines Lebens überdrüssig ist), welche ich und nunmehr auch meine Frau erlitten haben und noch erleiden, die nur der nachempfinden kann, der so etwas Ungeheuerliches mal selbst erlebt hat, bitte ich um Strafaussetzung mit 5jähriger Bewährungsfrist, notfalls gegen irgend eine Auflage. Für eine etwaige Geldbusse könnten mir Verwandte einen Betrag leihen, den ich dann ihnen bei Beschränkung der Lebenshaltung auf das Existenzminimum eines Proletariers abzahlen würde. ... Heil Hitler! L. Jacobi"

Dieses Gnadengesuch stellte Ludwig Jacobi bereits am 22. Juni 1939 sowohl an das Sondergericht wie auch, im Umfang ausführlicher, direkt an das Reichsjustizministerium; zu erkennen ist immer noch die schon in der Beurteilung von 1928 festgestellte „gesellschaftliche Ungewandtheit", dies wird auch deutlich daran, dass der von Jacobi verwandte „deutsche Gruß" im Schreiben an das Sondergericht von ihm offenbar nachträglich in den Brief eingefügt wurde, denn er steht leicht unterhalb seiner Unterschrift und ist erheblich kleiner als diese. Der Vorsitzende des Sondergerichts führt hierzu immerhin mit einer letztlich positiven Stellungnahme aus:

> „Dem Gnadengesuch wird nicht entgegengetreten. Es erscheint zwar nach Form und Inhalt wenig geeignet, die Begründetheit eines Gnadenerweises darzutun. Mit Rücksicht auf die in den Gründen des Urteils eingehend gewürdigte Persönlichkeit des Verurteilten ist aber erwägenswert, dem Angeklagten in einer mehrjährigen Bewährungsfrist Gelegenheit zu geben, einerseits unter der Nachwirkung des Urteils, andererseits unter dem Eindruck der ihm erwiesenen Gnade endlich den Weg zur Selbstbesinnung zu gehen und ein positives Verhältnis zum nationalsozialistischen Deutschland zu finden, zumal der Verurteilte nach der im Urteil niedergelegten Überzeugung des Sondergerichts ein verbohrter, aber kein boshafter und in diesem Sinne staatsfeindlicher Mensch ist. Es besteht die Möglichkeit, dass hier durch einen Gnadenerweis tatsächlich erzieherische Wirkungen ausgelöst werden."

Der Oberstaatsanwalt beim Sondergericht beantragte demgegenüber die Ablehnung des Gesuchs, weil er von Jacobi dessen Anpassung an die Umstände verlangte:

> „Nachdem er wegen seiner Einstellung gegen den Nationalsozialismus aus dem Staatsdienst mit Ruhegehalt ausgeschieden war, durfte man von ihm erwarten, dass er wenigstens äusserlich keinen Grund mehr zu Beanstandungen gibt. Sein Auftreten in der Grenzstadt Weil a/Rh., sein Liebäugeln mit der Schweiz und nicht zuletzt die aus seinen beiden Gesuchen sprechende Einsichtslosigkeit ... machen ihn eines Gnadenerweises unwürdig, auch wenn die in der Äusserung des Sondergerichts ausgesprochene Hoffnung auf Selbstbesinnung berechtigt sein sollte."

Dem schloss sich, keineswegs überraschend, der Generalstaatsanwalt in Karlsruhe letztlich an, allerdings mit der Anregung, die Strafe nach 2/3 der verbüßten Zeit zur Bewährung auszusetzen.

Zum 11. September 1939 wurde Ludwig Jacobi zum Strafantritt in das Gerichtsgefängnis Lörrach geladen, er stellte sich dort am Morgen dieses Tages um 8.20 Uhr. Als Strafende wurde deshalb der 11. Dezember 1939, 8.20 Uhr notiert. Zuvor hatte Jacobi bei der Gerichtskasse Lörrach 100,81 RM als Sicherheit für die Strafe und die Kosten hinterlegt. Diese Strafe verbüßte Ludwig Jacobi jedoch nur für eine Woche im Gefängnis Lörrach, danach erfolgte die Entlassung wegen einer „Führer-Amnestie". Am 18. September 1939 hatte die Staatsanwaltschaft vermerkt „Das Straffreiheitsgesetz vom 9.9.39 findet Anwendung" und am selben Tag unter „Sofort - per Telegramm" an den „Gefängnis Vorstand Lörrach" verfügt „Freilassung". Ludwig Jacobi wurde „am 18. September 1939 vorm. 11 Uhr" aus dem Strafvollzug entlassen unter Aushändigung des von ihm hinterlegten Geldbetrages. Abgeschlossen war die „Strafsache Jacobi" aus der Sicht der Justiz mit Verfügung vom 20. September 1939:

> „Die aus dem Urteil des Sondergerichts Mannheim vom 19. Juni 1939 noch restlich zu verbüssende Gefängnisstrafe von 83 Tagen, 21 Stunden und 20 Minuten sowie rückständige Kosten sind auf Grund des Gnadenerlasses des Führers und Reichskanzlers für die Zivilbevölkerung vom 9. September 1939 erlassen."

Seine Freiheit währte trotz der „Führer-Amnestie" nicht einmal ein Jahr. Ludwig Jacobi wurde am 15. Juni 1940 in das KZ Dachau eingeliefert, ohne dass ein Grund hierfür zu erkennen ist; in der Gefangenenliste des Lagers heißt es lediglich: „Schutzhaft".[7] Es läßt sich vermuten, dass Jacobi nicht nur wegen seiner unangepaßten Lebensweise der Gestapo ein Dorn im Auge war und deshalb inhaftiert wurde, sondern wohl auch, weil ihm seit seiner Strafversetzung nach Stade bei den Parteistellen das Stigma des „Volksverräters" anhaftete. In Dachau wurde Ludwig Jacobi am 14. August 1940 um 8.20 Uhr „auf der Flucht erschossen". Bereits um 8.25 Uhr stellte der diensthabende Arzt, SS-Obersturmführer Dr. Blancke, als Todesursache im Leichenschauschein fest: „Tod durch Erschiessen".[8] Dies war nur eine der vielen Mordtaten der SS.[9]

---

[7] KZ-Gedenkstätte Dachau, Auszug aus dem Namensverzeichnis der Häftlinge.
[8] Archiv des Jesuitenordens München.
[9] Ludwig Jacobis Witwe führte nach 1945 erfolgreich ein Wiedergutmachungsverfahren, so Hamann (Fußn. 4), S. 171.

Rechtsanwalt und Notar Paul Friedmann (1878 - 1967)[1]

Paul Friedmann wurde am 27. August 1878 als Sohn eines Kaufmanns in Harburg geboren. Nach dem Abitur am dortigen Realgymnasium studierte er Rechtswissenschaften in München und Göttingen. Im Jahr 1904 legte er die erste juristische Staatsprüfung in Celle ab und wurde im selben Jahr als Referendar beim Amtsgericht Walsrode vereidigt. Nach der Großen Juristischen Staatsprüfung 1909 war er zunächst als Gerichtsassessor in Lüchow tätig, im Juli 1910 erhielt er die Zulassung als Rechtsanwalt in Harburg. Von 1915 bis 1918 nahm er als Freiwilliger am Ersten Weltkrieg teil. In Harburg heiratete er 1919 Irene, geb. Styx; aus dieser Ehe gingen die Söhne Peter, geb. 1920, und Walter, geb. 1923, hervor. Paul Friedmann war Mitglied der Jüdischen Gemeinde in Harburg, seine Ehefrau und die Kinder waren evangelische Christen. Wie viele andere liberale Juden war er Mitglied in der DDP (Deutsche Demokratische Partei).

Mit Erlaß des Preußischen Justizministers vom 5. April 1933 wurde Paul Friedmann ein Vertretungsverbot auferlegt und ihm untersagt, die Gerichte, bei denen er zugelassen war, zu betreten mit der Begründung, dass er jüdisch war. Am 8. April 1933 ersuchte Paul Friedmann den Preußischen Justizminister um Aufhebung der ihn betreffenden Beschränkungen in der Berufsausübung. Dieses Gesuch soll hier in seinem vollen Wortlaut wiedergegeben werden, weil es nicht nur etwas über den Antragsteller und seine Familie sowie deren soziale Stellung aussagt, sondern weil hierin auch beispielhaft die Assimilation der deutschen Juden zum Ausdruck kommt:

> *„In Verfolg des Runderlasses vom 5. April 1933 bitte ich den Herrn Justizminister: die hinsichtlich meiner Berufsausübung als Rechtsanwalt und Notar getroffenen bzw. bestehenden Beschränkungen aufzuheben und zu verfügen, dass ich meine Tätigkeit als Rechtsanwalt und Notar uneingeschränkt wie zuvor wieder aufnehmen darf.*

> *Ich erkenne die jetzt bestehende Lage als für mich rechtsverbindlich vorbehaltlos an. Zur Begründung meiner vorstehenden Bitte trage ich folgendes vor:*

> *Im Jahre 1910 habe ich mich hier als Anwalt niedergelassen, indem ich mich mit dem Justizrat Katzenstein, der damals bereits 20 Jahre rund hier als Anwalt und Notar tätig war, zur gemeinsamen Ausübung der Anwaltpraxis verbunden habe. Dieser ist vor zwei Jahren verstorben. Zugelassen bin ich sowohl beim Amtsgericht in Harburg-Wilhelmsburg, als*

---

[1] Der Darstellung liegen die Akten Nds. Staatsarchiv Stade Rep. 171 Stade acc. 40/82 Nr. 11 sowie Heinz Morisse, Jüdische Rechtsanwälte in Hamburg, Hamburg 2003, S. 173f. zugrunde.

auch bei dem Landgericht in Stade und der Kammer für Handelssachen des Landgerichts Stade in Harburg-Wilhelmsburg.

Im Jahre 1920 wurde ich zum Notar ernannt. Bisher war ich und zwar seit 1919 zur Ausübung der Praxis verbunden mit dem Rechtsanwalt Herrn Dr. Georg Schaeffer, hier, der sich jedoch nunmehr in wenigen Wochen von mir trennen wird.

Alle Kreise der Bevölkerung zählen zu meiner Klientel. Meine Berufsausübung hat mir sowohl bei dieser als auch, wie ich glaube behaupten zu dürfen, in der gesamten Bevölkerung, in den Kreisen der Kollegen und bei Vorgesetzten und Richtern achtungsvolle Anerkennung eingetragen. Meine Klientel hängt mir vertrauensvoll an.

Berufliche Ehrenämter haben die Kollegen am Orte und auch in der Provinz mir vor vielen Jahren übertragen und mich in diesen bis heute bestätigt; seit dem Bestehen des hiesigen Anwaltvereins gehöre ich zu seinen Vorstandsmitgliedern, seit einem Jahrzehnt bin ich Schriftführer des Vereins der Amtsgerichtsanwälte im Oberlandesgerichtsbezirk Celle.

Der Herr Landgerichtspräsident in Stade und die sämtlichen Richter des genannten Gerichts und des Amtsgerichts in Harburg-Wilhelmsburg, die hiesige Anwaltschaft, insbesondere ihr Führer, Herr Justizrat Palm, der Bürgermeister hiesiger Stadt Dyes und alle Behörden-Vorstände hiesigen Orts werden mir eine sorgsame, dem Interesse meiner Klienten gewidmete Berufsausübung und weiter bescheinigen, dass ich den Anspruch auf eine honorige Berufsauffassung und Berufsbetätigung nicht mit Unrecht erhebe.

Meine Vorfahren sind seit Jahrhunderten in Deutschland ansässig. Mein Vater ist im Jahre 1832 in Gnoien in Mecklenburg geboren und in Harburg-Wilhelmsburg 1901 verstorben; er war hier als selbständiger allgemein geachteter und bekannter Kaufmann seit dem Jahre 1855 tätig. Schon die Grosseltern väterlicherseits waren in Gnoien ansässig; der Urgrossvater, der nach der mir gewordenen mündlichen Überlieferung Freiheitskämpfer von 1812/13 war, erhielt in seiner Heimat das Recht – aus Anlass dieser Kriegsteilnahme – Grundbesitz zu erwerben. Meine mütterliche Familie – meine Mutter ist im Jahre 1918 hier verstorben, sie war eine geborene Heilbrunn – ist seit Ausgang des 18ten Jahrhunderts in Hittfeld, Landkreis Harburg, ansässig gewesen; meine Eltern, die mütterlichen Grosseltern und die mütterlichen Urgrosseltern liegen auf dem hiesigen Friedhof begraben; ich bin hier 1878 geboren. Meine Familie und ich sind mit Harburg-Wilhelmsburg aufs engste heimatlich verwachsen.

Seit dem Jahre 1919 bin ich mit Irene, geb. Styx aus Höxter a/ Weser verheiratet; meine beiden Söhne sind 12 und 10 Jahre alt. Soweit Belege über meine Angaben in familienrechtlicher Beziehung gewünscht werden, kann ich sie jederzeit beibringen. Die Ortsvorstände der genannten Orte werden meine Angaben jederzeit bestätigen.

Vom 1. Oktober 1904 bis März 1905 diente ich als Einjährig-Freiwilliger im Königl. Bayer. Inf. Reg. Nr. 20 in Lindau a. Bodensee; zufolge einer Fußverletzung, die ich mir im Dienste zugezogen hatte, wurde ich nach wochenlangem Lazarettaufenthalt und anschliessender Dienstunfähigkeit zur Disposition der Ersatzbehörden beurlaubt und im Jahre 1905 beim Oberersatzgeschäft zum Landsturm I mit Waffe ausgemustert. Im August 1915, damals 36 Jahre alt, meldete ich mich – zeitweilig noch immer beim längeren Stehen und Gehen infolge des Dienstunfalles behindert – als Kriegsfreiwilliger zum Eintritt in das Heer, wurde in Lüneburg bei der Reserve-Ersatz-Eskadron X. A.K. ausgebildet und kam am 2. 5. 1916 *zum Reserve-Dragoner-Regiment Nr. 6 ins Feld (Verdun), in dessen zweiter Eskadron ich bis zum Kriegsende an der Front geblieben bin. In diesem Verbande habe ich – die Vorlage meines Militärpasses biete ich dafür an – im Westen die Gefechte (Verdun, Stellungskampf in den Argonnen, Stellungskämpfe an der Aisne, Doppelschlacht an der Aisne und in der Champagne, Stellungskampf im Oberelsass) mitgemacht. Im Felde bin ich durch Divisions-Tagesbefehl am 11. 3. 1917 zum Gefreiten ernannt worden.*

Brüder habe ich nicht gehabt. Aus dem Kreise meiner engsten Familie haben die Söhne meiner beiden Schwestern an der Front gestanden (Oberdorff und Dr. Fränkel); der einzige Bruder meiner Mutter, Privatier Kornburg hier hat im Jäger-Bataillon in Ratzeburg den Krieg 1870/71 mitgemacht, sein Sohn Albert ist im Verbande des gleichen Truppenteils 1914 vor Maubeuge gefallen.

Da die Entziehung meiner Berufstätigkeit nicht nur mich selbst, sondern auch insbesondere meine Frau und meine Kinder auf das schwerste betrifft und betreffen wird, so darf ich in Bezug auf die Familie meiner Frau noch das folgende hervorheben:

Die beiden einzigen Brüder hat der Krieg meiner Frau genommen; der ältere, Artur Styx, ist im Osten am 31.8.1915 als Major und Führer des 2. Bataillons des Inf. Reg. 138 gefallen; der andere, Eugen Styx, war Oberstleutnant in der Kaiserlichen Schutztruppe für Deutsch-Ost-Afrika, hat unter dem General Lettow-Vorbeck in Afrika gekämpft, ist, schwer verwundet, in englische Gefangenschaft geraten und hat mehrere Jahre in dieser auf der Insel Malta zubringen müssen. An den Folgen ist er 1928 jung gestorben. Zwei ihrer Schwestern sind Kriegswitwen (Hauptmann Ordemann, Lehe und Prof. Pfannkuche, Oldenburg); ihr Vater ist als Oberstabsarzt i.R. zu Höxter 1927 gestorben, er hat den Krieg 1870/71 als Einjährig-Freiwilliger Arzt mitgemacht. Ich habe meine Kriegserinnerungen wachgehalten insbesondere dadurch, dass ich dem Verein ehemaliger 16. Dragoner hier seit seinem Bestehen angehöre, dem Verein ehem. Kavalleristen auch seit einer Reihe von Jahren. Das Vorstehende habe ich ausgeführt, um darzulegen, dass unsere Familien ihre staatsbürgerlichen Pflichten stets voll erfüllt haben.

Würde mir die Möglichkeit genommen, meinen Beruf als Rechtsanwalt und mein Amt als Notar weiterhin auszuüben, so würden meine Familie und ich dadurch wirtschaftlich auf das schwerste betroffen. Bei meinem Alter (54 Jahre) und bei den heutigen Wirtschaftsverhältnissen ist eine berufliche Umstellung unmöglich; zudem würde ich durch eine erzwungene Untätigkeit und die Losreissung von der Tätigkeit, der ich seit Jahrzehnten mit dem Herzen anhänge und die ich zu meinem Lebensinhalte gemacht habe, auch seelisch vollkommen zu Boden gedrückt werden, umsomehr, als ich in der Überzeugung gelebt habe und lebe, dass meine Familien und ich stets ihre Pflichten gegen Heimat und Vaterland ganz und willig erfüllt haben.

Hinzuzufügen erlaube ich mir noch, dass, da Vereinbarungen bezüglich der Ausübung der Tätigkeit hiesigen Orts nicht bestehen, im gesamten Landgerichtsbezirk kein jüdischer Anwalt Tätigkeit ausüben kann.
Ehrerbietigst
Friedmann"

Dieses Gesuch sowie die Anträge drei weiterer Anwälte leitete der Stader Landgerichtspräsident Franz Wieacker an den Celler OLG-Präsidenten mit dem durchaus wohlwollenden und keineswegs zwingend gebotenen Zusatz weiter, „daß, soweit ich mir ein Urteil habe bilden können, sämtliche vier Gesuchsteller die Praxis bisher gewissenhaft ausgeübt und Anlaß zu Beanstandungen irgendwelcher Art nicht gegeben haben. Außer den 4 Gesuchstellern sind jüdische Rechtsanwälte und Notare im hiesigen Landgerichtsbezirk zur Zeit nicht zugelassen."

Der Harburger Amtsgerichtsdirektor Dr. Pommerening bescheinigte Friedmann am 27. April 1933 zudem, ihm sei „nichts davon bekannt, dass Rechtsanwalt und Notar Friedmann in Harburg-Wilhelmsburg sich jemals kommunistisch betätigt hat. Ich kenne ihn seit etwa 4 ½ Jahren und halte es auch für ausgeschlossen, dass er kommunistischen Bestrebungen nahe steht oder gestanden hat. Hervorheben möchte ich, dass seine Ehefrau Christin ist. Seine beiden Kinder sind christlich getauft. Sein ältester Sohn ist, wie ich aus eigener Erfahrung weiss, seit etwa einem Jahre Mitglied des Deutschen Pfadfinder-Bundes, einer dem Stahlhelm nahe stehenden Organisation."

Paul Friedmann hätte zwar als Rechtsanwalt, der bereits vor 1914 zugelassen war und als „Frontkämpfer", also Teilnehmer des Weltkriegs, seine Zulassung nicht verlieren dürfen, aber hier verfiel das Preußische Justizministerium mit Erlaß vom 13. Juni 1933 („gez. Dr. Freisler") darauf, diese Zulassung deshalb zurückzunehmen, „weil er sich in kommunistischem Sinne betätigt hat." Hintergrund war, dass Paul Friedmann im Jahr 1920 kommunistische Arbeiter in einem Strafverfahren verteidigt hatte, sich also legal im Rahmen seines Berufes bewegt hatte. Am 23. Juni 1933 wurde Paul Friedmann in der Liste der zugelassenen Rechtsanwälte gelöscht, sein Amt als Notar war ebenfalls beendet.

Er war danach[2] als Grundstücksverwalter tätig bis zum November-Pogrom 1938, danach kam er in das Konzentrationslager Sachsenhausen, im Juli 1939 konnte er in die Schweiz flüchten, seine Kinder waren bereits im Frühjahr dieses Jahres nach Schweden emigriert.

Im Jahr 1948 kehrte Paul Friedmann nach Deutschland zurück. Er war zunächst in Bremen Justitiar beim Senator für politische Befreiung, dort wurde er 1949 Richter, schließlich im März 1950 Landgerichtsdirektor am Landgericht in Bremen. Dieses Amt übte er als Vorsitzender einer Kammer für Wiedergutmachungsverfahren bis zu seiner Pensionierung im Jahr 1955 aus. Paul Friedmann starb am 23. Dezember 1967 in Bremen.

---

[2] Die folgenden Ausführungen beruhen auf den Feststellungen, die Dr. Peter Schulze, Hannover, für die Stader Ausstellung „Justiz im Nationalsozialismus" getroffen hat.

Amtsgerichtsrat Ernst Meyersburg (1868 – 1937)[1]

Ernst Meyersburg wurde am 30. August 1868 in Celle als Sohn des Justizrats Friedrich Meyersburg und dessen Ehefrau Auguste, geb. Hildebrandt,[2] geboren. Er war seit dem 19. September 1930 verheiratet mit Frieda Graetzer, Tochter des Lagerhalters Max Graetzer und dessen Ehefrau Auguste, geb. Wellbrock, in Harburg-Wilhelmsburg; die Ehe blieb kinderlos.

Nach dem Studium der Rechte wurde er am 6. Dezember 1892 als Referendar eidlich verpflichtet und nach Ablegung der Großen Juristischen Staatsprüfung mit „ausreichend" am 18. Mai 1897 zum Gerichtsassessor ernannt, schließlich erhielt er am 16. März 1905 eine Planstelle als Amtsrichter in Harburg, damals noch zum LG-Bezirk Stade gehörend. Dort blieb er bis zu seiner Pensionierung. Meyersburg leistete seine Militärdienstzeit vom 1. Oktober 1888 bis zum 30. September 1889 und nahm vom September 1914 bis zum März 1915 am Ersten Weltkrieg teil, zuletzt als Oberleutnant der Landwehr.

Eine Beurteilung des bereits 60jährigen zum Ende des Jahres 1928 durch den Stader Landgerichtspräsidenten Theodor Haasemann kennzeichnet ihn mit wenigen Worten:

> „Fähigkeiten und Leistungen entsprechen einem guten Durchschnitt; er arbeitet mit Eifer und Sorgfalt. Ein Richter, der wenig auffällt, ruhig seine Pflicht tut und seinen Posten voll ausfüllt. Führung ohne Tadel."

Zum 1. Oktober 1933 trat er aufgrund des „Altersgrenzengesetzes" in den Ruhestand mit monatlichen Bezügen in Höhe von 445,96 RM. Zwar ist dieser Grund auf seinem Personalblatt vermerkt, aber Ernst Meyersburg wurde in seinem letzten Dienstjahr noch Opfer der NS-Rassenideologie. Obwohl er bereits beim erstmaligen Anlegen seiner Personalakte im Jahr 1892 als „lutherisch" bezeichnet wurde, fiel er nach der Rassenideologie gemäß Definition der damaligen Zeit unter die für Juden geltenden Erlasse, weil die Großeltern seines Vaters Juden gewesen waren.

Der Celler OLG-Präsident von Garßen teilte ihm deshalb am 20. Mai 1933 mit, er sehe sich „veranlaßt, Euer Hochwohlgeboren bis auf weiteres zu beurlauben und Sie zu ersuchen, sich während der Dauer des Urlaubs jeder Ausübung Ihrer Amtstätigkeit zu enthalten." Zugleich ersuchte er den Stader Landgerichtspräsidenten für den Fall, dass Meyersburg sich weigern sollte, „den ihm erteilten Urlaub anzutreten, so wollen Sie, Herr Landgerichtspräsident, ihm kraft Hausrechts das Betreten der Gerichtsgebäude in Harburg-Wilhelmsburg verbieten und mir das Veranlaßte mitteilen."

Ein solcher Schritt war jedoch nicht erforderlich, vielmehr reagierte Meyersburg prompt und in der gewünschten Weise, er tat auch hier „ruhig seine Pflicht", so dass der Harburger Amtsgerichtsdirektor Dr. Pommerening bereits am 23. Mai 1933 nach Stade berichten konnte, dass „Amtsgerichtsrat Meyersburg ... am 22. Mai 1933 von seiner Beurlaubung

---

[1] Der Darstellung liegen die Akten Nds. Staatsarchiv Stade Rep. 171 Stade acc. 40/82 Nr. 10 zugrunde.
[2] Auf Bl. 88 der Personalakte ist eigenhändig von Ernst Meyersburg der Geburtsname der Mutter angegeben mit „Hildebrand".

unter Uebersendung des Testamentenschlüssels Mitteilung gemacht und das Amtsgericht verlassen" habe.

Parallel hierzu lief das Pensionierungsverfahren wegen der bevorstehenden Vollendung des 65. Lebensjahres. Deshalb wurden am 6. Juni 1933 aus dem Preußischen Justizministerium zwei Schreiben abgesandt, die Meyersburg betrafen. In dem einen teilte der Preußische Justizminister Hanns Kerrl ihm mit, dass er zum 1. Oktober 1933 in den Ruhestand treten werde: „Der Abschied wird Ihnen später zugehen", und in dem anderen Schreiben („gez. Dr. Freisler") an den Celler OLG-Präsidenten hieß es:

> „Für seine dem Staate in langjähriger treuer Pflichterfüllung geleisteten Dienste beabsichtige ich, dem Amtsgerichtsrat Meyersburg die Anerkennung und den Dank der Staatsregierung auszusprechen."

Ob es hierzu tatsächlich kam, läßt sich nicht feststellen. Meyersburg konnte die zwangsweise Beurlaubung wohl nur schwer verwinden und hatte deshalb am 9. Juni 1933 um Urlaub „zur Wiederherstellung der Gesundheit" bis zum Eintritt in den Ruhestand nachgesucht. Der Celler OLG-Präsident gewährte diesen Urlaub und fügte – fast beschämt – hinzu:

> „Ich habe den Herrn Landgerichtspräsidenten in Stade ersucht, der Beamtenschaft des Amtsgerichts Harburg-Wilhelmsburg in geeigneter Weise zur Kenntnis zu bringen, dass Sie seiner Zeit lediglich wegen Ihrer Abstammung beurlaubt worden sind."

Damit war Ernst Meyersburg jedenfalls teilweise „rehabilitiert", weil jetzt – für alle Beteiligten ersichtlich – feststand, dass keine dienstlichen Gründe ursächlich für seine zwangsweise Beurlaubung gewesen waren.

Ernst Meyersburg holte im Juli 1933 die Genehmigung ein, seinen Wohnsitz in Harburg verlassen zu dürfen und teilte dem Stader LG-Präsidenten am 5. August 1933 mit, dass seine Anschrift „bis auf weiteres: München 23, Siegfriedstr. 6 II" sei. Ernst Meyersburg starb 1937.

Oberstaatsanwalt Dr. Arthur Wolffsohn (1878 – 1950)[1]

Arthur Wolffsohn kam am 2. April 1878 in Schrimm in der damaligen preußischen Provinz Posen als Sohn von Louis Wolffsohn und dessen Ehefrau Florentine, geb. Wasser, zur Welt. Er heiratete im September 1918 Meta Erika Wolf, aus dieser Ehe ging eine Tochter hervor (Ilse, geboren 1919).

Arthur Wolffsohn machte 1897 in Posen Abitur und studierte danach Rechtswissenschaften in München, Berlin und Breslau. Nachdem er in Breslau im Jahr 1900 die erste juristische Staatsprüfung bestanden hatte, wurde er als Referendar am 27. Juni 1900 vereidigt. Der Militärdienstzeit vom 1. Oktober 1901 bis zum 30. September 1902 folgte die weitere Tätigkeit als Referendar, er promovierte während dieser Zeit und legte die Große Juristische Staatsprüfung im Jahr 1905 ab. Im selben Jahr wurde er Gerichtsassessor in Preußen, im folgenden Jahr konvertierte er vom Judentum zum evangelischen Christentum.

Als Staatsanwalt in Bochum wurde er zum 1. Mai 1910 preußischer Beamter auf Lebenszeit. Er nahm vom 4. August 1914 bis zum 30. November 1918 am 1. Weltkrieg teil, zuletzt als Leutnant der Landwehr. Danach wurde er zunächst Staatsanwalt in Düsseldorf, im Jahr 1921 Erster Staatsanwalt in Essen und schließlich 1928 Erster Staatsanwalt in Hannover. Zum 1. April 1933 wurde Wolffsohn auf Grund des § 5 des „Gesetzes zur Wiederherstellung des Berufsbeamtentums" zunächst beurlaubt. Mit Verfügung des Preußischen Justizministers vom 28. Juli 1933 – unterschrieben „In Vertretung Dr. Freisler" – wurde er „unter Belassung Ihrer Amtsbezeichnung und des Diensteinkommens Ihrer bisherigen Stelle zum 1. Oktober 1933 als Landgerichtsrat an das Landgericht in Stade versetzt. Ihre Beurlaubung dauert bis zu diesem Zeitpunkt fort. Ihrem Wunsch, Sie an ein Gericht in Hannover zu versetzen, konnte nicht entsprochen werden."

Mit Ehefrau und Tochter zog Dr. Arthur Wolffsohn nach Stade in die Hindenburgstr. 1, am 28. September 1933 meldete er sich mit diesem Wohnsitz an. Seinen Dienst als Landgerichtsrat beim LG Stade begann er am Montag, den 2. Oktober 1933. Am 27. August 1934 leistete er hier den neu eingeführten Beamteneid und unterschrieb das Formular mit „Erster Staatsanwalt Dr. Wolffsohn Landgerichtsrat":

> *„Ich schwöre: Ich werde dem Führer des Deutschen Reiches und Volkes, Adolf Hitler, treu und gehorsam sein, die Gesetze beachten und meine Amtspflichten gewissenhaft erfüllen, so wahr mir Gott helfe."*

Zum Ende dieses Jahres beurteilte ihn der Stader Landgerichtspräsident Franz Wieacker wie folgt:

> *„Wolffsohn ist ein gut befähigter, kenntnisreicher und unermüdlich fleißiger Richter. Er hat sich nach länger als zwanzigjähriger ausschließlicher Verwendung im staatsanwaltschaftlichen Dienste nach seiner Ernennung zum Landgerichtsrat überraschend schnell und erfolgreich in die ihm nunmehr übertragenen Zivilsachen eingearbeitet: seine Leistun-*

---

[1] Die Darstellung stützt sich auf die Akten des Nds. Staatsarchiv Stade, Rep. 171a Stade acc. 2002/28 Nr. 16, sowie auf Hartmut Lohmann, „Hier war doch alles nicht so schlimm". Der Landkreis Stade in der Zeit des Nationalsozialismus, Stade 1991, S. 430. – Ich danke Dr. Jürgen Bohmbach, Stade, für ergänzende Hinweise.

gen sind vollbefriedigend. Wolffsohn ist Nichtarier. Gegen seine politische Zuverlässigkeit bestehen keine Bedenken. Er verhält sich zurückhaltend und taktvoll und ist ein angenehmer Mitarbeiter, der Vertrauen verdient. Seine Führung ist untadelig."

Aufgrund der Verordnung des Reichsjustizministers vom 2. September 1935 hatte Wolffsohn, wie alle anderen Beamten im Reich, eine „Erklärung über Zugehörigkeit zu Beamtenvereinigungen" abzugeben. Danach war er Mitglied in folgenden Organisationen:

„1) der Vereinigung Preußischer Staatsanwälte seit Gründung, wenn ich nicht irre, im Jahr 1925 bis März 1928,
2) dem Preußischen Richterverein von 1925 bis März 1928, genauere Zeitangabe ist mir nicht möglich,
3) der Krankenzuschußkasse des Reichsbundes der höheren Beamten von 1925 bis März 1930, wenn ich nicht irre,
4) der Deutschen Beamtenkrankenversicherung in Koblenz seit 1. April 1930 und noch jetzt."

Die „Nürnberger Gesetze" vom 15. September 1935 bestanden im Kern aus dem „Reichsbürgergesetz" und dem „Gesetz zum Schutze des deutschen Blutes und der deutschen Ehre", hierzu ergingen in der Folgezeit etliche Ausführungsverordnungen.[2] Sie machten, nunmehr in gesetzlicher Form, den Antisemitismus zur Staatsaufgabe, und sie nahmen allen „Volljuden" (gemäß NS-Definition) den Status des Reichsbürgers. Damit machten sie diese letztlich zu rechtlosen Menschen. Bereits am 21. September 1935 fragte der Celler OLG-Präsident von Garßen beim Stader Landgerichtspräsidenten an, welche Justizbeamten im LG-Bezirk „Volljuden" seien. Hierüber nahm der Stader LG-Präsident Wieacker noch am selben Tag einen Vermerk auf:

„Der Herr O.L.G.Pr. fordert durch heutiges Telegramm sofortige Berichterstattung, welche von den nichtarischen Justizbeamten des hiesigen Bezirks Volljuden seien. Da die hies. Personalakten des Landgerichtsrats Ersten Staatsanwalts Dr. Wolffsohn bestimmte Auskunft darüber, ob Dr. Wolffsohn Volljude ist, nicht geben, habe ich heute Mittag um 13 Uhr an Dr. Wolffsohn die mißliche Frage mündlich gerichtet, ob er Volljude sei. Landgerichtsrat Dr. Wolffsohn erklärte, daß er Volljude sei; auch seine Mutter und seine weiteren Vorfahren seien Volljuden. Er betonte dabei, daß er infolge Übertritts evangelischer Religion sei, was auch seine hiesigen Personalakten bestätigen."

Wieacker war demnach dieser Vorgang ersichtlich peinlich, ohne dass er auf den mitzuteilenden Sachverhalt Einfluß nahm oder nehmen konnte. Allzu fremd konnte ihm der Sachverhalt allerdings nicht sein, denn er hatte schon in der oben genannten Beurteilung des Vorjahres Wolffsohn als „Nichtarier" bezeichnet; ob das damals in einer Beurteilung bereits zwingend erforderlich war, vermag ich nicht zu beurteilen. Er antwortete noch am selben Tag per Telegramm „Landgerichtsrat Wolffsohn in Stade ist Volljude; sonst Fehlanzeige." Zudem schrieb er, ebenfalls noch am selben Tag, an den Celler OLG-Präsidenten:

„In Bestätigung meines heutigen Telegramms berichte ich, dass von den nichtarischen Justizbeamten des Landgerichtsbezirks Stade nur der Landgerichtsrat Erster Staatsanwalt Dr.

---

[2] Hierzu ausführlich Cornelia Essner, Die „Nürnberger Gesetze" oder Die Verwaltung des Rassenwahns 1933 - 1945, Paderborn 2002.

Wolffsohn in Stade Volljude ist; nach der Konfession ist er infolge Religionswechsels evangelisch."

Nach nur zwei Jahren richterlicher Tätigkeit in Stade wurde Wolffsohn zum 1. Oktober 1935 aufgrund der „Nürnberger Gesetze" zunächst beurlaubt. Mit Bescheid des Reichsministers der Justiz vom 19. Dezember 1935 erhielt er seine Entlassungsurkunde mit Wirkung vom 31. Dezember 1935 „auf Grund des § 3 des Reichsbürgergesetzes in Verbindung mit § 4 der 1. Verordnung dazu vom 14. November 1935". Mit weiterem Bescheid vom 28. Dezember 1935 erhielt er die Mitteilung, dass er „bis zur Erreichung der Altersgrenze als Ruhegehalt die vollen zuletzt bezogenen ruhegehaltsfähigen Dienstbezüge" in Höhe von monatlich 649,71 RM erhalte. Damit war er in seinem 57. Lebensjahr zum Pensionär gemacht und in den Ruhestand versetzt worden.

Eine Liste vom 25. Mai 1939 aus der Stadt Stade führte unter „3.) Juden und Mischlinge wohnen in Stade"[3] aus:

> *„a.) Wolffsohn, Hindenburgstr. 1, Eigentümer Stader Saline, Wolfsohn ist Jude, die Ehefrau Deutschblütig, eine Tochter."*

Arthur Wolffsohn konnte in Stade nur deshalb überleben, weil er nach damaligem Verständnis als „Volljude" in einer „privilegierten Mischehe" lebte.

Die britische Militärregierung teilte dem OLG-Präsidenten in Celle am 12. Oktober 1945 die neue personelle Besetzung der Staatsanwaltschaft Stade mit.[4] Daraufhin verfügte OLG-Präsident Freiherr v. Hodenberg am 20. Oktober 1945 an „Herrn Ersten Staatsanwalt Dr. Arthur Wolffsohn in Stade", dass dieser mit Wirkung vom 20. Oktober 1945 zum Ersten Staatsanwalt ernannt und gleichzeitig in eine Planstelle eingewiesen werde und fügte hinzu, dass er ihn zudem „mit der Wahrnehmung der Geschäfte des Oberstaatsanwaltes in Stade" beauftrage. Wolffsohn, der inzwischen bereits 67jährig war, wurde hierdurch mit seinem Einverständnis zum Behördenleiter, u. a. zuständig für den Wiederaufbau der Staatsanwaltschaft Stade.

Die Staatsanwaltschaft Stade war, wie alle anderen Behörden und Gerichte im Reich, durch die Proklamation Nr. 1 der Alliierten aufgelöst worden.[5] Mit Wirkung vom 1. Juli 1946 wurde Dr. Arthur Wolffsohn zum Oberstaatsanwalt in Stade ernannt. Zudem war er seit der Wiedereröffnung der Gerichte, ebenfalls am 20. Oktober 1945, Vorsitzender des Personalausschusses beim Landgericht Stade, der sich mit der Wiedereinstellung belasteter Justizangehöriger sowie mit Stellungnahmen zu Pensionsansprüchen zu beschäftigen hatte.[6] Diese letztgenannte Aufgabe beendete er mit Schreiben an den Stader Landgerichtspräsidenten vom 9. Juni 1947:

> *„Der Amtsgerichtsrat Weithoener in Tostedt hat mich als Vorsitzenden der Berufungskammer für die Entnazifizierung abgelehnt, weil ich in dem Personalprüfungsausschuss*

---

[3] Nach Lohmann (Fn. 1), S. 327.
[4] „Military Government HANOVER REGION (229/MG/LE/11/7-N)"; neben Wolffsohn bestand die erste Besetzung der Staatsanwaltschaft Stade aus den Justizoberinspektoren Heinrich Hinrichs und Friedrich Wilhelm Kosche sowie dem Justizsekretär Karl Franke.
[5] Siehe in diesem Buch S. xxx.
[6] Hierzu siehe den Beitrag zu Dr. Hans Roth in diesem Band S. xxx.

der Justiz in seiner Sache tätig gewesen bin. Ich habe den Antrag des Amtsgerichtsrats Weithoener den Mitgliedern der Entnazifizierungs-Berufungskammer zur Entscheidung vorgelegt. Gleichzeitig teile ich mit, dass ich mein Amt als Vorsitzender des Personalprüfungsausschusses bei der Justiz niederlege."

Am 10. Dezember 1948 erließ „Der öffentliche Kläger bei dem Entnazifizierungs-Hauptausschuss des Kreises Stade" einen „Einstellungs-Bescheid" an Wolffsohn, weil „die vorgenannte Person vom Entnazifizierungsrecht nicht betroffen ist." Behördenleiter der Staatsanwaltschaft Stade blieb Dr. Arthur Wolffsohn weit über die Altersgrenze hinaus. Er schien hier geradezu unersetzlich zu sein, wie sich aus dem Gesuch des Celler Generalstaatsanwaltes Biermann vom 18. Juni 1948 an das Niedersächsische Justizministerium um Verlängerung der Tätigkeit Wolffsohns in Stade um ein Jahr ergibt.

Gleichwohl wurde Wolffsohn im Juni 1949 doch noch aus Stade versetzt, nämlich als kommissarischer Generalstaatsanwalt in Oldenburg. Dort trat er zum 31. Dezember 1949 in den Ruhestand. Nahezu unmittelbar danach, am 15. Januar 1950, nahm sich Dr. Arthur Wolffsohn das Leben. Über die Ursache ist Näheres nicht bekannt.

Seine Witwe betrieb ein Verfahren auf Wiedergutmachung wegen der seit 1935 gekürzten Bezüge in Höhe von insgesamt 539,98 RM, die Wolffsohn am 15. August 1935 mitgeteilt worden waren. Ihr wurden daher unter Umrechnung im Verhältnis 10 RM:1 DM am 7. März 1950 einmalig ausbezahlt 54,00 DM. Meta Wolffsohn starb am 15. Mai 1964.

Amtsgerichtsrat Alfred Hahn (1896 – 1985)[1]

Alfred Hahn wurde am 11. Dezember 1896 in Bühle, Kreis Northeim, als Pastorensohn geboren; er heiratete im Jahr 1919 Wanda Vespermann, Tochter eines Fabrik- und Rittergutsbesitzers; aus dieser Ehe gingen drei in den Jahren 1924, 1928 und 1932 geborene Kinder hervor. Am 25. Februar 1985 starb Alfred Hahn in Cuxhaven.

Zum Kriegsbeginn am 5. August 1914 begann der 17jährige seinen Militärdienst, den er auch nach dem Kriegsende fortsetzte: im Freikorps Lüttwitz in Berlin war er mit einem „Sonderauftrag" beschäftigt, wie es, ohne dass dies näher qualifiziert worden wäre, in der Personalakte heißt. Am 7. Februar 1920 wurde ihm der Abschied aus dem Militärdienst als Leutnant mit Pension bewilligt. Hahn war kriegsbehindert, er hatte durch einen Kopfschuss sein linkes Auge verloren.

Danach studierte er im Sommersemester 1920 zunächst Theologie und anschließend Rechtswissenschaften in Berlin und Göttingen. Seinen Referendardienst leistete er im OLG-Bezirk Celle. Hahns Tätigkeit als Richter begann am 25. Juli 1927 beim Landgericht Hannover. Nach weiteren Stationen beim AG und LG Göttingen erhielt er zum 23. Januar 1929 eine Planstelle als Amtsgerichtsrat in Dorum, Kreis Wesermünde; das dortige Amtsgericht gehörte damals noch zum LG-Bezirk Verden. In dieser Funktion blieb er ohne Unterbrechungen bis 1945.

In diese Zeit fällt die „Machtübernahme" der Nationalsozialisten. Hahn wurde zum 1. Mai 1933 Mitglied der NSDAP (Mitgl.-Nr. 2 576 355). Er übernahm dort jedoch – im Unterschied zu vielen anderen ebenfalls zu diesem Zeitpunkt eingetretenen neuen Mitgliedern – recht bald Aufgaben eines Funktionärs. So betätigte er sich seit dem 15. September 1933 in Dorum als „Ortsgruppenpropagandaleiter", und bereits fünf Tage später wurde er dort „Ortsgruppenamtsleiter". Zum 28. September 1933 trat er in den „Nationalsozialistischen Rechtswahrerbund" ein (NSRB Mitgl.-Nr. 8457), auch hier wurde er aktiv, nämlich als „Stützpunktleiter und Obmann". Bereits im nächsten Monat, am 27. Oktober 1933, wurde er zudem Mitglied der SA, dort übte er eine Tätigkeit als „Rechtsberater" aus.

Im Fragebogen der Alliierten Militärregierung führte er im August 1946 darüber hinaus seine Mitgliedschaft in der „Deutschen Christen-Bewegung" seit 1934 mit einer Funktion als Obmann sowie eine Tätigkeit im SD (Sicherheitsdienst) für die Zeit von 1943 bis 1945 an, ohne dass zum SD Näheres erkennbar wird. Ausgeführt hat er hierzu im Fragebogen unter der Spalte Pflichten und Aufgaben lediglich: „Berichte und Äusserungen; Rechtsfragen auf Ersuchen Dienststellenleiters". Ab 1943 war er zeitweilig vom Gauleiter Telschow „als politischer Leiter" freigestellt. Dass hier ein unmittelbarer Zusammenhang zu seiner SD-Tätigkeit bestand, kann nur vermutet werden.

Seit 1932 veröffentlichte Hahn eine Fülle von Artikeln in Zeitungen und Zeitschriften, allein 32 Berichte in den Jahren 1932 bis 1934, u. a. „Der bäuerliche Richter" in der Deutschen Richterzeitung 1934. Seine Motivation zur Fertigung dieser Arbeiten läßt sich erkennen aus einem Brief vom 28. Mai 1935 an den Landgerichtspräsidenten in Verden, dem er eine Reihe der von ihm verfaßten Artikel überreichte und dazu bemerkte:

---

[1] Grundlage dieser Darstellung ist die im Landgericht Stade befindliche Personalakte Alfred Hahns 1 H 63.

„Während die Zeitungsartikel von mir geschrieben wurden, teils zur Aufklärung juristischer Fragen teils zur Weckung nationalsozialistischen Geistes in der Bauernschaft, die das so dringend nötig hat, verfolgen meine in den Fachschriften veröffentlichten Aufsätze das stete Streben nach dem Ideal nationalsozialistischen Richtertums, nämlich verantwortungsbewusste Führerpersönlichkeit zu sein in der Gestaltung des Rechtslebens unseres Volkes. Erst aus der Verbindung des Richters mit dem Volke und zugleich aus der politischen praktischen Tätigkeit in der Bewegung oder SA erwachsen rechtspolitische Erkenntnisse im Geiste nationalsozialistischer Weltschauung. Aus dem Volke, mit dem Volke, für das Volk unsere Pflicht zu tun als Richter! Das ist das Ziel des Kampfes um die Erneuerung im deutschen Rechtsleben, noch aber stehen wir am Anfang.
Heil Hitler! Ihr A. Hahn, Amtsgerichtsrat.“

In dieser einseitigen Deutlichkeit hat sich, soweit ersichtlich, kein weiterer Richter des Celler OLG-Bezirks geäußert. Hahns politische Einstellung kommt ebenfalls zum Ausdruck in einer Beurteilung vom 24. Januar 1939 durch den Stader Landgerichtspräsidenten Wieacker mit den Worten, die in diesem Fall keine Floskel dargestellt haben dürften:

„Hahn ist überzeugter Nationalsozialist und tritt für die nationalsozialistische Staatsführung und die Bewegung beruflich und außerberuflich tatkräftig ein.“

Durch seine Beurteilungen schimmert aber auch immer wieder eine Neigung zur Selbstüberschätzung gepaart mit erheblichem Ehrgeiz durch. Am 18. März 1939 schrieb er an den Stader Landgerichtspräsidenten:

„Hierdurch zeige ich an, dass ich am Montag und gegebenenfalls auch noch Dienstag, dem 20. und 21. März 1939, zur Besprechung dringender persönlicher Angelegenheiten in Berlin anwesend sein muß. Wegen Eilbedürftigkeit habe ich mich für diese beiden Tage selbst beurlaubt.“

Hintergrund war, dass Hahns Bruder, der Gauredner und Pastor Gerhard Hahn[2], aktives Mitglied der „Deutschen Christen" war und Alfred Hahn, der bei dieser NS-Bewegung ebenfalls seit 1934 tätig war, mit Hilfe seines Bruders eine Funktion als Kirchenpräsident in Hannover oder in Bremen zu erreichen suchte, wozu es letztlich jedoch nicht kam.

Zum 1. Dezember 1940 wurde Hahn wegen einiger durch Einberufung zum Militär freigewordener Stellen auch Amtsgerichtsrat in Cuxhaven. Am 23. Juni 1943 wurde er zudem stellvertretender Vorsitzender des an diesem Tag neu eingerichteten „Plünderungs-Sondergerichts" Cuxhaven und schließlich am 16. Oktober 1943 dessen Vorsitzender. Verfahrensakten zu diesem Gericht liegen nicht mehr vor. Im Fragebogen der Alliierten hatte er diese Funktion nicht angegeben, vielmehr ausschließlich seine Tätigkeit als Amtsrichter in Dorum und Cuxhaven genannt.

---

[2] Nach Hartmut Lohmann, „Hier war doch alles nicht so schlimm" – Der Landkreis Stade in der Zeit des Nationalsozialismus, Stade 1991, S. 414, war Gerhard Hahn, geboren 1901, bereits 1932 NSDAP-Landtagsabgeordneter und in den Jahren 1933 und 1934 Vizepräsident des hannoverschen Kirchenamtes.

Am 20. Dezember 1943 beurteilte ihn der Stader Landgerichtspräsident Dr. Roth mit den Worten:

> *„Hahn ist ein überzeugter und einsatzbereiter Nationalsozialist. Er hat sich in natio-nalsozialistischen Fragen wiederholt schriftstellerisch betätigt und s. Zt. als Kreisschu-lungsleiter der NSDAP. die Kreisführerschule eingerichtet."*

Am 13. Juni 1945 wurde Hahn aufgrund seiner Parteifunktionen in Haft genommen („au-tomatical arrest") und erst am 1. Juni 1946 aus dieser Haft in einem US-Zivilinternierungslager in Darmstadt entlassen. Die unter den „automatical arrest" fallen-den Personengruppen waren im „Handbook for Military Government in Germany" in § 297, herausgegeben im Jahr 1944 von SHAEF (Supreme Headquarters, Allied Expeditio-nary Forces), im einzelnen aufgelistet[3].

Der Entnazifizierungs-Hauptausschuß stufte ihn zunächst am 20. Januar 1949 als weniger belastet (Kategorie IV) ein, demgegenüber wurde er auf Berufung des öffentlichen Klägers am 1. Juni 1949 vom Berufungsausschuß für die Entnazifizierung im Regierungs-Bezirk Stade als belastet (Kategorie III) eingestuft. Damit war eine Wiedereinstellung als Richter ausgeschlossen, jedenfalls zunächst.

Vorausgegangen war seiner schließlich 1953 erfolgten Einstellung in die niedersächsische Justiz eine intensive Aktivität Hahns, die sich in Briefen und Besuchen bei Funktionsträ-gern der Justiz äußerte. Bereits am 18. Juni 1946, also nur kurze Zeit nach seiner Entlas-sung aus dem Internierungslager, suchte er den amtierenden Landgerichtspräsidenten Quittel in Stade auf. Nach Quittels Aktenvermerk hatte Hahn u. a. geäußert:

> *„..., dass er zunächst aus Idealismus zur Partei gekommen sei, dass er aber niemals ein Par-teigängertum erstrebt habe, sondern stets nur auf geraden und rechtlichen Wegen habe wirken und arbeiten wollen."*

Unter dem 29. August 1946 sandte Quittel Hahns Antrag an den „Bezirksentnazifizie-rungsausschuss bei der Regierung in Stade" zur Prüfung seiner „politischen Tragbarkeit". Dabei führte er u. a. aus:

> *„.... In politischer Hinsicht ist Hahn nicht unbelastet, wie aus seinem Fragebogen hervor-geht. Ich kenne ihn zuwenig, um persönlich ein zutreffendes Urteil über seine politische Gesinnung und Haltung abgeben zu können. Ich glaube jedoch in Erinnerung zu haben, dass er als Bruder des bekannten späteren Gauredners der Partei, ..., offenbar erfüllt von ehrgeizigen Zielen, sich doch nach aussen ziemlich nationalsozialistisch benommen habe. Dass er dabei subjektiv gegen seine Überzeugung gehandelt hat, glaube ich nicht."*

Zu Hahns Eingaben an den niedersächsischen Landtagspräsidenten vom 7. Februar 1948 und an den niedersächsischen Justizminister vom 21. Februar 1948 nahm der Celler OLG-Präsident Freiherr v. Hodenberg am 31. März 1948 mit deutlich negativen Worten Stel-lung:

---

[3] Vgl. Joachim Reinhold Wenzlau, Der Wiederaufbau der Justiz in Nordwestdeutschland 1945 bis 1949, Königstein/Taunus1979, S. 44f. und 99.

„... verweise ich auf den Bericht des Landgerichtspräsidenten in Stade vom 23.5.1942. Danach hat Hahn sich in ein in der Berufungsinstanz schwebendes Strafverfahren eingemischt, um die Richter zur Bestätigung des von ihm erlassenen erstinstanzlichen Urteils zu veranlassen, und auf den Verteidiger einen ungebührlichen Druck auf Rücknahme des Rechtsmittels ausgeübt. ..., da er von einer Aufhebung des Urteils politische Folgen erwartete, die er verschleiert ankündigte, aber unter Berufung auf ein Schweigegebot nicht klarstellte. ... Das wenig kollegiale Verhalten Hahns wird dadurch gekennzeichnet, daß er Mitteilungen des Amtsgerichtsrats Främke über dessen persönliche Verhältnisse ohne sein Wissen in Eingaben verwendet, um Främke aus seiner jetzigen Stellung zu drängen und die ihm schriftlich zugesagte Einweisung in die Planstelle zu verhindern. ...

Ich kann zu meinem Bedauern nicht anerkennen, daß die Schlußbemerkung Hahns ... ,Alles, was ich während meines Lebens getan habe, tat ich für unser deutsches Volk und Vaterland!' richtig ist. Amtsgerichtsrat Hahn hätte nach dem Krieg allen Grund gehabt, sich taktvoll im Hintergrunde zu halten. Statt dessen begab er sich alsbald nach der Entlassung aus der Internierungshaft auf die politische Ebene, indem er ohne Mandat der Justizverwaltung mit politischen Stellen Verhandlungen über Wiedereröffnung des Amtsgerichts in Dorum führte. In politischen Überlegungen ist er offensichtlich noch jetzt so befangen, daß er glaubt, die Besetzung der Dorumer Richterstelle hänge auch heute noch von politischen Gesichtspunkten ab, daß er dem Herrn Präsidenten des Niedersächsischen Landtags in der Eingabe schreibt, ,Ich weiß daß Sie in diesem politischen Spiel völlig klar das Kräfteverhältnis übersehen müssen.' und sich auf die Unterstützung ,auch' der Deutschen Partei beruft.

Zu seinen taktlosen Hinweisen auf die ,bürokratische Diktatur in Celle' und die Möglichkeiten der ,Geheimjustiz' bedarf es keiner Stellungnahme. Sie sind ebenso wie die eigenartige Wiedergabe seiner hiesigen Besprechungen nicht nur sachlich falsch, sondern kennzeichnend für den Charakter Hahns. ... Darüber hinaus wäre m.E. noch zu prüfen, ob Hahn, dessen Ehrgeiz ihn offenbar die gebotenen Grenzen des Könnens und Taktes übersehen läßt, als einziger Richter bei einem ländlichen Amtsgericht beschäftigt werden kann. Im übrigen liegt sein Fall so, daß nach seiner politischen Vergangenheit sich die Frage ergibt, ob seine Wiederverwendung im Justizdienst überhaupt möglich ist ..."

Zum 16. Februar 1953 wurde er gleichwohl in der niedersächsischen Justiz eingestellt als „Amtsgerichtsrat z.w.V." An diesem Tage wurde er vom Vertreter des Stader LG-Präsidenten, Landgerichtsdirektor Georg Quittel, vereidigt; Hahn sprach den Eid und unterschrieb die Eidesformel:

„Ich schwöre, dass ich, getreu den Grundsätzen des republikanischen, demokratischen und sozialen Rechtsstaates, meine Kraft dem Volke und dem Lande widmen, das Grundgesetz für die Bundesrepublik Deutschland und die Niedersächsische Verfassung wahren und verteidigen, in Gehorsam gegen die Gesetze meine Amtspflichten gewissenhaft erfüllen und Gerechtigkeit gegenüber jedermann üben werde. So wahr mir Gott helfe."

Er wurde zunächst als beauftragter Richter beim Amtsgericht Bremervörde, danach bei den Amtsgerichten Dorum und Otterndorf eingestellt. Hahn erhielt schließlich zum 01. Juni 1956 eine Planstelle als Amtsgerichtsrat in Cuxhaven, die er bis zu seiner Pensionierung zum Ende des Jahres 1964 innehatte.

Noch am 28. Mai 1957, nachdem er sich für die Stelle des Amtsgerichtsdirektors in Cuxhaven beworben hatte, schrieb er an den Niedersächsischen Justizminister u.a.:

> *„... fühle ich mich verpflichtet, anzuzeigen, daß mir Machenschaften zur Kenntnis gekommen sind, die den Zweck verfolgen und auch geeignet sind, mich als Bewerber auszuschalten. Wenn ein derartiges Hindernis vorliegt, insbesondere eine Eingabe des Bundes der Verfolgten des Nationalsozialismus, an den – wie mir ein Mitglied vertraulich mitgeteilt hat – von „dritter Seite" zwecks meiner Ausschaltung als Bewerber herangetreten ist, so bitte ich höflichst und dringend, mich persönlich anzuhören, um meine Richterehre verteidigen zu können. ... Über 40 Jahre habe ich meine ganze Kraft und Gesundheit für Volk und Staat eingesetzt."*

Diese angestrebte Stelle erhielt er jedoch nicht, auch wenn der Stader Landgerichtspräsident Dr. Ackermann in einer Beurteilung vom 13. August 1955 ausführen konnte, daß Hahn jetzt „völlig frei von Selbstüberschätzung seines Könnens und seiner Persönlichkeit" sei.

Bemerkenswert ist Alfred Hahns im Jahr 1953 beim LG Stade angelegter Band 4 seiner Personalakte. Diese beginnt mit einem auf den ersten Blick unerwarteten und sehr überraschenden Personalbogen: es handelt sich um ein Doppelstück des Personalbogens aus dem Jahr 1936, auf dem nicht nur, schon an sich befremdlich genug, seine Zugehörigkeit zur NSDAP und zu weiteren NS-Organisationen angegeben ist, sondern auf dem ein Paßfoto Hahns klebt, das ihn mit Robe und dem darauf befindlichen Hoheitszeichen mit deutlich sichtbarem Hakenkreuz zeigt. Dieser Personalbogen begleitete ihn von der Wiedereinstellung im Jahr 1953 bis zu seiner Pensionierung am 30. Dezember 1964. Daran hat offenbar beim LG Stade niemand Anstoß genommen, kein neueres Foto wurde eingesetzt oder ein „zeitgemäßerer" Personalbogen der Akte vorangestellt. Vielmehr wurden die Rubriken wie selbstverständlich fortgeschrieben. Unter „20. Orden und Auszeichnungen" finden sich folgende Einträge: „Urkunde des Bundesführers des Deutschen Reichskriegerbundes Berlin d. d. 1/7.37 über die Teilnahme Hahn's an den Kämpfen des Freikorps „Lüttwitz". ... 40-jähriges Dienstjubiläum am 26.3.1955 Bl. 241"

Durch die beachtliche Kontinuität über alle politischen und zeitgeschichtlichen Brüche hinweg wird diese Personalakte auch zu einem Zeitdokument für die gesellschaftliche Situation der frühen Bundesrepublik Deutschland. Dass darüber hinaus die erneute Beschäftigung Hahns in der Justiz als Ausdruck restaurativer Tendenzen in der jungen Bundesrepublik gewertet werden kann, dürfte offensichtlich sein.[4]

---

[4] Vgl. zur Justiz jener Zeit allgemein Klaus-Detlev Godau-Schüttke, Ich habe nur dem Recht gedient. Die „Renazifizierung" der Schleswig-Holsteinischen Justiz nach 1945, Baden-Baden 1993. Ähnlich Hinrich Rüping, Von der Aufklärung bis zur doppelten Staatsgründung, in: Studien- und Quellenbuch zur Geschichte der deutschen Strafrechtspflege (Band 2), Darmstadt 1994, der dort auf S. 300 ausführt: „Daß der Versuch scheitert und am Ende der Bemühungen um Entnazifizierung eine Renazifizierung sich abzeichnet ..."

Landgerichtsdirektor Georg Quittel (1885 – 1975)[1]

Georg Quittel wurde am 18. Juli 1885 in Stettin als Sohn eines Geheimen Regierungs- und Medizinalrats geboren, er heiratete im Jahr 1923 Anna Schewitz, Tochter eines Schuhmachermeisters aus Ostpreußen; aus dieser Ehe ging ein 1930 geborener Sohn hervor. Georg Quittel starb am 24. Februar 1975 in Stade. Nach dem Studium, das er im Oktober 1909 abschloß, begann er sein Referendariat im OLG-Bezirk Celle. Seinen Diensteid leistete er am 2. Dezember 1909 beim Amtsgericht Walsrode. Seit dem Kriegsbeginn im August 1914 war er Soldat, zuletzt als Leutnant der Reserve. Danach setzte er das Referendariat im Jahr 1919 fort. Quittel begann nach der Großen juristischen Staatsprüfung im Januar 1922 seine richterliche Tätigkeit am 25. Februar 1922 beim Amtsgericht Aurich. Zum 16. September 1925 erfolgte sein Dienstantritt beim LG Stade, und am 1. Dezember 1926 wurde er hier zum Landgerichtsrat und gleichzeitig zum Amtsgerichtsrat beim Amtsgericht Harburg ernannt, das damals zum Stader Landgerichtsbezirk gehörte. In Stade blieb er bis zu seiner Pensionierung. Bereits am 31. Dezember 1928 hieß es in einer Beurteilung durch den Stader Landgerichtspräsidenten Theodor Haasemann:

> *„Sehr befähigt; recht gute Leistungen; überaus fleißig. Als Vorsitzender in Strafsachen hat er sich ausgezeichnet bewährt. Zu große Sorgfalt verführt ihn bisweilen zur Langsamkeit. Er hat den besten Willen und gibt überall sein Bestes. Er muß aber etwas getrieben werden. ... Seine Führung war sonst ohne Tadel. Zum Landgerichtsdirektor geeignet."*

Mit Verfügung vom 30. Mai 1930 ernannte ihn der preußische Justizminister „im Einvernehmen mit dem Minister für Handel und Gewerbe ... zum stellvertretenden Vorsitzenden bei dem Landesarbeitsgericht in Harburg-Wilhelmsburg."

Zum 1. Mai 1933 wurde Quittel Mitglied der NSDAP (Mitgl.-Nr. 2 574 585) und zum 13. Januar 1934 des BNSDJ (Bund Nationalsozialistischer Deutscher Juristen) mit der Mitgliedsnummer 36 234, später, nach dessen Umbenennung in den NSRB (Nationalsozialistischer Rechtswahrerbund), erhielt er dort die Mitgliedsnummer 11 663.

In einer Beurteilung vom 4. Mai 1934 äußerte sich der Stader Landgerichtspräsident Franz Wieacker über ihn wie folgt:

> *„Für den Staat der nationalen Erneuerung tritt Quittel aus echter innerer Überzeugung in Wort und Tat beruflich und außerberuflich ein. Seit dem 1. Mai 1933 ist er Mitglied der N.S.D.A.P. und des Bundes N.S.D.J. An den nationalsozialistischen Veranstaltungen beteiligt er sich regelmäßig und mit lebhafter Anteilnahme. Er ist Amtswalter der Nationalsozialistischen Volkswohlfahrt und wirkt als solcher werbend und erfolgreich."*

Nur kurze Zeit später, am 10. August 1934, wurde Quittel Landgerichtsdirektor in Stade, es folgte eine weitere Beurteilung durch Wieacker zum 31. Dezember 1934, in der es u. a. hieß:

---

[1] Grundlage dieser Darstellung ist die im Landgericht Stade befindliche Personalakte Quittels 1 Q 2.

„Quittel ist ein sehr befähigter, kenntnisreicher und unermüdlich fleißiger Richter. Als Vorsitzender besonders in Strafsachen hat er sich ausgezeichnet bewährt. Er versteht es besonders gut, mit den Rechtsuchenden umzugehen. Sein stets ruhiges, warmherziges und freundliches Verhalten macht es ihm leicht, auch schwierigere Verhandlungen, bei denen die Prozeßbeteiligten zu einer gewissen Reizbarkeit neigen, reibungslos und unter voller Wahrung der Autorität durchzuführen. ... Er ist überzeugter Nationalsozialist und betätigt sich auch als Amtswalter der N.S.V.W. segensreich. Quittel ist eine unbedingt zuverlässige Persönlichkeit, die sich allgemeinen Vertrauens erfreut. Seine Führung ist untadelig."

Vom 12. – 14. Dezember 1935 leitete Quittel als Vorsitzender eine Große Strafkammer in Stade, die den „Pastor-Behrens-Prozeß"[2] verhandelte mit dem Ergebnis, dass Mitglieder der SA verurteilt wurden. Am 17. Dezember 1935 fand deshalb eine Mitgliederversammlung der beiden NSDAP-Ortsgruppen Stade statt. Den beteiligten Richtern des „Pastor-Behrens-Prozesses", allesamt Parteimitglieder, wurde in dieser Veranstaltung nahegelegt, aus der Partei auszutreten.[3] Als sie dem nicht nachkamen, leitete das Gaugericht Ost-Hannover der NSDAP eine parteigerichtliche Voruntersuchung gegen sie ein, die letztlich jedoch mit einer Einstellung des Verfahrens endete.

Wegen dieses Verhaltens der Partei wandte sich Reichsjustizminister Gürtner am 16. März 1936 an den Chef der Reichskanzlei: „Diese von den Parteistellen getroffenen Maßnahmen geben mir zu schweren Bedenken Anlaß." Negative Folgen für Quittel sind wegen dieses Verfahrens nicht zu erkennen, er blieb in seinem Amt und seinen sonstigen Funktionen.

Auf eine Anfrage des Wehrbezirkskommandos Stade charakterisierte LG-Präsident Wieacker ihn am 22. Juni 1939 wie folgt:

„Quittel entspricht nach seinen Charaktereigenschaften in jeder Hinsicht den hohen Anforderungen, die an einen Offizier bzw. höheren Beamten der Wehrmacht gestellt werden müssen; Quittel ist eine ausgezeichnete Persönlichkeit von vornehmer Gesinnung und von korrektester Lebensauffassung und –führung. ... Ich empfehle seine Aufnahme in das Offizierkorps bzw. in die höhere Beamtenschaft der Wehrmacht auf das Wärmste."

Mit Kriegsbeginn 1939 nahm Quittel zunächst eine Tätigkeit als „Heeres-Intendanturrat" in Hamburg auf, danach leistete er Wehrdienst bis zum Kriegsende. Am 30. Dezember 1942 beurteilte ihn LG-Präsident Dr. Roth:

„Quittel steht seit Kriegsbeginn im Wehrdienst. Für ihn gilt die Beurteilung meines Amtsvorgängers vom Januar 1939 fort: ...Ich glaube, meine Ansicht dahin zum Ausdruck bringen zu dürfen, dass Quittel schon jetzt zum Landgerichtspräsidenten und auch zum Senatspräsidenten ganz vorzugsweise geeignet ist; ich bin überzeugt, dass es im sachlichen Interesse der Justizverwaltung und der Rechtspflege liegt, wenn dieser ausgezeichneten Richterpersönlichkeit Gelegenheit gegeben wird, dem Reiche und Volke in noch verantwortungsvollerem Amte zu dienen."

---

[2] Vgl. Hans-Jürgen Döscher, Der „Fall Behrens" in Stade, Stader Jahrbuch 1976, S. 103ff.; Wolfgang Rühle, Der Pastor Behrens Prozeß, in diesem Buch <S. xx>.
[3] „Niedersachsen-Stürmer" vom 21. Dezember 1935.

Proclamation No. 1

To the people of Germany:

I, General Dwight D. Eisenhower, Supreme Commander, Allied Expeditionary Force, do hereby proclaim as follows:

I

The Allied Forces serving under my command have now entered Germany. We come as conquerors, but not as oppressors. In the area of Germany occupied by the forces under my command, we shall obliterate Nazi-ism and German Militarism. We shall overthrow the Nazi rule, dissolve the Nazi Party and abolish the cruel, oppressive and discriminatory laws and institutions which the Party has created. We shall eradicate that German Militarism which has so often disrupted the peace of the world. Military and Party leaders, the Gestapo and others suspected of crimes and atrocities will be tried and, if guilty, punished as they deserve.

II

Supreme legislative, judicial and executive authority and powers within the occupied territory are vested in me as Supreme Commander of the Allied Forces and as Military Governor, and the Military Government is established to exercise these powers under my direction. All persons in the occupied territory will obey immediately and without question all the enactments and orders of the Military Government. Military Government Courts will be established for the punishment of offenders. Resistance to the Allied Forces will be ruthlessly stamped out. Other serious offenses will be dealt with severely.

III

All German courts and educational institutions within the occupied territory are suspended. The Volksgerichtshof, the Sondergerichte, the SS Police Courts and other special courts are deprived of authority throughout the occupied territory. Re-opening of the criminal and civil courts and educational institutions will be authorized when conditions permit.

IV

All officials are charged with the duty of remaining at their posts until further orders, and obeying and enforcing all orders or directions of Military Government or the Allied Authorities addressed to the German Government or the German people. This applies also to officials, employees and workers of all public undertakings and utilities and to all other persons engaged in essential work.

DWIGHT D. EISENHOWER,
Supreme Commander
Allied Expeditionary Force

Proklamation Nr. 1

An das deutsche Volk:

Ich, General Dwight D. Eisenhower, Oberster Befehlshaber der Alliierten Streitkräfte, gebe hiermit folgendes bekannt:

I

Die Alliierten Streitkräfte, die unter meinem Oberbefehl stehen, haben jetzt deutschen Boden betreten. Wir kommen als ein siegreiches Heer, jedoch nicht als Unterdrücker. In dem deutschen Gebiet, das von Streitkräften unter meinem Oberbefehl besetzt ist, werden wir den Nationalsozialismus und den deutschen Militarismus vernichten, die Herrschaft der Nationalsozialistischen Deutschen Arbeiterpartei beseitigen, die NSDAP auflösen sowie die grausamen, harten und ungerechten Rechtssätze und Einrichtungen, die von der NSDAP geschaffen worden sind, aufheben. Den deutschen Militarismus, der so oft den Frieden der Welt gestört hat, werden wir endgültig beseitigen. Führer der Wehrmacht und der NSDAP, Mitglieder der Geheimen Staatspolizei und andere Personen, die verdächtig sind, Verbrechen und Grausamkeiten begangen zu haben, werden gerichtlich angeklagt und, falls für schuldig befunden, ihrer gerechten Bestrafung zugeführt.

II

Die höchste gesetzgebende, rechtsprechende und vollziehende Machtbefugnis und Gewalt in dem besetzten Gebiet ist in meiner Person als Oberster Befehlshaber der Alliierten Streitkräfte und als Militärgouverneur vereinigt. Die Militärregierung ist eingesetzt, um diese Gewalten unter meinem Befehl auszuüben. Alle Personen in dem besetzten Gebiet haben unverzüglich und widerspruchslos alle Befehle und Veröffentlichungen der Militärregierung zu befolgen. Gerichte der Militärregierung werden eingesetzt, um Rechtsbrecher zu verurteilen. Widerstand gegen die Alliierten Streitkräfte wird unnachsichtlich gebrochen. Andere schwere strafbare Handlungen werden schärfstens geahndet.

III

Alle deutschen Gerichte, Unterrichts- und Erziehungsanstalten innerhalb des besetzten Gebietes werden bis auf weiteres geschlossen. Dem Volksgerichtshof, den Sondergerichten, den SS-Polizeigerichten und anderen außerordentlichen Gerichten wird überall im besetzten Gebiet die Gerichtsbarkeit entzogen. Die Wiederaufnahme der Tätigkeit der Straf- und Zivilgerichte und die Wiedereröffnung der Unterrichts- und Erziehungsanstalten wird genehmigt, sobald die Zustände es zulassen.

IV

Alle Beamte sind verpflichtet, bis auf weiteres auf ihren Posten zu verbleiben und alle Befehle und Anordnungen der Militärregierung oder der Alliierten Behörden, die an die deutsche Regierung oder an das deutsche Volk gerichtet sind, zu befolgen und auszuführen. Dies gilt auch für die Beamten, Arbeiter und Angestellten sämtlicher öffentlichen und gemeinwirtschaftlichen Betriebe sowie für sonstige Personen, die notwendige Tätigkeiten verrichten.

DWIGHT D. EISENHOWER,
Oberster Befehlshaber
der Alliierten Streitkräfte.

Hierzu kam es nicht mehr. Jedoch wurde Georg Quittel von der britischen Militärregierung als erster Richter des Stader Landgerichtsbezirks eingestellt und ihm die Aufgabe übertragen, den Wiederaufbau der Gerichte des Bezirks durchzuführen. Am 29. Oktober 1945 vereidigte die britische Militärregierung die bei Wiedereröffnung der Justiz neu eingestellten Richter und Beamten, hierzu gehörten:

> Landgerichtsdirektor Quittel
> Erster Staatsanwalt Dr. Wolffsohn
> Landgerichtsrat Dr. Schneider
> Amtsgerichtsrat Schwanhaeuser
> Amtsgerichtsrat Strüfing.

Quittel führte seither die Geschäfte des Landgerichtspräsidenten in Stade bis zum Dienstantritt eines neuen Präsidenten am 27. August 1948. Während dieser fast dreijährigen Tätigkeit waren – neben dem Landgericht – zwölf der vorher 15 Amtsgerichte des Stader Landgerichtsbezirks wieder errichtet worden. Am 6. November 1948 stufte ihn der Ausschuß für die Entnazifizierung in Kategorie V (unbelastet) ein.

Zum 1. August 1953 trat Georg Quittel in den Ruhestand. Am 21. Mai 1963 wurde ihm der Niedersächsische Verdienstorden I. Klasse verliehen. Diese Auszeichnung erkannte ihm die niedersächsische Landesregierung zu wegen der Verdienste um die Wiedereinrichtung der Justiz nach 1945. Seine „Arbeit hatte landespolitisches Gewicht", so der damalige Landgerichtspräsident Dr. Parey in seiner Würdigung der Tätigkeit Georg Quittels.[4]

Landgerichtspräsident Dr. Hans Roth (1886-1946)

Erdmann Hans Roth wurde am 12. Januar 1886 in Alsleben (Saale) als Sohn des Rentiers Elias Karl Adolf Roth (geb. 1840 in Alsleben, gest. 1927 in Alsleben) geboren. Später, nach 1933, heißt es zum Beruf des Vaters „Gutsbesitzer". Über die Mutter finden sich Angaben erst nach 1933 in der Personalakte im Zusammenhang mit dem „Nachweis über die deutschblütige Abstammung". Danach stammte seine Mutter Johanne Marie Friederike, geb. Eggert (1850 - 1917) ebenfalls aus Alsleben (Saale), wo sie auch gestorben ist.

Hans Roth war wie seine Eltern evangelisch. Am 22. August 1923 heiratete er in Sangerhausen Hildegard Maria-Louisa Albertine v. Einem aus Sangerhausen, Tochter des Oberstleutnant a. D. Georg v. Einem (geb. 1853 in Aschersleben, gest. 1924 in Sangerhausen) und dessen Ehefrau Maria Carolina, geb. Lobeck (geb. 1867 in Havanna/Kuba, gest. 1923 in Sangerhausen). Hans und Hildegard Roth bekamen zwei Kinder, 1925 wurde ein Sohn geboren und 1928 eine Tochter. Dr. Hans Roth starb als Stader Landgerichtspräsident am 23. Februar 1946 im britischen Internierungslager Nr. 3 in Rotenburg (Wümme). Als Todesursache wurde festgestellt „Inanition, Oedema, Circulation Weakness", also Entkräftung, Ödeme und Kreislaufschwäche.

---

[4] Stader Tageblatt vom 22. Mai 1963.

Dies sind die äußeren Daten seines Lebenslaufes, die sich aus den Personalakten ergeben[5]. Bei der Bearbeitung der mir zunächst vorliegenden Stader Akten sprangen zwei Auffälligkeiten sofort ins Auge: Zum einen ist es ein vorn in der Personalakte lose liegender Kalenderzettel vom Oktober 1947, auf dem von der Witwe Roths handschriftlich notiert ist: „Anbei reiche ich die vor längerer Zeit aufgefundene Akte zurück. Hildegard Roth". Dieser Satz dürfte dafür sprechen, dass Roth zumindest während eines Teils seiner Amtszeit die Personalakte bei sich zu Hause aufbewahrt hat, allerdings kann nicht festgestellt werden, auf welchen Zeitraum sich dies erstreckte; ich nehme an, dass er dies zumindest kurz vor Kriegsende machte.

Weitaus bemerkenswerter ist zum anderen ein vorn angehefteter Vermerk des damaligen Stader Landgerichtspräsidenten Dr. Parey vom 4. September 1963, in dem dieser feststellt, dass die Witwe des Oberstaatsanwaltes B. aus Stade (Name und Anschrift im Original enthalten) ihm die Personalakte Roth übergeben habe mit der Anmerkung, „nach dem Tode der Frau Roth hätten ihr die Kinder noch ein Paket mit Schriftstücken ausgehändigt, in ihm habe sich, wie sie infolge Erkrankung erst jetzt festgestellt habe, die Personalakte befunden." Demnach müsste die Personalakte nach der Rückkehr im Oktober 1947 und nach dem anschließenden Verfahren über die Pensionsansprüche, das die Witwe betrieben hatte, aus dem Geschäftsgang des Landgerichts herausgenommen und wieder (wohl über mehrere Jahre?) in private Hände der Witwe gelegt worden sein.

Weder der Grund für dieses jeder ordentlichen Aktenführung widersprechende Verhalten noch der Verursacher dieses ungewöhnlichen Schrittes sind zu ermitteln. Fest steht jedenfalls, dass Band I der Stader Personalakte mit Blatt 128 endet und zwar mit einer Reisekostenrechnung vom 16. Oktober 1944. Band II der Personalakte beginnt mit einer Meldung an den OLG-Präsidenten in Celle vom 28. März 1945. Auf diesem jetzt mit einer dicken blauen „1" bezeichneten Blatt befand sich ursprünglich darunter eine mit Bleistift geschriebene dreistellige Zahl, die nicht mehr genau zu identifizieren ist, die aber in keinem Fall „129" lautete. Also sind aus dieser Personalakte zumindest für die Zeit von Oktober 1944 bis März 1945 Blätter entfernt worden, ohne dass über deren Zahl oder Inhalt Näheres gesagt werden kann. Es spricht sehr viel dafür, dass Roth diese „Aktensäuberung" selbst betrieben hat.

---

[5] Grundlage dieser Darstellung sind die im Landgericht Stade liegenden Personalakten 1 R 49 Hans Roths sowie die im Hauptstaatsarchiv Hannover befindlichen und früher beim OLG Celle geführten Personalakten Roths Rep. 173 Hann. acc. 57/98 Nrn. 299/1 bis 299/4.

In den früheren Celler Personalakten liegen für diesen Zeitraum noch folgende Unterlagen: Bescheinigung vom 20. Januar 1945 über die Teilnahme als Zugführer an einem Ausbildungslehrgang für Volkssturmführer beim „2. Admiral der Nordsee" in Buxtehude vom 22.- 27. Januar 1945, Urkunde vom 7. Februar 1945 über die Verleihung des „Kriegsverdienstkreuzes 2. Klasse ohne Schwerter" sowie eine Mitteilung vom 22. Februar 1945 des Wehrbezirkskommandos Wesermünde über die „doppelte Sicherstellung der Dr. Roth, Alfred Hahn und des Heinrich Wettwer", also für drei zu dieser Zeit amtierende und für den Wehrdienst unabkömmlich gestellte Richter. Dass es diese Unterlagen waren, die Roth als besonders korrumpierend ansah und die er deshalb aus seiner Personalakte entfernte, kann nur vermutet werden.

Zurück zur Person: Hans Roth besuchte das Gymnasium zu Aschersleben, das er mit dem Abitur am 25. Februar 1905 abschloß. Nach dem Studium der Rechte an der „Großherzogl. Herzogl. Gesamt-Universität Jena" in den Jahren 1905 bis 1909 legte er am 18. März 1909 eine 108-seitige Hausarbeit „Natürliche Verbindlichkeiten nach dem BGB" vor, die von den Jenenser Professoren Dr. Hedemann mit „ausreichend" und Dr. Loening mit „voll ausreichend" bewertet wurde. Am 8. Mai 1909 wurde ihm das Zeugnis über die erste juristische Staatsprüfung mit „ausreichend" erteilt. Am 25. Januar 1910 wurde er, ebenfalls an der Universität Jena, „cum laude" zum Doktor beider Rechte („Dr. iur. utr.") promoviert.

Nach der Staatsprüfung bewarb sich Roth beim OLG-Präsidenten in Naumburg an der Saale um eine Stelle als Gerichtsreferendar, beigefügt war eine Bescheinigung seines Vaters, dass er für den Unterhalt seines Sohnes aufkommen könne, sowie eine Erklärung der örtlichen Polizeibehörde, die diesen Sachverhalt bestätigte. Mit Verfügung vom 19. Juni 1909 wies der OLG-Präsident in Naumburg den dortigen Landgerichtspräsidenten an, Roth eidlich zu verpflichten und dem Königlichen Amtsgericht in Freyburg (Unstrut) zuzuweisen. Dort wurde er bei Dienstantritt am 24. Juni 1909 als Referendar vereidigt:

> *„Ich, Erdmann Hans Roth, schwöre zu Gott dem Allmächtigen und Allwissenden, daß Seiner Königlichen Majestät von Preußen, meinem Allergnädigsten Herrn, ich untertänig, treu und gehorsam sein und alle mir vermöge meines Amtes obliegenden Pflichten nach meinem besten Wissen und Gewissen genau erfüllen, auch die Verfassung gewissenhaft beobachten will, so wahr mir Gott helfe. Vorgelesen, genehmigt, unterschrieben, Hans Roth"*

Soweit aus den Akten ersichtlich, bestand das AG Freyburg aus drei Richterstellen. Die Tätigkeit in Freyburg endete am 3. April 1910 und schloss mit dem Zeugnis vom selben Tag:

> *„Herr Referendar Dr. Hans Roth in Freyburg (Unstrut) hat vom 24. Juni 1909 bis heute mit einer durch Urlaub veranlaßten Unterbrechung vom 13. September bis 13. October 1909 beim hiesigen Amtsgericht gearbeitet und in allen Zweigen amtsrichterlicher Tätigkeit Ausbildung erfahren, auch sich mit den Geschäften der Gerichtsschreiberei vertraut gemacht. Gute juristische Veranlagung und Vorkenntnisse, sowie großer Fleiß bewirkten, daß seine Leistungen gut und ohne Mängel waren. Sein dienstliches und sein außerdienstliches Verhalten waren tadellos. Zwirnmann, Amtsgerichtsrat"*

Der im Zeugnis genannte Urlaub könnte wegen der kurz danach erfolgten und bereits erwähnten Promotion genommen worden sein. Nach der Eingangsstation beim Amtsgericht wurde Roth dem Landgericht in Nordhausen zugewiesen, danach war er tätig bei der Staatsanwaltschaft in Greifswald, anschließend bei dem Rechtsanwalt und Notar Justizrat Senger in Nordhausen. Seine Wahlstation leistete Roth wieder in seiner Eingangsstation, dem Königlichen Amtsgericht in Freyburg (Unstrut), schließlich beendete Roth die Referendarzeit beim OLG Naumburg an der Saale mit Zeugnis vom 27. Juni 1913.

Am 6. Mai 1914 legte Roth in Berlin die Assessorprüfung mit der Note „gut" ab, und bereits am 13. Mai 1914 wurde er zum Gerichtsassessor ernannt mit dem Dienstalter 6. Mai 1914. Eine, wie damals üblich, unentgeltliche Tätigkeit begann er am 11. März 1915 beim Amtsgericht Nordhausen. Die richterliche Tätigkeit wurde unterbrochen durch den zum 1. April 1915 beginnenden Militärdienst, den Roth beim 16. Ulanenregiment in Salzwedel antrat und der am 17. Dezember 1918 endete mit dem Dienstgrad Vizewachtmeister.[6] Nach dem Ende des Weltkrieges erteilte ihm der OLG-Präsident in Naumburg an der Saale am 6. Mai 1919 Urlaub „zur Beschäftigung im Militärjustizdienst". Am selben Tag trat Roth beim Gouvernement Graudenz eine Stelle als „Kriegsgerichtsrat kraft Auftrags" an, in der er bis zum 31. Juli 1919 blieb. Durch Verfügung des Personalamtes der Heeresleitung wurde Roth schließlich am 20. September 1922 zum Leutnant ernannt.

Vom 1. August 1919 bis zum 15. September 1920 war Roth „juristischer Hilfsarbeiter" beim Kreisausschuß des Landkreises Landsberg (Warthe). Dort beschäftigte er sich nach eigenen Angaben mit „allen Gebieten der Wohlfahrtspflege", wie er in seinem Urlaubsgesuch vom 4. September 1920 an den LG-Präsidenten in Torgau ausführte. Hintergrund war, dass Roth am 16. September 1920 in Torgau eine richterliche Stelle antreten sollte, also unmittelbar im Anschluss an die vorherige Tätigkeit. Dieses Gesuch um Aufschub seines Dienstantrittes soll hier deshalb vollständig wiedergegeben werden, weil es mir für Roths Lebens- und Berufseinstellung kennzeichnend zu sein scheint:

> *„Hochgeehrter Herr Präsident!*
> *Durch Verfügung des Herrn Oberlandesgerichtspräsidenten bin ich vom 16. September ab bis zum 28. Februar 1921, nach Angabe des Herrn Personaldezernenten, Oberlandesgerichtsrat Dr. Schweling, voraussichtlich dauernd dem Landgericht Torgau als Hilfsrichter überwiesen. Bevor ich meinen Dienst antrete, wage ich Herrn Präsidenten, so sehr auch mein altpreußisches Pflichtgefühl sich dem widersetzt, um die Bewilligung eines kurzen Urlaubs von 8 – 10 Tagen zu bitten.*
>
> *Seit einem Jahre bin ich beim Kreisausschusse des Landkreises Landsberg (Warthe) beschäftigt. Mir war die Aufgabe gestellt, ein Kreiswohlfahrtsamt zur Bearbeitung der gesamten Fragen, die auf dem Gebiete der Wohlfahrtspflege liegen, zu organisieren. Unter anderem gehört hierzu auch das Wohnungswesen, das mir besondere Arbeit und erheblichen Ärger bewirkt hat. Da der Landkreis Landsberg der zweitnächste Kreis vor der heutigen Grenze ist und an der Ostbahn liegt, wurde er von Flüchtlingen aus den im Separatfrieden abgetretenen Ostgebieten überschwemmt. Als Wohnungskommissar*

---

[6] Eher als eine Kuriosität erscheint das Telegramm des Justizministers an den OLG-Präsidenten in Naumburg vom April 1918: „ersuche um drahtmitteilung ob gerichtsassessor roth nordhausen als richter für belgien geeignet ist. ist er soweit bekannt des französischen, flämischen oder plattdeutschen mächtig?" und die umgehende Antwort: „assessor roth als richter für belgien geeignet, der sprache sicher mächtig, da seit 1915 in belgien." Ob hier versucht wurde, eine Besatzungsgerichtsbarkeit zu errichten, ist mir nicht bekannt.

mußte ich die einheimische Bevölkerung auf den zulässigen Mindestwohnraum verringern, um dem Flüchtlingsstrom ein Obdach zu schaffen.

Ich habe meine Aufgabe durch energisches und rücksichtsloses Eingreifen erfüllt, habe aber dabei derartig viel Ärger und Unannehmlichkeiten über mich ergehen lassen müssen, daß meine Nerven, zumal ich innerhalb des Jahres keinen nennenswerten Urlaub hatte, stark gelitten haben, ich mir auch ein nervöses Magen- und Darmleiden zugezogen habe. Bei meinem sofortigen Übergang in die richterliche Tätigkeit am 16. September würde ich nur mit verminderter Arbeitskraft eintreten können.

Ich glaube aber der Sache des Landgerichts besser zu dienen, wenn mir nur eine kurze Atempause gewährt würde. Ich bin gewiß, daß ich die Säumnis bald wieder eingeholt haben werde, da ich mit herzlicher Freude aus der heutzutage wenig angenehmen Verwaltung zur Justiz zurückkehre, der ich stets aus innerster Überzeugung heraus gedient und die ich als unbesoldeter Assessor nur des täglichen Brotes halber vorübergehend verlassen mußte. Ich bitte daher Herrn Präsidenten, mir einen kurzen Urlaub vom 16. bis 25. September bewilligen zu wollen. Meine Bitte ist in dieses persönliche Schreiben gekleidet worden, da ich kein offizielles Gesuch einreichen will, sofern Herr Präsident mit Rücksicht auf den Geschäftsgang meinen späteren Eintritt für nicht möglich halten sollten.
Ich verbleibe in vorzüglicher Hochachtung
Dr. Hans Roth"

Der Urlaub wurde sofort per „Staatstelegramm" vom LG-Präsidenten in Torgau bewilligt, der selbst erst danach die Zustimmung des OLG-Präsidenten in Naumburg (Saale) einholte. Seit dem 26. September 1920 war Roth schließlich wieder in der Justiz tätig. Zunächst war er als Hilfsrichter dem Landgericht Torgau zugewiesen. Am 6. Januar 1921 überreichte Roth vier Anstellungsgesuche zur Beschäftigung bei den Landgerichten Altona, Kiel, Halberstadt und Nordhausen. Eine darauf abgegebene Beurteilung des Torgauer Landgerichtspräsidenten vom 7. Januar 1921 kennzeichnet ihn wie folgt:

> „Roth hat eine gute Veranlagung, gute Kenntnisse und praktischen Blick. Er trifft ein klares und schnell entschlossenes Urteil, auch zeichnet er sich durch emsigen Fleiß und große Sorgfalt aus. Seine Leistungen überwiegen dementsprechend den Durchschnitt sehr erheblich. Seine Führung ist tadellos. Er erfreut sich einer guten Gesundheit. Ich halte ihn für durchaus geeignet zum Land- und Amtsgerichtsrat."

Am 3. Februar 1921 ersuchte er um „Bestellung zum ständigen Hilfsrichter". Wohl auf Grund dieser Gesuche wurde er am 1. März 1921 zum Amts- und Landrichter in Torgau als „ständiger Hilfsrichter" ernannt. Dort wurde Roth am 2. Oktober 1920 auf die Reichsverfassung und am 12. Februar 1921 auf die Verfassung des Freistaates Preußen vereidigt.

Schließlich wurde Roth beim Landgericht Torgau am 8. Juli 1921 zum Landgerichtsrat ernannt, so dass er nunmehr eine Planstelle innehatte mit laufenden Bezügen. Bereits im folgenden Monat (16. August 1921) wechselte er als Landgerichtsrat an das LG Stendal. Zum 2. Januar 1923 wurde Roth als „Hilfsrichter"[7] an das OLG Naumburg an der Saale abgeordnet, durchlief also das für Justizjuristen wichtige „dritte Staatsexamen". In diese Zeit fällt seine Heirat mit Hildegard v. Einem (22. August 1923 in Sangerhausen) und

---

[7] In dieser Zeit der Inflation erhielt er ein tägliches Beschäftigungstagegeld von 370.000.000 Mark.

seine Ernennung zum Leutnant. Eine Beurteilung vom 10. März 1923 kennzeichnet ihn wie folgt:

> *„Wenn ich ... auch nur kurze Zeit lang Gelegenheit gehabt habe, die Arbeitsweise des Herrn Dr. Roth kennen zu lernen, so trage ich doch keine Bedenken, ihn zum Oberlandesgerichtsrat für geeignet zu halten. Seine guten Rechtskenntnisse, klarer Blick, schnelle Auffassung, entschlossenes Urteil, großer Fleiß, vor allen Dingen auch seine Befähigung, den Entscheidungen kurzgefaßte und doch erschöpfende Begründungen in gewandter Schreibweise zu geben, und seine klare mündliche Vortragsart lassen ihn in hohem Maße geeignet erscheinen, nicht nur zur sachgemäßen Behandlung seiner eigenen Sachen, sondern auch zu fruchtbringender Mitarbeit in den Sachen der anderen Berichterstatter. Seine Führung ist tadellos und er macht einen sehr gesunden Eindruck."*

Aus der Personalakte ist zu erkennen, dass sich Roth in siebzehn Fällen zwischen dem 29. Oktober 1928 und dem 5. April 1930 um eine Stelle als Landgerichtsdirektor bzw. OLG-Rat beworben hat. Die Bewerbung um ein Amt in Lüneburg war schließlich erfolgreich. Roth trat seinen Dienst in Lüneburg am 1. Mai 1930 sowohl als Landgerichtsdirektor wie auch als Amtsgerichtsrat beim AG Lüneburg an. In Lüneburg war damals der Landgerichtspräsident Puttfarken tätig, ein aktives Mitglied der Deutschen Volkspartei bis zu ihrer Auflösung und von 1928 bis 1933 Mitglied des Republikanischen Richterbundes, einer dezidiert demokratisch eingestellten Organisation mit eher gewerkschaftlicher Orientierung und mit einer deutlichen Absage gegenüber standespolitischem Verhalten. Die Beurteilung Roths, damals regelmäßig auf das Ende eines jeden Jahres, lautete zum 31. Dezember 1930 durch den Lüneburger Präsidenten Puttfarken:

> *„Guter Zivilrichter, der als Vorsitzender einer Zivilkammer mit Erfolg auf Förderung der Prozesse bei gewissenhafter gründlicher Bearbeitung der Sachen hinwirkt. Als Vorsitzender des Schöffengerichts, obwohl ohne besondere Neigung für Strafsachen, nicht minder eifrig und gewissenhaft, jedoch noch nicht gewandt genug. Vom Wesen sehr energisch und bestimmt. Führung einwandfrei."*

In die Zeit der Lüneburger Tätigkeit fällt, erstmalig, eine dienstliche Rüge, die ihm vom Präsidenten Puttfarken am 4. Juli 1931 ausgesprochen wurde. Genannt hatte Puttfarken zwei Urteile, bei denen die Zeit zwischen ihrer Verkündung und dem Eingang der schriftlichen Urteilsbegründung jeweils über einen Monat betragen hatte. Dabei streicht Puttfarken in seiner Rüge besonders heraus:

> *„Mir ist bekannt, dass Sie ganz in Ihrer Arbeit aufgehen. Ich weiss auch, dass Sie mit Erfolg bemüht sind, nicht nur gute, sondern auch schnelle Justiz zu üben."*

Trotz dieser disziplinarischen Maßnahme weicht Puttfarkens Beurteilung zum Jahresende 1932 nur unwesentlich von der zwölf Monate zuvor erteilten ab:

> *„Roth ist ein guter Zivilrichter, der als Vorsitzender auch schwächere Mitarbeiter gut anleitet und die Prozesse sehr fördert. Mit besonderem Interesse und Erfolge nimmt er sich der Ausbildung der Referendare an. Strafsachen liegen ihm weniger. Er ist eine sehr energische Persönlichkeit mit gutem Urteilsvermögen und hohem Pflichtbewußtsein. Die Gesamtleistungen sind vollbefriedigend. Die Führung ist einwandfrei."*

In dieser Zeit tritt Roth zum 25. Oktober 1931 aus dem Preußischen Richterverein aus, weil dieser ihn vor einer verbandsinternen Untersuchungskommission anhören wollte wegen eines durch ihn ergangenen Freispruchs in einem Beleidigungsprozeß. Hintergrund war, dass der Berliner Polizeivizepräsident Weiß von antisemitischen Kräften, erstmals vom damaligen Berliner NSDAP-Gauleiter Goebbels, als „Isidor Weiß" diffamiert worden war, dem später örtliche Funktionäre nacheiferten. Ein solches Verfahren hatte auch Roth geführt und keine Beleidigung festgestellt. Roth lehnte es ab, wie er in einem späteren Schreiben vom 3. Oktober 1935 mitteilte, vor dieser Kommission zu erscheinen, „die zum Teil aus Juden bestand und ... ihre unerträgliche politische Linkseinstellung zur Genüge dartat."

In diese Lüneburger Zeit fällt schließlich die „Machtübernahme" der Nationalsozialisten und Roths Parteimitgliedschaft und -tätigkeit. Roth wurde, wie zu diesem Zeitpunkt viele andere in Deutschland, zum 1. Mai 1933 Mitglied der NSDAP (Mitgl.-Nr. 2 623 223). Anzumerken ist, dass die NSDAP am 30. Januar 1933 bei einer Mitgliederzahl von 1.435.530 stand. Nach der aus der Sicht der NSDAP erfolgreichen Wahl vom 3. März 1933 schwoll die Zahl der Mitgliedsanträge dermaßen an, dass zum 1. Mai 1933 ein Aufnahmestopp verfügt wurde. Die Mitgliedsnummern hatten zu diesem Termin bereits die Zahl 3.262.698 erreicht.[8] Am 8. Dez. 1933 wurde Roth zudem Mitglied im Bund Nationalsozialistischer Deutscher Juristen (BNSDJ), der später in NS-Rechtswahrerbund (NSRB)[9] umbenannt wurde, und am 27. Juli 1934 wurde er Mitglied der NS-Volkswohlfahrt.

Bereits zum 11. September 1933 wurde der Lüneburger Landgerichtspräsident Puttfarken auf Veranlassung des NSDAP-Gauleiters Ost-Hannover, Otto Telschow, aus dem Dienst entlassen, weil er der neuen Regierung erschien wegen seiner früheren Mitgliedschaft im Republikanischen Richterbund als politisch unzuverlässig.[10] Der neue Präsident Bohlmann, zuvor Rechtsanwalt in Lüneburg, war ein verdienter Parteigenosse. Inzwischen hatte Roth, wie alle im Dienst verbliebenen Richter und die übrigen Angehörigen des öffentlichen Dienstes, einen neuen Eid gemäß Gesetz vom 20. August 1934 geleistet:

> „Ich schwöre: Ich werde dem Führer des Deutschen Reiches und Volkes, Adolf Hitler, treu und gehorsam sein, die Gesetze beachten und meine Amtspflichten gewissenhaft erfüllen, so wahr mir Gott helfe."

Die Beurteilung zum Jahresende 1934 durch Bohlmann hält sich im wesentlichen im hergebrachten Rahmen, lediglich die Formulierung zu den „neuen Anforderungen" lässt inzwischen eingetretene gesellschaftliche Änderungen außerhalb der Justiz erahnen:

> „Roth ist ein Richter mit guten Rechtskenntnissen und sicherem Rechtsgefühl. Ausgezeichnet durch Tatkraft und ein selten trügendes Fingerspitzengefühl, versteht er es, die Prozesse zu fördern und den neuen Anforderungen gerecht zu werden. Seine lebhaf-

---

[8] Nach Albrecht Tyrell, Führer befiehl ..., Selbstzeugnisse aus der „Kampfzeit" der NSDAP, Düsseldorf 1969, S. 352, sowie Gutachten des Instituts für Zeitgeschichte, München, vom 4. November 2002: „Projekt eines NS-Dokumentationszentrums in München", S. 18.
[9] „Der NS.-Rechtswahrerbund e.V. (NSRB.) ist ein der NSDAP. angeschlossener Verband. Er untersteht als geschlossene Einheit dem Reichsleiter des Reichsrechtsamtes als dem vom Führer ernannten Reichsrechtsführer", so das Organisationsbuch der NSDAP, S. 321.
[10] Ulrich Hamann, Das Oberlandesgericht Celle – Justizverwaltung und Personalwesen –, in: Präsident des Oberlandesgerichts Celle (Hrsg.), Festschrift zum 275jährigen Bestehen des Oberlandesgerichts Celle, Celle 1986, S. 157ff.

te, manchmal vorzeitig hervorsprudelnde Art ist bisweilen nicht nach dem Geschmack der Parteien und ihrer Vertreter und erweckt des öfteren - wenn auch durchaus zu Unrecht - den Eindruck, dass Dr. Roth sich sein Urteil bereits gebildet hat, ehe noch der Streitstoff vollständig erschöpft ist. Diese kleine Schwäche wird aber ausgeglichen durch ein im Grunde fast immer zutreffendes Urteilsvermögen. Dr. Roth hat eine hohe Berufs- und Pflichtauffassung und bewährt sich als unabhängiger Richter im besten Sinne des Wortes. Seine Gesamtleistungen sind als gut zu bezeichnen, seine Führung ist einwandfrei."

Mit Verfügung des Celler OLG-Präsidenten von Garßen vom 8. Juli 1936 wurde schließlich die „Strafverfügung" vom 4. Juli 1931 gelöscht, „nachdem der Genannte seine Amtspflichten 5 Jahre hindurch zufriedenstellend erfüllt hat." Zur Beurteilung für das Jahr 1936 nahm das Reichsjustizministerium u.a. mit den Worten Stellung: „Die politische Zuverlässigkeit ist gewährleistet." Der Lüneburger Landgerichtspräsident schlug Roth am 25. Februar 1938 für das „Treudienst-Ehrenzeichen 2. Stufe" vor, die Verleihung erfolgte am 3. September 1938. Am 9. September 1938 reichte Roth Unterlagen zum „Nachweis der arischen Abstammung" ein, die hinsichtlich der Großmutter mütterlicherseits der Ehefrau nicht vollständig waren, weil diese auf Kuba geboren war und keine Bescheinigungen zu ihrer Herkunft beschafft werden konnten. Dies blieb aber letztlich unerheblich, denn insoweit stellte der OLG-Präsident in Celle am 13. Oktober 1938 u.a. fest:

> *„Die Tatsache, daß die blutmäßige Abstammung der Mutter der Großmutter mütterlicherseits der Ehefrau nicht aufgeklärt ist, ist hier um deswillen ohne Bedeutung, weil der Anteil nichtdeutschen Blutes bei der Ehefrau selbst dann, wenn ihre Urgroßmutter nicht deutschblütig war (Spanierin), nur 1/8 betragen würde."*

Roths Mitgliedschaft im BNSDJ bzw. NSRB muss recht aktiv gewesen sein, denn er erhielt dort am 17. Juli 1936 eine Funktion als „Gaufachberater Richter und Staatsanwälte"; zum 1. September 1936 wurde er als „Gaugruppenwalter Richter und Staatsanwälte Ost-Hannover" und schließlich zum 11. Juni 1938 als „Gauhauptstellenleiter" im Gau-Rechtsamt des Gaues Ost-Hannover bestellt. Aufgabe der auf den Ebenen Reich, Gau und Kreis bei der NSDAP angesiedelten Rechtsämter war „die Wahrung sämtlicher Rechtsbelange der NSDAP. und die Bearbeitung aller anfallenden Rechtsfragen, ..."[11] Jedes Gaurechtsamt war aufgeteilt in sieben Hauptstellen, Roth war Leiter der „Hauptstelle für Rechtswahrer", deren Aufgabe in der „dienstaufsichtlichen Überwachung des NS.-Rechtswahrerbundes im Gaubereich nach den Weisungen des Reichsrechtsamtes und Vertretung des NS.-Rechtswahrerbundes bei der Gauleitung"[12] lag. In diesen Funktionen war Roth berechtigt, die Uniform der Partei zu tragen (im Volksmund „Goldfasan"). Dies dürfte er durchaus getan haben, wie sich aus einem Bericht eines Kollegen aus dem Jahre 1946 ergibt, der im Rahmen des späteren Pensionsverfahrens ergangen ist. Roth war also alles andere als ein „Mitläufer", vielmehr kann er durchaus als aktiv tätiges Parteimitglied bezeichnet werden. Hierfür spricht auch der am 22. September 1941 von Roth gestellte Urlaubsantrag mit der Begründung: „Die Gaustudentenführung Thüringen hat mich zu einer am 27. und 28. September 1941 in Jena stattfindenden Arbeitstagung geladen." In-

---

[11] Organisationsbuch der NSDAP, S. 317ff.
[12] Organisationsbuch der NSDAP, S. 320. Die sechs weiteren Hauptstellen auf Gauebene waren zuständig „für Rechtsverwaltung, für Rechtspolitik, für Rechtsbetreuung des deutschen Volkes, für Schulung, für NS.- Rechtsschrifttum sowie für die Presse".

halt und Bedeutung einer solchen Tagung sind mir nicht bekannt und aus den Akten nicht ersichtlich.

Roth trat seinen Dienst als Präsident des Landgerichts in Stade am 1. Oktober 1939 an. Zu seiner Bewerbung beurteilte ihn der LG-Präsident und alte NSDAP-Parteigenosse Bohlmann u.a. mit den Worten: „Seine Einstellung zum nationalsozialistischen Staat ist außer allem Zweifel." Der Personalausschuss beim Landgericht Stade stellte im November 1946 fest, dass Roth sein Amt „auf Anregung von Parteistellen" bekommen habe. Dies dürfte, einer damals üblichen Usance entsprechend, zutreffen. So hatte nämlich das Reichsrechtsamt der NSDAP auch die Aufgabe, eine „politische Begutachtung bei Beförderungen" abzugeben.[13] Roths Tätigkeit im Gaurechtsamt dürfte bei seiner Beförderung eine wichtige Rolle gespielt haben. Die letzte dienstliche Beurteilung Roths stammt vom Celler OLG-Präsidenten Adolf von Garßen unter dem 12. Dezember 1944:

> „Sehr befähigter Jurist mit guten Gesetzes- und Rechtskenntnissen. Praktischen Blick verbindet er mit sicherem Rechtsgefühl und klarem Urteil; tüchtiger Verhandlungsleiter mit starker Entschlußfähigkeit. Auch in Verwaltungssachen, die ihm zunächst ferner lagen, hat er sich gut eingearbeitet und leitet den ihm anvertrauten Landgerichtsbezirk sicher und tatkräftig. Über die Verhältnisse der ihm unterstellten Richter, Beamten und Angestellten ist er im Bilde. Dr. Roth ist sehr energisch und bestimmt. Seine Tatkraft ist begleitet von starkem Selbstbewußtsein und sehr lebhafter Impulsivität, die manchmal die Grenzen der gebotenen Zurückhaltung überschreitet. Wenn letztere Eigenschaft früher in einigen Fällen zu Schwierigkeiten geführt hat, so ist dies in letzter Zeit nicht mehr beobachtet. Ich glaube auch, daß seine sonstigen Vorzüge, insbesondere seine große Aktivität, seine praktische Begabung und seine große Arbeitskraft den erwähnten Mangel ausgleichen und ihn zur Leitung eines großen Landgerichts gut geeignet erscheinen lassen. Seine Einstellung zum nationalsozialistischen Staat steht außer Zweifel. Er ist auch aktiv als Gauhauptstellenleiter und Gaugruppenwalter – Richter und Staatsanwälte – in der NSDAP. und im NSRB. tätig. Den ersten Weltkrieg hat er als Frontkämpfer mitgemacht. Er ist Inhaber des EK. II. Klasse. Vorschlag zum Großen Landgerichtspräsidenten."

In diese Zeit fällt die Einrichtung des Sondergerichts Cuxhaven, als dessen Vorsitzenden Roth den entschiedenen Nationalsozialisten und Dorumer bzw. Cuxhavener Amtsrichter Alfred Hahn[14] im Oktober 1943 erfolgreich vorschlägt. In diese Zeit fällt auch folgender Vorfall: Als im November 1944 zwei Mitarbeiter des Landgerichts Stade, Justizoberinspektor Richter und Justizobersekretär Schröder, von der Gestapo festgenommen werden, unternimmt Roth offenbar nichts, um sich für seine Beamten einzusetzen. Später wird dieser Vorfall Gegenstand der Überprüfungen im Rahmen der von der Witwe Roth gestellten Pensionsansprüche. Landgerichtsdirektor Quittel hatte deshalb am 5. Februar 1947 die Ehefrau des Justizobersekretärs Schröder vorgeladen, um über diesen Vorfall Näheres zu erfahren. Dabei stellte sich heraus, dass Margarete Schröder kurz nach der Festnahme ihres Ehemannes bei Roth gewesen war, weil „ich in meinem Innern gehofft habe, dass zugunsten meines Mannes etwas geschehen könne."

Das Gegenteil war der Fall: Roth äußerte, es sei ihm „unangenehm, dass gerade am Stader Gericht solche Herren sässen. ... Die Herren müssten selbst die Folgen für das tragen, was sie gemacht hätten." Schröder hatte, so Roth, „vielerlei Äusserungen in Dienträumen und

---

[13] Organisationsbuch der NSDAP, S. 317.
[14] Siehe hierzu den Beitrag in diesem Band S. xxx.

auch im Luftschutzkeller getan, wie er es nicht hätte tun dürfen. Auch Herr Richter hätte derartige Reden geführt, dem hätte er es nicht zugetraut, der hätte es wissen müssen." Eine abschließende Klärung dieses Geschehens erfolgte nicht, vielmehr gab Quittel dieses Protokoll mit diversen weiteren Anlagen am 8. Juni 1947 an das OLG Celle wegen der „Versorgungsbezüge für die Witwe und die Kinder ... des Dr. Roth."

Roth war von der britischen Besatzung Anfang Juni 1945 festgenommen und in eines der sieben britischen Internierungslager gebracht worden. Es war dies das Civil Internment Camp No. 3 in Fallingbostel. Grundlage dieser Maßnahme war der „automatische Arrest" aufgrund seiner beruflichen Funktion.[15] Am 23. Februar 1946 starb Roth im „Civil Internment Camp Hospital" in Schloß Velen bei Rotenburg (Wümme), wohin er aus dem in der Nähe gelegenen britischen Internierungslager gebracht worden war. Erst am 12. März 1946, nachdem die Nachricht mit einiger Verzögerung in Stade eingetroffen war, hielt der mit der Wahrung der Geschäfte des Landgerichtspräsidenten betraute Landgerichtsdirektor Georg Quittel einen von ihm so bezeichneten „Betriebsappell" im LG Stade für die Angehörigen des Land- und Amtsgerichts ab:

> „Berufskameraden! Ich habe Sie zusammengerufen, damit wir gemeinsam eine Ehrenpflicht erfüllen. Am 23. Februar d. J. starb im Alter von 60 Jahren unser letzter Chef, Herr Landgerichtspräsident Dr. Hans Roth. Die Nachricht von seinem Tode hat seine Angehörigen erst erreicht, nachdem die Beerdigung in Rotenburg bereits erfolgt war. Aus Mitteldeutschland stammend und in Sprache und Art die heimatliche Herkunft nicht verleugnend, ist der Verstorbene zunächst lange Zeit als Richter im Oberlandesgerichtsbezirk Naumburg tätig gewesen. Später wurde er Landgerichtsdirektor in Lüneburg. Zum 1. Oktober 1939 wurde er zum Landgerichtspräsidenten in Stade ernannt. Es ist ihm nicht vergönnt gewesen, unseren Bezirk in längeren Jahren des Friedens und normaler Verhältnisse zu verwalten. Personell und materiell hatte der Krieg die Gerichtsbarkeit weitgehend eingeschränkt, so dass die ganze Persönlichkeit des Verstorbenen sich nicht in voller Entfaltung auswirken konnte.
>
> Wenn ich auch selbst dienstlich mit dem Verstorbenen nicht in Berührung gekommen bin, so glaube ich doch auf Grund der persönlichen Bekanntschaft und auf Grund dessen, was mir aus Anlass meiner Tätigkeit als Vertreter dienstlich bekannt geworden ist, mit der gebotenen Bescheidenheit sagen zu können, dass Herr Präsident Roth ein Richter von besonderer Befähigung war, dem Klarheit der Gedanken und juristisches Kombinationsvermögen in gleicher Weise zur Verfügung standen und der darüber hinaus ein Jurist aus Passion war. Auch er hat innerlich unter dem Druck gelitten, unter dem in der Vergangenheit und verstärkt im Kriege Rechtsprechung und Justizverwaltung standen.
>
> Nach der Befreiung des Rechts führte ihn selbst der Schicksalsweg in die Gefangenschaft, aus der ihn dann der Tod befreien sollte, ohne dass es ihm vergönnt war, noch einmal seine Angehörigen zu sehen, an denen er mit grosser Liebe hing. Wir fühlen wohl alle, dass dieser Tod von einem tragischen Schicksal umwittert ist und dass der Verstorbene persönlich einen besonders schweren Anteil am Gesamtleide unseres Vol-

---

[15] Die hierunter fallenden Personengruppen waren im „Handbook for Military Government in Germany", in § 297 Table C 6 f „To be interned...", hrsgg. von SHAEF (Supreme Headquarters, Allied Expeditionary Forces), 1944, aufgelistet, vgl. Joachim Reinhold Wenzlau, Der Wiederaufbau der Justiz in Nordwestdeutschland 1945 bis 1949, Königstein/Taunus1979, S. 44f. und S. 99.

kes tragen musste. Beim Gedanken daran verstummt alles andere in unserer Brust vor dem ehrfürchtigen Empfinden tiefen menschlichen Mitgefühls. Es gilt auch der Witwe und den beiden Kindern des Heimgegangenen. Möge ihnen eine höhere Macht Tröstung und Aufrichtung gewähren."

Der Celler OLG-Präsident Freiherr v. Hodenberg nahm diesen Tod sowie den des ebenfalls in der Internierungshaft verstorbenen Verdener Landgerichtsrates Siegfried Meyer zum Anlaß, bei der britischen Militärregierung im Schreiben vom 8. Mai 1946 die „Freilassung kriegsgefangener und internierter Richter" zu verlangen.

Der Personalausschuss beim Landgericht Stade unter Vorsitz von Dr. Arthur Wolffsohn[16], dem die – wie eingangs dargestellt – „gereinigten" Akten wegen der von seiner Witwe geltend gemachten Pensionsansprüche vorlagen, hielt Roth in seiner einstimmigen Entscheidung vom 8. November 1946 für einen aktiven Nationalsozialisten, wobei er sich u.a. auf Roths Verhalten gegenüber den beiden festgenommenen Justizbeamten stützte und weiter ausführte:

> „Der Landgerichtspräsident Roth, der häufig auf der Strasse in der Uniform der sogenannten Hoheitsträger der Partei gesehen wurde, ist nach Überzeugung des Personalausschusses als ganz besonders aktiver Nationalsozialist anzusehen. Er ist ein Nutznießer des vergangenen Regimes gewesen; denn er ist 1939, wie bekannt geworden ist, auf Anregung von Parteistellen Landgerichtspräsident in Stade geworden und hat als solcher alle Anordnungen der damaligen Regierung willig durchgeführt. ... Im übrigen ist dem Personalausschuss bekannt geworden, dass er, um in seine gegenwärtige Wohnung einziehen zu können, einen Prozess mit dem damaligen Inhaber der Wohnung geführt hat. Im Laufe dieses Prozesses soll er dem Vormieter zum Vorwurf gemacht haben, dass er mit Juden Geschäfte gemacht habe. Schließlich ist noch hervorzuheben, dass der verstorbene Landgerichtspräsident Roth in besonders vertrauten Beziehungen mit dem Amtsgerichtsrat Hahn gestanden hat, der in Cuxhaven als Strafrichter tätig gewesen ist und durch seine drakonischen Urteile, durchsetzt mit den üblichen nationalsozialistischen Phrasen, bekannt ist. Den von der Witwe des Landgerichtspräsidenten Roth beigefügten Leumundszeugnissen kann insofern entscheidende Bedeutung nicht beigemessen werden, weil dem Ausschuss bekannt ist, dass sie z. T. von Parteigenossen herrühren. Nach alledem ist der Ausschuss der Überzeugung, dass der Landgerichtspräsident Roth, wenn er am Leben geblieben wäre, ohne Pension entlassen worden wäre. Ist dieses aber der Fall, dann kann auch der Witwe keine Pension zugebilligt werden."*

Hier hat LG-Direktor Quittel mit Rotstift vermerkt: „unrichtig: die Pensionierung wird durch Belastung, der Bezug von Hinterbliebenenbezügen durch besondere Belastung des Beamten verhindert. Q." Nicht nur diese Anmerkung durch Quittel und seine Würdigung des Verstorbenen zeigen seine große Anteilnahme am Schicksal der Witwe Roth und ihrer Kinder, sondern auch seine übrigen Tätigkeiten im Sinne der Witwe. Denn bereits am 23. März 1946 berichtete Quittel an den OLG-Präsidenten in Celle nicht nur vom Tod Roths, sondern auch, dass er „am 12.3.1946 einen Gefolgschaftsappell für das Land- und Amtsgericht abgehalten und zum Gedächtnis des Verstorbenen die aus der Anlage ersichtlichen Worte gesprochen" habe Er schloß den Bericht mit den Worten:

---

[16] Zu diesem siehe den Beitrag in diesem Band.

„Ich möchte hoffen, dass es nach diesem tragischen Schicksal wenigstens möglich sein sollte, die Hinterbliebenen in den Genuss der Versorgungsbezüge gelangen zu lassen und erbitte hierfür zu gegebener Zeit das besondere Interesse des Herrn Oberlandesgerichtspräsidenten."

Roths Witwe schrieb am 25. Oktober 1946 im „Fragebogen der Militärregierung" zur Tätigkeit ihres Mannes:

„Mein Ehemann hat sich politisch nicht betätigt. Er war seit dem 1.9.36 Gaugruppenwalter Richter u. Staatsanwälte im NSRB. u. seit dem 11.6.38 Gauhauptstellenleiter. Ob er als solcher auch politischer Leiter war, entzieht sich meiner Kenntnis. Ich kann nur sagen, dass sich mein Ehemann ausschließlich für seinen Beruf als Richter interessierte u. sich um Politik nicht kümmerte. Die Funktion als Gaugruppenwalter Richter u. Staatsanwälte im Nationalsozialistischen Rechtswahrerbund u. die damit zusammenhängende Tätigkeit als Gauhauptstellenleiter hat er, nach seinen, auch Freunden und Bekannten gegenüber gemachten Äußerungen nur als eine fachlich juristische angesehen u. als solche ausgeübt."

Am 22. September 1947 stellte der Personalprüfungsausschuss, wiederum einstimmig, fest:

„Durch die ergänzenden Ermittelungen haben sich die der früheren Stellungnahme des Personalausschusses zu Grunde liegenden Behauptungen zum Teil als unrichtig erwiesen. Bei Berücksichtigung des gesamten Materials und des nachträglichen Ermittelungsergebnisses kann der verstorbene Landgerichtspräsident Dr. Roth nicht als ‚besonders aktiver Nationalsozialist' bezeichnet werden. Der Ausschuss befürwortet daher einstimmig die Zahlung der Hinterbliebenenbezüge an die Witwe und die Kinder des verstorbenen Landgerichtspräsidenten Dr. Roth."

Damit waren die Bemühungen der Witwe und damit auch Quittels Einsatz erfolgreich: Die Witwe bekam zunächst mit Wirkung vom 1. Oktober 1947 ein jährliches Witwengeld in Höhe von 6.318,-- RM abzüglich der damaligen allgemeinen Kürzung von 6%, mithin monatlich 494,91 RM. Bereits am 5. Dezember 1947 erging der weitere Bescheid, dass das Witwengeld nachgezahlt werde für die Zeit ab dem 1. Juni 1946 und der Kinderzuschlag für das ältere Kind ab dem 1. Oktober 1946.

Zwar forderte „Der öffentliche Kläger in den Entnazifizierungs-Hauptausschüssen im Reg.-Bezirk Stade" am 1. November 1949 die Personalakten Roth an, aber ein konkretes Ergebnis dieses Ausschusses in Bezug auf Roth ist nicht zu erkennen, eine Änderung des Bescheides erfolgte nicht mehr.

Eine Würdigung der Person Dr. Hans Roth hinterläßt einen zwiespältigen Eindruck: seine Tätigkeit für Partei und NSRB sowie sein Vorschlag bezüglich Alfred Hahn zeigen ihn als aktiven, überzeugten Nationalsozialisten. Dies ergibt sich auch aus seiner 1935 abgegebenen Begründung für den Austritt aus dem Preußischen Richterverein im Jahr 1931, die gemäß Fragebogen überhaupt nicht hätte begründet werden müssen, sie zeigt aber sein Bestreben, möglichst große Übereinstimmung mit den offiziellen Positionen zum Ausdruck zu bringen. Für eine solche, sehr angepaßte Haltung spricht auch sein Brief aus dem Jahr 1921, der geradezu als schmeichlerisch bezeichnet werden kann.

Demgegenüber vermag ihn seine auf den ersten Blick sehr milde Einstellung als Vorsitzender des Standgerichts[17] letztlich nicht zu entlasten, denn es mußte inzwischen auch ihm klar geworden sein, dass jetzt noch gezeigte Härte sich in allerkürzester Zeit – die britischen Truppen waren keine 30 km mehr von Stade entfernt – gegen ihn würde wenden können. Der Eindruck des opportunistischen, angepaßten Verhaltens überwiegt bei einer grundsätzlich vorhandenen völkisch-nationalen, immer staatstragenden Einstellung. Eine gewisse Tragik läßt sich allein aus seinem Ende im Lager herleiten, denn die Behauptung erscheint angesichts vieler anderer Weiterbeschäftigungen nicht sehr gewagt, dass auch Dr. Hans Roth seinen Platz in der Justiz wiedergefunden hätte.

So wurde letztlich konsequent am 2. September 1950 in seiner Personalakte vermerkt: „1 Lichtbild für die Sammlung der Bilder ehem. LG-Präs. beim LG Stade ist beschafft worden." Damit reihte sich Landgerichtspräsident Dr. Hans Roth in die Bildergalerie der bisherigen Stader Landgerichtspräsidenten ein.[18]

Schließlich endete die Akte mit einer Verfügung vom 11. Januar 1952: „Akten weglegen (Aufbewahrungsfrist 30 Jahre)". Sie ist nach der zweimaligen „Auslagerung" gleichwohl noch heute im Gericht vorhanden.

---

[17] Siehe hierzu den Beitrag in diesem Band.
[18] Nach der Ausstellung „Justiz im Nationalsozialismus – Über Verbrechen im Namen des Deutschen Volkes" vom 8. November 2003 bis zum 31. Januar 2004 im Landgericht Stade wurde an seinem Bild der Zusatz angebracht: „xxx".

Personenregister

Die Autoren

Dr. Jürgen Bohmbach, Stadtarchiv Stade

Dr. Volker Friedrich Drecktrah, Richter am Amtsgericht Stade

Elisabeth Heister-Neumann, Justizministerin des Landes Niedersachsen

Dr. Jan Lokers, Staatsarchiv Stade

Dr. Peter Meves, Arbeitsgemeinschaft Stade der Deutsch-Israelischen Gesellschaft

Prof. Dr. Joachim Perels, Universität Hannover

Wolfgang Rühle, Richter am Landgericht Stade

Hendrik Wegmann, Richter am Amtsgericht Otterndorf